中国建筑业统计年鉴

CHINA STATISTICAL YEARBOOK ON CONSTRUCTION

国家统计局固定资产投资统计司 编

Compiled by the Department of Investment and Construction Statistics, National Bureau of Statistics

2013

图书在版编目（CIP）数据

中国建筑业统计年鉴. 2013 / 国家统计局固定资产投资统计司编. -- 北京 : 中国统计出版社, 2013.12
ISBN 978-7-5037-7037-1

Ⅰ. ①中… Ⅱ. ①国… Ⅲ. ①建筑业－统计资料－中国－2013－年鉴 Ⅳ. ① F426.9-66

中国版本图书馆 CIP 数据核字（2013）第 302721 号

中国建筑业统计年鉴 -2013

作　　者 / 国家统计局固定资产投资统计司
责任编辑 / 佘竞雄
封面设计 / 李雪燕
出版发行 / 中国统计出版社
地　　址 / 北京市丰台区西三环南路甲 6 号 邮政编码 /100073
电　　话 / 邮购（010）63376909 书店（010）68783171
网　　址 /http://csp.stats.gov.cn
印　　刷 / 河北天普润印刷厂
经　　销 / 新华书店
开　　本 /880×1230 毫米 1/16
字　　数 /680 千字
印　　张 /22
版　　别 /2013 年 12 月第 1 版
版　　次 /2013 年 12 月第 1 次印刷
定　　价 /160.00 元

如有印装差错，由本社发行部调换。

《中国建筑业统计年鉴—2013》编辑委员会

Editorial Board

说　明

《中国建筑业统计年鉴—2013》是一部全面反映中国建筑业发展情况的权威资料。本书收集了全国和各省、自治区、直辖市2012年度有关建筑业发展方面的统计数据。

《中国建筑业统计年鉴—2013》资料直接由2012年全国建筑业统计报表基层数据库加工形成。为保证本年鉴数据与历史数据的可比性，2013年建筑业统计年鉴的范围是具有资质等级的所有独立核算的建筑业企业。具体包括：总承包建筑业企业、专业承包建筑业企业和劳务分包建筑业企业。

本年鉴资料分为五个部分：一、综合；二、按经济类型分组的建筑业企业；三、中央和地方建筑业企业；四、按资质等级分组的建筑业企业；五、各行业建筑业企业。每部分资料的编排，根据制度和实际工作要求，既有按经济类型的分组，又有按行业的分组。在各分组中又分别设置了反映建筑业总产值、各种用途的房屋建筑竣工面积、技术装备、实收资本、资产和负债、利润和税金等方面情况的表式。

使用本年鉴资料时请注意以下几点：

1. 本年鉴资料的统计数据除第四部分以外，均不包括劳务分包建筑业企业数据。

2. 本年鉴资料各项相加不等于总计均由于四舍五入的缘故。

3. 本年鉴资料由国家统计局固定资产投资统计司编制并负责解释。

咨询电话：010-68782615，010-68782617，010-68782611

邮箱：tzjzc@gj.stats.cn

由于编辑时间比较仓促，本书难免存在一些不妥之处，欢迎广大读者批评指正。

目录

一、综　合

二、按经济类型分组的建筑业企业

三、中央和地方建筑业企业

四、按资质等级分组的建筑业企业

五、各行业建筑业企业

一、综　合

1-1 历年建筑业企业概况

年 份	总 计	国有企业	集体企业	港澳台商投资企业	外商投资企业	其 他
企业单位数(个)						
1985	11150	3385	7765			
1990	13327	4275	9052			
1995	24133	7531	15348	329	312	613
2000	47518	9030	24756	635	319	12778
2001	45893	8264	19096	622	274	17637
2002	47820	7536	13177	632	279	26196
2003	48688	6638	10425	535	287	30803
2004	59018	6513	8959	511	386	42649
2005	58750	6007	8090	516	388	43749
2006	60166	5555	7051	479	370	46711
2007	62074	5319	6614	482	365	49294
2008	71095	5315	5843	474	363	59100
2009	70817	5009	5352	444	351	59661
2010	71863	4810	5026	416	331	61280
2011	72280	4642	4847	393	303	62095
2012	75280	4602	4640	385	295	65358
从业人员(万人)						
1985	911.5	576.7	334.8			
1990	1010.7	621.0	389.7			
1995	1497.9	824.3	631.9	5.0	5.4	31.3
2000	1994.3	635.6	887.5	8.2	4.4	458.6
2001	2110.7	590.7	739.9	7.7	4.3	768.1
2002	2245.2	543.8	579.2	7.4	4.5	1110.4
2003	2414.3	524.3	505.6	7.0	6.0	1371.3
2004	2500.3	467.4	386.4	6.8	8.1	1631.6
2005	2699.9	480.0	361.6	8.6	10.8	1838.9
2006	2878.2	467.6	332.0	8.9	8.1	2061.6
2007	3133.7	470.1	317.0	9.8	11.4	2325.4
2008	3315.0	472.1	266.8	10.5	9.2	2556.4
2009	3672.6	518.9	246.8	10.9	10.2	2885.7
2010	4160.4	576.9	246.5	12.2	9.8	3315.1
2011	3852.5	444.9	220.4	11.3	9.9	3166.0
2012	4267.2	457.8	216.2	13.0	10.3	3570.0
建筑业总产值(亿元)						
1985	675.10	474.51	200.59			
1990	1345.01	935.19	409.82			
1995	5793.75	3670.25	1899.47	33.60	33.19	157.24
2000	12497.60	5053.79	4035.84	99.18	67.49	3241.30
2001	15361.56	5362.81	3775.89	102.55	73.06	6047.25
2002	18527.18	5582.86	3338.50	113.87	91.38	9400.57
2003	23083.87	6060.23	3270.73	123.71	129.39	13499.81
2004	29021.45	7325.61	2756.12	137.03	202.46	18600.23
2005	34552.10	8432.03	2815.20	172.54	249.03	22883.30
2006	41557.16	9218.56	2904.48	240.52	274.87	28918.73
2007	51043.71	10630.90	3153.65	281.95	396.32	36580.90
2008	62036.81	12231.66	3216.43	321.07	387.14	45880.52
2009	76807.74	15190.05	3281.75	334.59	415.17	57586.19
2010	96031.13	18148.59	3655.27	443.96	439.68	73343.64
2011	116463.32	20436.81	4306.49	612.68	658.17	90449.18
2012	137217.86	22930.19	4919.00	649.74	476.99	108241.94

注：1.本表1985年至1992年数据为全民和集体所有制建筑业企业数据；1993年至1995年数据为各种经济成分的建制镇以上建筑业企业数据；1996年至2001年数据为资质等级(旧资质)四级及四级以上建筑业企业数据；2002年及以后数据为所有具有资质等级的施工总承包、专业承包建筑业企业(不含劳务分包建筑业企业)数据。因此存在着与以前各年不可比因素,以下各表同。

2.从业人员数1993年至1997年为年平均人数。

1-2 各地区历年建筑业总产值

单位：万元

地　区	2006	2007	2008	2009	2010	2011	2012
全国总计	**415571580**	**510437142**	**620368061**	**768077416**	**960311338**	**1170596503**	**1372178580**
北　京	21679223	25767692	30661699	40597023	51960173	60462182	65882953
天　津	9839320	12219419	14537854	19114753	24244933	29864545	32585701
河　北	14487321	16146909	20448127	25250461	32314632	39726620	48650907
山　西	9396737	10607041	13554415	18261040	21434591	23249108	26681679
内蒙古	4670050	6811038	7800495	9647255	11255772	13946780	14409969
辽　宁	17749853	21000402	25051692	33846476	46903131	62175226	75473898
吉　林	6076923	7383391	9946512	11428418	13487785	16266485	19904251
黑龙江	6998354	8758778	10367525	13423856	17696969	20291604	23739606
上　海	22853847	25241801	32457716	38305439	43001906	45862774	48434396
江　苏	54248484	70105724	86015120	102651097	124059167	151228450	184235512
浙　江	56556054	69717052	81560602	95887214	120078857	149074191	173327449
安　徽	11682365	15169772	18546416	22395727	28649619	35972621	42304412
福　建	11619868	15441660	18527395	22041266	29359436	36926157	44245439
江　西	6688948	7861404	10329422	13232428	16900217	20954692	27895708
山　东	27918123	32890450	38219345	45791538	54965861	64829000	72813321
河　南	15309254	21517230	28240535	35964867	44006082	52793558	60090765
湖　北	16670029	21108043	26050816	34218927	43452006	55864461	70434219
湖　南	14628766	18288148	21154431	25074020	31617292	39150173	44079197
广　东	25925822	29995140	32702756	38092967	47154569	57740058	65144293
广　西	5128328	6127370	7532102	9343756	12223126	15530712	18670580
海　南	649436	821834	1111837	1439442	1994842	2554722	2831087
重　庆	8950918	11287118	14963195	19152495	25343574	33288252	39756696
四　川	17532322	21099840	25929480	33374469	41630743	52566461	62403298
贵　州	3123428	3487908	3936721	5239069	6229565	8247195	10392175
云　南	6723538	7566795	9069053	11962204	15109582	18684014	23836606
西　藏	493615	602941	729087	949320	1220732	1244723	864044
陕　西	8304149	11730972	16511806	23091424	30636106	32166296	35293886
甘　肃	3443287	4369039	4812744	5798859	7519879	9258410	13646284
青　海	1083718	1254431	1429970	2043419	2796060	3194161	3257576
宁　夏	1308381	1549487	1915448	2592247	3426943	4279174	4669527
新　疆	3831120	4508314	6253747	7865941	9637189	13203699	16223145

1-3 各地区历年建筑业增加值

单位：万元

地区	2006	2007	2008	2009	2010	2011	2012
全国总计	**81163870**	**99443523**	**124889453**	**156198171**	**189835420**	**220709789**	**265833118**
北京	2984634	3338391	3737458	4681944	5787051	7684808	8455591
天津	1298281	1717835	2124318	2578760	3022160	3810030	4434651
河北	2502678	2852563	4228769	4448083	5248930	6557397	7330468
山西	1416761	1776833	2117930	2603555	3391079	3572106	3928679
内蒙古	1390352	1825748	1967289	2836211	3260788	3760028	3487830
辽宁	4470258	5258371	5937975	7686803	9897495	11213212	13798131
吉林	1049834	1311528	2138655	2369263	2632453	3216260	3837962
黑龙江	1138654	1245296	2475749	3779597	5070564	3260269	3631982
上海	3593972	3596431	4497900	5490998	5831049	6772969	7155228
江苏	11341223	14916160	17218560	23226742	26980524	34214250	43365335
浙江	11171857	13577522	15211075	18296301	23041235	28144275	36475974
安徽	2647204	3381737	4201294	5401505	6839623	8101048	9008371
福建	2766576	3990185	4999209	6843049	8742502	10413396	13812188
江西	1296605	1521384	2301203	2624373	2928344	3489463	5121627
山东	6228957	6820080	9040732	10398656	12318902	13029984	15263559
河南	3139219	4478541	6497922	8316141	10039228	10338387	11170082
湖北	2864967	3787283	4850441	6007806	7679793	9753665	12344343
湖南	3017749	3562607	4411407	4929387	5850949	6524823	7694186
广东	5035198	6063680	6975411	8217055	9534681	11096309	14496424
广西	988159	1163287	1624181	1915039	2274656	2601685	3028638
海南	119330	112450	232416	214458	216058	293769	419433
重庆	1940450	2339444	3108658	5047547	6345491	6903107	7437832
四川	3501955	4138417	5508921	6315258	8162436	9436351	11030457
贵州	621803	685982	728452	933283	1212945	1543010	1863504
云南	1400669	1413970	1640438	1964924	2436986	2723818	3715905
西藏	123275	121040	146752	238767	276857	249086	199643
陕西	1050820	2029378	3880798	4905743	6065105	6084540	5589472
甘肃	766832	901083	1077617	1281414	1565648	1800243	2649077
青海	235772	278968	332610	445584	538075	587061	713605
宁夏	311014	340006	438380	650092	715620	942241	986566
新疆	748815	897324	1236931	1549833	1928195	2592201	3386374

1-4 各地区历年建筑业企业利税总额

单位：万元

地　区	2006	2007	2008	2009	2010	2011	2012
全国总计	**25945621**	**32753973**	**44668222**	**53724409**	**67603869**	**80326121**	**91650257**
北　京	1726304	1894535	1708015	3141972	3732603	4213539	4519673
天　津	566935	773199	940439	1144292	1441201	1732510	1946890
河　北	830856	967798	1439150	1589887	2118790	2543420	2924228
山　西	400536	547712	668027	847101	1187107	1203412	1508774
内蒙古	481267	646896	892945	1099952	1307471	1577208	1391319
辽　宁	1190225	1562609	1789113	2320038	3411522	4406630	5041639
吉　林	291544	328347	783982	807812	951062	1486739	1414761
黑龙江	305123	343990	1520636	1332707	1781420	1321917	1338823
上　海	1832951	1650359	2275505	2683512	2981970	3235023	3188506
江　苏	3246374	4500081	6240701	7135595	8753942	10507771	12832832
浙　江	3311754	4021244	4644242	5674568	7111196	8446268	9491741
安　徽	720796	921499	1325599	1632055	2099798	2388143	2747434
福　建	710183	941528	1224010	1563460	1908536	2585482	3073914
江　西	363621	466450	851715	907325	1160294	1284587	1887482
山　东	1928110	2221146	3043218	3626570	4539876	4982185	5489015
河　南	878976	1317768	1923243	2477967	3234415	3813920	4377000
湖　北	1033263	1475615	1882179	2457391	3358791	4340945	5325901
湖　南	914984	1220569	2027763	1802272	2288754	2670291	3072326
广　东	1914326	2565563	2892377	3283550	3923954	4681641	5153304
广　西	277643	330526	433786	521097	697699	763425	922608
海　南	34920	36649	96800	108956	100771	152954	191257
重　庆	577690	760353	1523773	1684830	2087534	2684015	2931725
四　川	916464	1208255	1614206	2012606	2753426	3509512	4180712
贵　州	138372	163222	209978	252224	340152	450259	524406
云　南	415954	509000	586614	756243	1055913	1209705	1586479
西　藏	49739	71434	71176	160296	149218	96188	71782
陕　西	380880	637659	1174751	1602454	1671907	2231137	2106642
甘　肃	222769	301931	362609	389746	553898	629559	959885
青　海	40717	69768	95960	131149	154766	195250	232512
宁　夏	66134	78005	97603	155169	210388	258211	291077
新　疆	176214	220265	328108	421612	535498	724273	925611

1-5 各地区历年建筑业企业劳动生产率

按建筑业增加值计算　　　　单位：元/人

地　区	2006	2007	2008	2009	2010	2011	2012
全国总计	**25741**	**28853**	**32444**	**37640**	**40319**	**43951**	**57427**
北　京	22745	24672	26101	28825	28382	41691	95018
天　津	33713	37939	43178	43476	46160	58343	75162
河　北	20452	23824	29262	34103	38342	43060	52919
山　西	22428	26975	30268	30388	35172	33776	41544
内蒙古	27857	26658	30865	37886	43838	51098	63707
辽　宁	31067	34477	41730	36589	36647	32233	54886
吉　林	22238	23758	28023	33886	33297	48304	59774
黑龙江	17822	19782	22427	41143	52547	35408	36194
上　海	32876	32703	40248	44770	46744	53051	62817
江　苏	29863	34125	35783	42976	45044	56411	61866
浙　江	31551	33888	36103	37885	41067	50651	57790
安　徽	24153	28180	32317	37683	42372	51802	56179
福　建	34325	38025	41527	43883	46991	38061	69046
江　西	21004	24270	28655	33036	32508	41990	51576
山　东	22066	23682	26062	33990	35733	42401	49478
河　南	22285	25692	33595	37632	41900	43899	53486
湖　北	25092	29989	34517	41145	47494	45627	71933
湖　南	24109	26945	28770	33463	35838	40143	48902
广　东	30294	34166	38041	46819	49938	50621	79374
广　西	24279	26397	30572	38143	39528	42998	45601
海　南	16191	15772	19386	21739	18981	42776	65607
重　庆	22123	24999	30167	41902	43878	36359	49010
四　川	19393	21098	23860	27020	29121	25524	45412
贵　州	22694	24928	27405	29266	38196	44379	57246
云　南	22215	22108	26901	27758	31046	30486	40714
西　藏	26118	25674	27302	47493	47429	44931	60656
陕　西	19883	31620	32515	50752	53380	66948	56362
甘　肃	16053	20125	23165	26116	31193	35558	50478
青　海	22913	26692	32966	37275	42700	48452	55378
宁　夏	20078	21360	24873	31773	31019	39302	53050
新　疆	24054	25552	32328	34743	35979	44295	52133

1-6 各地区历年建筑业企业利润总额

单位：万元

地　区	2006	2007	2008	2009	2010	2011	2012
全国总计	**11930744**	**15611225**	**22018389**	**27187552**	**34090741**	**41682014**	**47761416**
北　京	965927	960256	563900	1751412	1986183	2167770	2434013
天　津	257934	379212	475404	541986	660541	795439	959364
河　北	314160	446521	718905	744754	1049307	1269976	1471745
山　西	95632	194566	231736	305611	483810	492236	693319
内蒙古	284220	353363	535344	744024	826671	1053728	862190
辽　宁	581665	836847	883503	1188891	1739642	2243114	2560777
吉　林	75164	102742	412464	387217	460595	890268	744665
黑龙江	76641	98029	457660	558203	564931	589187	617830
上　海	1033681	794137	1173802	1374680	1597878	1666874	1626865
江　苏	1643108	2368712	3576635	4005428	4966263	5958651	7273779
浙　江	1525409	1887292	2145188	2744547	3482170	4115722	4596818
安　徽	255471	378253	633363	744093	982470	1271248	1508867
福　建	308881	375532	519579	656737	873488	1264702	1512126
江　西	134849	188502	390995	421176	561901	623721	948041
山　东	1032536	1190084	1805303	2065115	2663968	2917723	3186855
河　南	371502	574939	935863	1187183	1615139	2000910	2329006
湖　北	403378	698837	934029	1265479	1808377	2314637	2785518
湖　南	376586	545656	1121171	845523	1047943	1247697	1496487
广　东	901868	1388555	1456891	1731648	2049391	2516868	2834588
广　西	104571	126343	152533	197764	257595	262368	342674
海　南	14982	14616	56759	55232	47796	64449	104329
重　庆	282921	386178	891940	978968	1201834	1553431	1627276
四　川	334670	466176	716297	950778	1256013	1771901	2101350
贵　州	32989	41893	64525	66331	105635	143920	164725
云　南	186984	266333	279106	386664	505251	618811	849340
西　藏	31165	52895	45873	120700	91531	57535	39714
陕　西	121210	224647	492568	738954	583007	1043804	1002895
甘　肃	97915	152143	157718	153089	259960	293320	484956
青　海	8892	24468	36330	54420	62520	83480	112724
宁　夏	21223	25225	31935	63217	89235	112525	131135
新　疆	54611	68277	121073	157728	209698	276000	357447

1-7 按经济类型划分的建筑业企业主要经济指标

指　　标		合计	内资企业	#国有	#集体
企业个数	(个)	75280	74600	4602	4640
从业人员	(万人)	4267.24	4243.99	457.78	216.24
自有固定资产原价	(亿元)	15476.93	15368.89	3144.40	583.05
自有固定资产净价	(亿元)	9582.58	9521.30	1759.15	375.72
自有施工机械设备年末总台数	(万台)	1015.73	1011.17	126.06	72.45
自有施工机械设备年末净值	(亿元)	5707.08	5691.13	814.67	174.06
自有施工机械设备年末总功率	(万千瓦)	24275.31	24163.89	3738.90	1087.34
建筑业总产值	(亿元)	137217.86	136091.13	22930.19	4919.00
建筑业增加值	(亿元)	26583.31			
#本年固定资产折旧	(亿元)	1065.47	1055.39	228.93	29.53
应付职工薪酬	(亿元)	15603.95	15490.01	2056.10	615.41
主营业务税金及附加	(亿元)	4190.48	4159.56	687.26	165.87
管理费用中的税金	(亿元)	198.40	196.95	25.42	12.84
房屋建筑施工面积	(万平方米)	986427.45	981024.29	117123.57	39208.99
房屋建筑竣工面积	(万平方米)	358736.23	356982.44	26763.33	19810.72
利润总额	(亿元)	4776.14	4717.82	537.66	188.91
税金总额	(亿元)	4388.88	4356.51	712.68	178.71
劳动生产率					
按总产值计算	(元/人)	296424	295718	388406	222006
按增加值计算	(元/人)	57427			
技术装备率	(元/人)	13374	13410	17796	8050
动力装备率	(千瓦/人)	5.7	5.7	8.2	5.0
房屋建筑面积竣工率	(%)	36.4	36.4	22.9	50.5
产值利润率	(%)	3.5	3.5	2.3	3.8
产值利税率	(%)	6.7	6.7	5.5	7.5

1-7 续表

指 标		港澳台商投资企业	#港澳台商独资企业	外商投资企业	#外商独资企业
企业个数	(个)	385	90	295	91
从业人员	(万人)	12.97	1.24	10.28	2.86
自有固定资产原价	(亿元)	55.48	8.09	52.56	13.83
自有固定资产净价	(亿元)	31.22	4.98	30.05	7.66
自有施工机械设备年末总台数	(万台)	2.77	0.37	1.79	0.28
自有施工机械设备年末净值	(亿元)	10.28	1.01	5.67	0.93
自有施工机械设备年末总功率	(万千瓦)	54.32	5.00	57.10	3.68
建筑业总产值	(亿元)	649.74	82.93	476.99	198.54
建筑业增加值	(亿元)				
#本年固定资产折旧	(亿元)	5.50	0.43	4.59	0.97
应付职工薪酬	(亿元)	64.93	7.77	49.02	18.74
主营业务税金及附加	(亿元)	17.37	2.36	13.55	5.68
管理费用中的税金	(亿元)	0.95	0.21	0.50	0.22
房屋建筑施工面积	(万平方米)	3711.03	230.23	1692.13	764.29
房屋建筑竣工面积	(万平方米)	932.58	59.10	821.21	365.00
利润总额	(亿元)	31.76	8.01	26.56	15.98
税金总额	(亿元)	18.32	2.57	14.05	5.90
劳动生产率					
按总产值计算	(元/人)	449499	524468	378776	652136
按增加值计算	(元/人)				
技术装备率	(元/人)	7927	8189	5518	3263
动力装备率	(千瓦/人)	4.2	4.0	5.6	1.3
房屋建筑面积竣工率	(%)	25.1	25.7	48.5	47.8
产值利润率	(%)	4.9	9.7	5.6	8.0
产值利税率	(%)	7.7	12.8	8.5	11.0

1-8 建筑业企业主要经济指标

指标	计量单位	2012年	2011年	2012年比2011年增减(%)
建筑业企业个数	个	75280	72280	4.2
直接从事生产经营活动的平均人数	万人	4629.1	5021.8	-7.8
签订的合同额	亿元	247339.5	210117.4	17.7
#本年新签合同额	亿元	146784.9	128794.4	14.0
建筑业总产值	亿元	137217.9	116463.3	17.8
建筑工程产值	亿元	121719.9	103665.8	17.4
安装工程产值	亿元	11316.6	9543.7	18.6
其他产值	亿元	4181.3	3253.8	28.5
竣工产值	亿元	79588.5	66349.3	20.0
建筑业增加值	亿元	26583.3	22071.0	20.4
#本年提取的固定资产折旧	亿元	1065.5	956.8	11.4
应付职工薪酬	亿元	15604.0	12556.8	24.3
主营业务税金及附加	亿元	4190.5	3697.5	13.3
管理费用中的税金	亿元	198.4	166.9	18.9
房屋建筑施工面积	万平方米	986427.5	851828.1	15.8
房屋建筑竣工面积	万平方米	358736.2	316429.3	13.4
年末自有施工机械设备净值	亿元	5707.1	4632.7	23.2
年末自有施工机械设备总功率	万千瓦	24275.3	21822.4	11.2
实收资本	亿元	21800.2	18020.7	21.0
资产合计	亿元	111692.2	93859.9	19.0
#流动资产	亿元	86959.3	71995.0	20.8
固定资产	亿元	11785.2	10527.5	11.9
负债合计	亿元	75529.7	63595.1	18.8
#流动负债	亿元	68539.1	58833.7	16.5
利润总额	亿元	4776.1	4168.2	14.6
税金总额	亿元	4388.9	3864.4	13.6
按建筑业总产值计算的劳动生产率	元/人	296424	231917	
按建筑业增加值计算的劳动生产率	元/人	57427	43951	
技术装备率	元/人	13374	12025	
动力装备率	千瓦/人	5.7	5.7	
人均利税	元/人	19799	15996	
房屋建筑面积竣工率	%	36.4	37.1	
资产负债率	%	67.6	67.8	
产值利润率	%	3.5	3.6	
产值利税率	%	6.7	6.9	

1-9 各地区建筑业企业签订合同情况

单位：万元

地 区	合同总额	上年结转合同额	本年新签合同额
全国总计	**2473395161**	**1005546475**	**1467848686**
北 京	161985454	78786341	83199113
天 津	65491128	30254271	35236857
河 北	82026042	30676586	51349456
山 西	52406279	23499735	28906544
内蒙古	24238358	10772382	13465976
辽 宁	108841493	35599792	73241700
吉 林	31248327	12451463	18796865
黑龙江	34462933	13902506	20560427
上 海	111781449	50130597	61650852
江 苏	278127178	99654812	178472366
浙 江	301790386	122746494	179043892
安 徽	70322186	28642545	41679642
福 建	80803135	34050610	46752525
江 西	47411301	16692285	30719017
山 东	118123012	43307639	74815374
河 南	97883317	36024701	61858616
湖 北	133241778	47023759	86218019
湖 南	91915229	41051423	50863806
广 东	160871094	76574707	84296387
广 西	37916602	14982528	22934074
海 南	5315013	2795815	2519198
重 庆	69172251	27394637	41777614
四 川	113549459	51205927	62343531
贵 州	23274560	10198823	13075737
云 南	40450746	14808731	25642015
西 藏	1148441	612048	536393
陕 西	65259418	28065124	37194295
甘 肃	23240609	7903014	15337595
青 海	6543745	3596878	2946868
宁 夏	7287497	2174598	5112899
新 疆	27266742	9965705	17301037

1-10 各地区建筑业企业承包工程完成情况

单位：万元

地区	直接从建设单位承揽工程完成的产值	自行完成施工产值	分包出去工程的产值	从建设单位以外承揽工程完成的产值
全国总计	**1357267258**	**1321455192**	**35812066**	**50723388**
北京	64856941	57363218	7493723	8519736
天津	33150580	30774590	2375991	1811112
河北	47797706	47602806	194899	1048101
山西	26543045	26434556	108490	247123
内蒙古	14221136	14207158	13978	202811
辽宁	75220722	74634806	585916	839092
吉林	19801520	19689164	112356	215087
黑龙江	23934556	23696113	238443	43493
上海	51108442	43896429	7212012	4537967
江苏	173950333	173149863	800470	11085649
浙江	170656163	168570871	2085292	4756577
安徽	41635063	41222359	412704	1082053
福建	43311213	42982400	328813	1263039
江西	27591459	27288877	302583	606831
山东	72373891	71526032	847859	1287289
河南	59503606	59193947	309659	896819
湖北	69640413	68894857	745556	1539362
湖南	42986430	42820646	165783	1258551
广东	68381265	62249568	6131697	2894725
广西	18142361	17965160	177201	705420
海南	2819747	2815965	3782	15122
重庆	39593276	38337467	1255809	1419229
四川	61200395	60318483	881912	2084815
贵州	10351751	10316208	35543	75967
云南	23590617	23465327	125290	371279
西藏	863164	852704	10460	11340
陕西	36328898	34060907	2267991	1232978
甘肃	13553238	13407240	145998	239043
青海	3240666	3175207	65459	82369
宁夏	4617509	4607375	10135	62152
新疆	16301152	15934887	366265	288257

1-11 各地区建筑业总产值和竣工产值

单位：万元

地 区	建筑业总产值	#装饰装修产值	#在外省完成的产值	按构成分组 建筑工程产值	安装工程产值	其他产值	竣工产值
全国总计	**1372178580**	**81506555**	**430372104**	**1217199214**	**113165946**	**41813420**	**795884746**
北 京	65882953	10043946	39866091	62969477	2455345	458132	32826401
天 津	32585701	840824	10324681	27689042	3494517	1402142	14713080
河 北	48650907	1768457	15399235	41015346	4614637	3020924	25470330
山 西	26681679	754453	7199629	23350004	2524274	807401	11290236
内蒙古	14409969	334148	628677	12690902	933398	785670	8978335
辽 宁	75473898	6790446	7502993	63231338	9371512	2871049	45668959
吉 林	19904251	752320	1644803	17246933	1934922	722397	12845342
黑龙江	23739606	732210	1828931	19454598	3450528	834480	12260364
上 海	48434396	5144833	22737391	40212430	6806998	1414968	25456637
江 苏	184235512	9888445	73804820	172988157	9831657	1415698	138571192
浙 江	173327449	10695558	87067598	157109344	11806245	4411859	103804385
安 徽	42304412	1674432	8805616	36379941	3319106	2605365	23576170
福 建	44245439	1857415	17055280	40829401	2893469	522569	25970817
江 西	27895708	1491785	8691646	24313740	2132969	1448999	16517116
山 东	72813321	4335651	12471995	61536656	9169857	2106808	40393555
河 南	60090765	2298879	15108638	52693264	5678115	1719386	34192091
湖 北	70434219	2642652	26297036	62647745	5501337	2285138	37624264
湖 南	44079197	1507822	14602276	38301989	2892687	2884522	29661499
广 东	65144293	10696537	16102157	56853257	6357934	1933102	35373733
广 西	18670580	793100	2823658	15776620	1693955	1200004	10232815
海 南	2831087	123204	113647	2507060	149202	174825	1812051
重 庆	39756696	1644572	8328314	35903846	2547809	1305041	21824855
四 川	62403298	2163942	13882935	55452079	4938562	2012657	33315023
贵 州	10392175	163708	2000017	9103268	906409	382498	3498930
云 南	23836606	611017	1563030	21361673	1649754	825179	13608900
西 藏	864044	26263	105593	814845	31304	17896	410015
陕 西	35293886	891242	10637816	31307629	2864139	1122118	13689846
甘 肃	13646284	430513	1773197	12027190	1244037	375056	7616324
青 海	3257576	41745	783579	2624087	327999	305490	1290717
宁 夏	4669527	109437	220033	4370011	222644	76873	3595712
新 疆	16223145	257002	1000795	14437344	1420628	365173	9795054

1-12 各地区建筑业企业房屋建筑面积

地 区	房屋建筑施工面积(万平方米)	#本年新开工	#实行投标承包面积	#本年新开工	房屋建筑竣工面积(万平方米)	房屋建筑面积竣工率(%)
全国总计	**986427.5**	**447824.4**	**789191.8**	**371107.5**	**358736.2**	**36.4**
北 京	41660.3	13749.4	37331.7	12631.6	8406.2	20.2
天 津	12484.9	5395.6	11554.5	5011.5	2876.7	23.0
河 北	35270.4	16217.3	30143.7	14172.4	12419.9	35.2
山 西	10991.1	4665.7	9142.2	3847.7	3161.7	28.8
内蒙古	10550.7	4299.0	7254.3	3772.5	3659.0	34.7
辽 宁	40049.8	23116.0	28780.4	17294.7	17465.4	43.6
吉 林	13133.1	6908.2	7835.6	5372.4	6026.6	45.9
黑龙江	8563.5	4540.4	6429.1	3573.8	4340.8	50.7
上 海	27961.5	8842.9	24501.9	7668.3	6476.1	23.2
江 苏	166779.1	75120.9	149297.0	67289.9	61241.7	36.7
浙 江	166969.2	72339.5	136582.2	61518.4	55467.8	33.2
安 徽	33335.6	15740.4	25379.0	13107.4	13346.2	40.0
福 建	41821.8	16476.4	31129.9	12538.3	12343.8	29.5
江 西	18889.4	10857.1	13828.2	8469.0	10148.8	53.7
山 东	56902.1	27840.0	45693.4	23566.7	21526.9	37.8
河 南	38328.7	20499.2	31137.0	17529.9	16397.6	42.8
湖 北	39113.9	22389.9	27972.5	17544.5	20397.3	52.1
湖 南	36412.2	15175.9	28836.2	12118.5	13398.8	36.8
广 东	42431.7	16118.3	25523.4	10471.3	13485.4	31.8
广 西	15076.6	6630.4	12191.4	5619.6	5028.7	33.4
海 南	2281.2	840.6	1855.9	706.1	811.8	35.6
重 庆	26269.7	12616.6	18272.3	9401.5	11601.8	44.2
四 川	38550.9	17094.0	27174.5	12619.1	15750.0	40.9
贵 州	8257.7	3103.7	6613.4	2353.2	1863.3	22.6
云 南	13374.0	7394.8	9787.0	5480.5	5919.4	44.3
西 藏	198.8	141.4	150.0	107.7	138.2	69.5
陕 西	17065.7	7103.1	14758.8	6175.0	5386.7	31.6
甘 肃	8165.9	4095.8	6457.2	3399.7	3227.4	39.5
青 海	774.4	384.5	559.1	312.2	344.1	44.4
宁 夏	3736.8	1880.1	3456.4	1755.7	1524.2	40.8
新 疆	11026.5	6247.3	9563.6	5678.2	4554.0	41.3

1-13 各地区按主要用途分的建筑业企业房屋建筑竣工面积

单位：万平方米

地 区	总计	住宅房屋	商业及服务用房屋	商厦房屋(批发和零售用房)	宾馆用房屋(住宿用房)	餐饮用房屋(餐饮用房)
全国总计	**358736.2**	**234222.2**	**21819.0**	**9169.5**	**3192.1**	**972.0**
北 京	8406.2	5629.4	559.4	255.9	140.5	19.0
天 津	2876.7	1526.0	173.9	88.4	33.6	3.7
河 北	12419.9	8838.6	598.2	191.2	75.8	27.3
山 西	3161.7	2105.5	180.9	36.2	46.3	6.0
内蒙古	3659.0	2561.0	288.2	56.4	37.8	5.2
辽 宁	17465.4	12422.6	776.0	349.5	79.2	35.2
吉 林	6026.6	4351.1	246.4	57.7	18.0	5.7
黑龙江	4340.8	3554.9	208.8	47.7	20.3	7.1
上 海	6476.1	3371.7	649.1	254.0	90.7	22.4
江 苏	61241.7	43034.9	2771.4	1357.9	741.6	80.8
浙 江	55467.8	28353.1	4214.2	2153.1	588.6	244.7
安 徽	13346.2	8380.5	640.0	288.3	71.0	20.4
福 建	12343.8	7407.1	1010.4	517.7	110.3	40.1
江 西	10148.8	6158.0	727.5	328.1	77.7	27.8
山 东	21526.9	15038.4	1205.5	430.6	114.9	52.3
河 南	16397.6	11212.8	941.2	201.5	117.9	55.0
湖 北	20397.3	13540.7	1210.1	537.1	187.2	61.6
湖 南	13398.8	9080.2	924.0	460.0	102.1	23.4
广 东	13485.4	8194.9	895.1	299.2	115.3	68.0
广 西	5028.7	3154.5	238.9	100.5	37.1	5.9
海 南	811.8	490.3	108.1	63.3	11.8	7.6
重 庆	11601.8	8762.2	534.8	187.6	34.1	25.3
四 川	15750.0	11536.0	963.7	379.4	137.7	44.6
贵 州	1863.3	1130.2	168.6	54.0	15.9	9.1
云 南	5919.4	3842.8	549.4	206.1	63.4	11.1
西 藏	138.2	52.1	18.7	3.1	4.8	0.2
陕 西	5386.7	3785.1	372.9	85.9	52.9	23.0
甘 肃	3227.4	2149.3	238.4	69.2	20.9	26.3
青 海	344.1	202.6	16.2	3.6	6.2	0.3
宁 夏	1524.2	1004.1	141.4	36.1	13.7	4.4
新 疆	4554.0	3351.7	247.9	70.0	24.9	8.6

1-13 续表 1

单位：万平方米

地 区	商务会展用房屋	其他商业及服务用房屋(居民服务业用房)	办公用房屋	科研、教育和医疗用房屋	科学研究用房屋	教育用房屋
全国总计	**1343.0**	**7142.5**	**21604.2**	**15412.1**	**1557.7**	**10277.5**
北 京	12.7	131.3	640.1	424.9	62.1	212.2
天 津	7.8	40.5	152.0	99.6	32.2	51.5
河 北	81.9	221.9	628.4	560.2	52.3	387.6
山 西	24.6	67.8	155.3	231.3	9.7	192.2
内蒙古	6.2	182.7	281.3	262.5	18.9	232.3
辽 宁	19.2	292.9	825.8	374.2	38.3	289.3
吉 林	20.2	144.9	317.2	117.5	12.1	78.7
黑龙江	6.9	126.7	137.3	130.2	12.0	70.1
上 海	52.6	229.6	419.4	271.3	59.8	101.6
江 苏	74.7	516.4	3197.6	1643.3	178.6	1070.3
浙 江	319.3	908.5	4219.4	1806.4	319.3	1078.1
安 徽	9.4	250.8	952.5	723.2	43.4	580.6
福 建	49.5	292.9	722.9	524.1	44.3	383.7
江 西	16.3	277.5	781.8	549.6	58.2	377.3
山 东	77.2	530.5	1069.7	784.0	87.4	475.3
河 南	180.2	386.6	1279.4	916.9	52.3	694.7
湖 北	62.3	361.9	1388.3	1074.5	134.9	524.8
湖 南	60.4	278.0	860.1	884.3	61.9	582.3
广 东	39.2	373.4	746.3	649.2	61.4	468.7
广 西	9.5	85.8	392.7	553.8	16.5	401.3
海 南	2.0	23.3	37.9	114.6	13.9	79.1
重 庆	60.9	226.9	394.0	324.9	24.0	227.3
四 川	44.7	357.5	627.5	624.6	55.3	396.3
贵 州	47.2	42.4	123.3	220.2	14.5	166.0
云 南	8.1	260.7	331.9	530.8	15.3	427.1
西 藏	5.4	5.3	38.9	17.0	3.3	7.4
陕 西	3.5	207.6	333.4	306.6	43.0	200.5
甘 肃	21.0	100.9	200.6	261.2	17.2	184.3
青 海	1.2	4.9	43.1	48.3	2.9	41.3
宁 夏	18.2	69.0	64.6	112.0	3.0	95.2
新 疆	0.6	143.7	241.5	271.0	9.9	200.4

1-13 续表 2

单位：万平方米

地　区	医疗用房屋(卫生医疗用房)	文化、体育和娱乐用房屋	厂房及建筑物	#厂房	仓　库	其他未列明的房屋建筑物
全国总计	**3576.9**	**3245.3**	**51349.2**	**35653.7**	**2487.4**	**8596.8**
北　京	150.6	98.9	695.6	617.7	33.5	324.4
天　津	15.9	30.7	601.0	462.3	30.3	263.2
河　北	120.2	100.9	1177.3	770.5	54.0	462.4
山　西	29.4	30.0	347.6	239.2	18.3	92.9
内蒙古	11.2	41.1	122.4	103.0	7.2	95.4
辽　宁	46.6	89.4	2394.9	1559.8	146.6	436.0
吉　林	26.7	68.2	679.7	273.3	21.2	225.5
黑龙江	48.1	29.9	200.9	130.1	9.0	69.8
上　海	109.8	72.4	1468.7	1143.7	78.7	144.8
江　苏	394.5	396.5	8905.1	7894.3	189.1	1103.7
浙　江	409.1	670.4	14549.3	9964.2	558.5	1096.6
安　徽	99.2	100.7	2098.0	1164.0	150.6	300.7
福　建	96.0	101.7	2366.9	1494.4	123.0	87.6
江　西	114.1	170.3	1292.6	746.1	107.5	361.7
山　东	221.3	137.2	2732.8	1696.1	174.3	385.1
河　南	169.8	128.4	1451.9	771.7	134.4	332.7
湖　北	414.8	307.4	2362.8	1404.9	118.9	394.6
湖　南	240.1	89.7	1136.8	692.9	81.7	342.1
广　东	119.1	101.8	2428.3	1608.2	97.6	372.2
广　西	136.1	84.2	388.8	287.0	36.3	179.5
海　南	21.7	8.9	17.9	12.8	1.3	32.7
重　庆	73.5	71.3	1134.2	698.5	36.0	344.3
四　川	172.9	110.9	1404.7	913.4	145.1	337.6
贵　州	39.8	13.4	120.2	95.2	11.9	75.3
云　南	88.4	39.0	424.6	307.2	42.4	158.5
西　藏	6.3	5.8	0.7		0.7	4.4
陕　西	63.2	61.0	313.6	206.3	21.9	192.0
甘　肃	59.7	29.4	249.3	164.9	18.2	81.1
青　海	4.1	3.6	15.3	7.6	0.9	14.2
宁　夏	13.8	18.2	80.0	67.2	14.9	88.9
新　疆	60.8	34.0	187.4	157.4	23.6	197.0

1-14 各地区按主要用途分的建筑业企业房屋建筑竣工价值

单位：万元

地区	总计	住宅房屋	商业及服务用房屋	商厦房屋(批发和零售用房)	宾馆用房屋(住宿用房)	餐饮用房屋(餐饮用房)
全国总计	**484229025**	**308991467**	**33191913**	**13573260**	**5470589**	**1417738**
北京	17527854	9448015	1296439	533848	290387	37743
天津	5623211	2763894	392418	226589	75930	3439
河北	15936821	10467617	1026204	447289	112111	49206
山西	4510429	2784206	284722	47689	71350	11950
内蒙古	5014865	3130329	458539	86311	72579	8776
辽宁	23853983	16536878	1131988	497677	90674	50576
吉林	7856221	5654225	358836	95834	29288	7447
黑龙江	6221882	4878305	357726	86106	30103	17157
上海	11954511	5732704	1450052	475948	315636	46129
江苏	90052407	62166059	4823470	2176821	1431644	112237
浙江	74535313	40838710	6567373	3270134	1085578	355992
安徽	14796261	9226038	737917	324256	109987	21474
福建	16852176	10684853	1553957	813687	189412	53046
江西	10343751	6130384	755989	315655	107938	37081
山东	26002902	17396785	1668860	503342	142358	67558
河南	17671527	11692242	981073	219957	124686	54778
湖北	24705453	15847909	1623135	711954	231235	87883
湖南	15956439	10576686	1181744	567869	125983	34048
广东	19410042	11736157	1481921	463841	222624	70374
广西	6046920	3543639	291649	136882	42152	9373
海南	1333015	842204	167258	108285	14544	11650
重庆	14612125	10829988	721130	267300	45899	30314
四川	21089915	15324154	1357886	489861	195508	79333
贵州	2384280	1320394	229009	78077	24826	13786
云南	7813050	5005489	683224	256329	88333	19979
西藏	254122	85704	38683	7680	12068	359
陕西	8083441	5352950	593510	119081	91109	57925
甘肃	5449419	3354769	413448	112579	35852	42111
青海	544398	305283	28227	3896	7040	362
宁夏	2059474	1288264	184903	47780	16897	8595
新疆	5732820	4046634	350624	80705	36858	17059

1-14 续表 1

单位：万元

地　区	商务会展用房屋	其他商业及服务用房屋(居民服务业用房)	办公用房　屋	科研、教育和医疗用房屋	科学研究用房屋	教育用房　屋
全国总计	**2302913**	**10427525**	**32272812**	**23606897**	**2774919**	**14741776**
北　京	36930	397532	1766399	1235654	206758	539740
天　津	12134	74326	284663	310026	117445	148419
河　北	113196	304402	866703	757514	117728	481846
山　西	60548	93185	266418	378415	15843	305687
内蒙古	11872	279002	516072	407703	31619	353340
辽　宁	33668	459393	1180356	528834	62580	390331
吉　林	41649	184618	386482	180912	21612	122383
黑龙江	12353	212007	244223	217787	14215	112540
上　海	110667	501672	982720	756563	175205	219240
江　苏	123646	979122	5471579	2927169	302468	1846579
浙　江	492578	1363090	6280295	2781159	481263	1637617
安　徽	9621	272580	1006138	760561	49838	586132
福　建	71556	426256	939826	734197	66778	531307
江　西	24210	271105	835181	634177	75677	399837
山　东	252113	703489	1636149	1333952	179541	675445
河　南	269487	312166	1422989	1101939	50135	829100
湖　北	132675	459387	1705074	1450149	218239	697251
湖　南	85949	367895	1116576	1180784	99141	748458
广　东	54138	670945	1243046	1041973	136188	721008
广　西	15504	87738	522086	671420	20057	469705
海　南	2427	30353	57770	176342	20436	109142
重　庆	112317	265300	548014	436736	38551	288048
四　川	76233	517062	847386	897242	85868	547145
贵　州	54119	58202	138889	379388	38234	292332
云　南	13593	304989	459658	761424	21410	610103
西　藏	3169	15408	68498	38557	8773	12651
陕　西	6465	318930	523532	433048	57617	276021
甘　肃	43668	179239	392092	457981	35131	314874
青　海	6006	10923	71587	76078	5084	63176
宁　夏	19374	92258	113168	168715	5821	140030
新　疆	1050	214953	379243	390498	15667	272290

1-14 续表 2

单位：万元

地区	医疗用房屋(卫生医疗用房)	文化、体育和娱乐用房屋	厂房及建筑物	#厂房	仓库	其他未列明的房屋建筑物
全国总计	**6090202**	**6331225**	**62245418**	**43957802**	**3007946**	**14581347**
北京	489157	506695	1574561	1398647	74622	1625470
天津	44162	117025	1000850	792933	47525	706812
河北	157940	149828	1787745	1246751	81573	799636
山西	56886	93311	503385	346154	21775	178197
内蒙古	22744	79733	201954	168103	12651	207884
辽宁	75923	178155	3382539	2197457	254516	660717
吉林	36918	168263	809953	362069	30102	267448
黑龙江	91031	40993	356016	228940	12976	113855
上海	362117	243084	2421226	1774832	123676	244487
江苏	778122	899714	11821407	10389278	255891	1687119
浙江	662280	1106833	14746162	10352012	576641	1638139
安徽	124591	104911	2236855	1342200	128842	595000
福建	136112	194006	2462912	1549733	133659	148766
江西	158663	158480	1314504	713422	94090	420946
山东	478967	392104	2902007	1833346	173357	499688
河南	222705	171113	1722885	842266	142943	436341
湖北	534659	451697	2835386	1785429	137733	654371
湖南	333184	136177	1263184	793894	105393	395897
广东	184777	210254	2859577	1632058	111025	726090
广西	181658	140945	488651	372699	56853	331678
海南	46765	14713	26846	17050	2071	45810
重庆	110137	134670	1366261	965835	45770	529556
四川	264230	174235	1816544	1151762	211098	461370
贵州	48822	17775	182907	153203	16419	99499
云南	129911	63593	589448	443727	45671	204544
西藏	17133	13522	1266		1341	6551
陕西	99411	163558	540694	363637	29162	446986
甘肃	107976	74829	614164	390134	24631	117505
青海	7818	7456	27824	14912	1186	26757
宁夏	22864	64457	112438	94030	21077	106452
新疆	102540	59100	275267	241291	33677	197777

1-15 各地区建筑业企业施工机械设备情况

地　区	年末自有施工机械设备总台数（台）	年末自有施工机械设备总功率（千瓦）	年末自有施工机械设备净值（万元）	技术装备率（元/人）	动力装备率（千瓦/人）
全国总计	**10157280**	**242753077**	**57070804**	**13374**	**5.7**
北　京	123269	3737115	1013060	20899	7.7
天　津	110530	5014617	2941739	91231	15.6
河　北	545557	14708278	1872059	13915	10.9
山　西	208493	6579275	1211129	18275	9.9
内蒙古	109949	2441263	607300	16565	6.7
辽　宁	436124	13159896	2324665	11658	6.6
吉　林	75244	4882712	699143	13158	9.2
黑龙江	134579	3125199	804716	16342	6.3
上　海	159882	3709279	1531121	17453	4.2
江　苏	1663026	40064147	15529494	21004	5.4
浙　江	969694	18359165	4335378	6766	2.9
安　徽	446720	9131562	1676365	9884	5.4
福　建	293589	6365410	1345750	7260	3.4
江　西	161853	3981005	765984	7141	3.7
山　东	734320	16511224	3131939	11290	6.0
河　南	818851	16599882	2671715	11783	7.3
湖　北	556978	14571862	3366844	19754	8.5
湖　南	449679	9997753	1402350	11812	8.4
广　东	666925	14066769	2812852	14766	7.4
广　西	151564	2558724	456152	6806	3.8
海　南	7065	150726	34466	5846	2.6
重　庆	182531	4610007	951760	6756	3.3
四　川	310128	7744131	1752759	8008	3.5
贵　州	67632	1434021	245932	6925	4.0
云　南	182497	7241891	1107713	14798	9.7
西　藏	3607	452236	41712	11632	12.6
陕　西	221012	4921028	1091303	13705	6.2
甘　肃	215594	2700375	589855	10514	4.8
青　海	24542	743648	189339	16128	6.3
宁　夏	34150	769258	135860	15144	8.6
新　疆	91696	2420619	430352	14202	8.0

1-16 各地区建筑业企业建筑材料消耗情况

地 区	钢材(吨)	木材(立方米)	水泥(吨)	玻璃		铝材(吨)
				重量箱	平方米	
全国总计	**915270016**	**391272961**	**3730833697**	**248545654**	**1571787033**	**63768515**
北 京	17729073	4182900	31071861	2744653	12105094	115895
天 津	9850367	1760149	24808391	2999725	13249608	286996
河 北	48400166	22564887	575858157	4673949	45372422	3109929
山 西	9264353	1697349	30990990	1092980	8004726	219786
内蒙古	3765697	2512336	15458876	1333062	17717964	349686
辽 宁	37828386	16566806	89542572	7658510	90342965	2008658
吉 林	29337055	7571854	1149635561	1545406	27084239	2045410
黑龙江	5461637	2819130	16631425	2494721	16988519	823483
上 海	15231106	5132833	21121510	1961718	10620307	525199
江 苏	130393503	51378979	316346453	20494290	158565961	17162732
浙 江	84842316	31690877	309579603	35440909	164614094	4253281
安 徽	21170683	6882436	46540179	4371791	30597433	773009
福 建	23456952	12795097	85419163	12300695	50243710	1265781
江 西	11386654	9422117	39230934	2175570	20532303	728969
山 东	98203154	45518848	203920332	8277409	278429406	5341287
河 南	25933174	5731610	92449553	4528946	36844874	747542
湖 北	51126285	20036685	165172836	91044004	120444100	4735542
湖 南	18518649	11025532	69240833	8015505	39294434	964773
广 东	44713557	87670704	83042355	11375671	101340550	4524066
广 西	8620703	5609264	29535161	2662032	17292657	4124636
海 南	1047270	615637	3788821	332132	3213578	342315
重 庆	16558930	7568451	47702090	3541033	29407049	1473644
四 川	153388269	10025968	160196519	7628577	136520847	2763358
贵 州	6471490	2921583	14961858	1270733	52334362	1055406
云 南	8134717	2482944	23654524	981676	9418852	128773
西 藏	195959	149178	776985	78772	763893	1935947
陕 西	14217981	6635206	43944344	2887127	17674916	756170
甘 肃	5110319	4331335	15804807	1493987	33697004	627874
青 海	898296	174529	3132706	129465	2299868	52525
宁 夏	1956821	960035	5271923	715551	3494241	329468
新 疆	12056494	2837702	16002375	2295055	23277057	196375

1-17 各地区建筑业企业主要生产效益指标

地　区	建筑业企业个数（个）	直接从事生产经营活动的平均人数（人）	按总产值计算的劳动生产率（元/人）	人均竣工产值（元/人）	人均施工面积（平方米/人）	人均竣工面积（平方米/人）
全国总计	**75280**	**46291009**	**296424**	**171931**	**213.1**	**77.5**
北　京	3178	889891	740349	368881	468.2	94.5
天　津	1535	590016	552285	249367	211.6	48.8
河　北	2347	1385236	351210	183870	254.6	89.7
山　西	2016	945661	282148	119390	116.2	33.4
内蒙古	828	547484	263203	163993	192.7	66.8
辽　宁	5547	2513955	300220	181662	159.3	69.5
吉　林	1653	642076	309998	200060	204.5	93.9
黑龙江	2038	1003473	236574	122179	85.3	43.3
上　海	2963	1139056	425215	223489	245.5	56.9
江　苏	8743	7009587	262834	197688	237.9	87.4
浙　江	5550	6311764	274610	164462	264.5	87.9
安　徽	2539	1603523	263822	147027	207.9	83.2
福　建	2387	2000438	221179	129826	209.1	61.7
江　西	1507	993019	280918	166332	190.2	102.2
山　东	5661	3084917	236030	130939	184.5	69.8
河　南	4332	2088399	287736	163724	183.5	78.5
湖　北	2774	1716079	410437	219246	227.9	118.9
湖　南	1906	1573381	280156	188521	231.4	85.2
广　东	4144	1826353	356691	193685	232.3	73.8
广　西	1053	664155	281118	154073	227.0	75.7
海　南	120	63931	442835	283439	356.8	127.0
重　庆	2334	1517608	261969	143811	173.1	76.4
四　川	3193	2428977	256912	137157	158.7	64.8
贵　州	558	325524	319244	107486	253.7	57.2
云　南	2080	912696	261167	149107	146.5	64.9
西　藏	175	32914	262516	124572	60.4	42.0
陕　西	1249	991708	355890	138043	172.1	54.3
甘　肃	1108	524800	260028	145128	155.6	61.5
青　海	367	128860	252800	100164	60.1	26.7
宁　夏	508	185968	251093	193351	200.9	82.0
新　疆	887	649560	249756	150795	169.8	70.1

1-18 各地区建筑业企业营业额

单位：万元

地 区	企业营业额	在境外完成的营业额	企业总产值	#建筑业总产值
全国总计	**1545170624**	**31270992**	**1513899632**	**1372178580**
北 京	77214696	7434698	69779997	65882953
天 津	35293199	1025327	34267872	32585701
河 北	51482036	289669	51192368	48650907
山 西	27958036	244590	27713446	26681679
内蒙古	15177838	96631	15081207	14409969
辽 宁	77268710	874895	76393815	75473898
吉 林	20563218	213303	20349916	19904251
黑龙江	25259566	754194	24505371	23739606
上 海	57840027	1175596	56664430	48434396
江 苏	218892212	3686674	215205538	184235512
浙 江	177462849	762157	176700692	173327449
安 徽	44570650	1040764	43529886	42304412
福 建	44995295	248255	44747040	44245439
江 西	29244367	471044	28773323	27895708
山 东	83206393	2448577	80757815	72813321
河 南	63355578	1160292	62195286	60090765
湖 北	78561037	2692701	75868337	70434219
湖 南	45789654	1016275	44773379	44079197
广 东	68719824	913457	67806367	65144293
广 西	19426671	139961	19286710	18670580
海 南	2878261		2878261	2831087
重 庆	41452524	439764	41012760	39756696
四 川	66685014	1629917	65055097	62403298
贵 州	10554836	46274	10508562	10392175
云 南	25420660	744761	24675899	23836606
西 藏	925659	5200	920459	864044
陕 西	38063659	895944	37167715	35293886
甘 肃	70503681	85672	70418009	13646284
青 海	4011185	207216	3803969	3257576
宁 夏	4760496		4760496	4669527
新 疆	17632794	527185	17105609	16223145

1-19 各地区建筑业企业资产构成

单位：万元

地区	资产合计	#流动资产合计	#存货	#非流动资产合计	#固定资产合计
全国总计	**1116921519**	**869592851**	**198990123**	**247328668**	**117852178**
北京	117600352	85086735	17087007	32513617	4166559
天津	39248602	29564293	6180935	9684310	4328636
河北	32436006	25380010	5581344	7055996	4655837
山西	29761637	23780917	4222203	5980721	2677869
内蒙古	16175581	12172286	1757056	4003295	1991870
辽宁	51045894	40116921	7765883	10928973	6210883
吉林	16779574	13560647	1705510	3218927	1993928
黑龙江	16398329	13223460	2653040	3174869	2340515
上海	65533626	52742206	12321421	12791420	4109406
江苏	115561174	93499842	23122927	22061332	12546301
浙江	86603741	70210855	17938076	16392885	9311631
安徽	31696142	24399223	5263498	7296918	4123080
福建	25480227	20193375	4510557	5286852	3270150
江西	15469748	11702909	2445654	3766839	2397129
山东	69483152	55332046	13794073	14151106	8788037
河南	41440134	31731500	8105328	9708634	6318873
湖北	58525342	42840672	13970097	15684670	7791847
湖南	25179114	18763673	4210505	6415441	3694974
广东	72945325	56079023	12582460	16866302	6307867
广西	11241396	8700154	1763973	2541242	1479493
海南	1686772	1311479	155692	375293	151441
重庆	31933147	25391369	6801441	6541778	3267899
四川	52404093	42525577	11303544	9878516	4379482
贵州	10201530	8138327	1685000	2063203	725333
云南	20966424	15621721	2743179	5344703	2986785
西藏	1282889	832621	133822	450268	259308
陕西	27486331	21776575	4579378	5709757	3013460
甘肃	11319040	8404994	1594145	2914045	1991997
青海	3631771	2580111	424804	1051660	649467
宁夏	4408589	3642035	728268	766555	470923
新疆	12995836	10287294	1859306	2708542	1451201

1-20 各地区建筑业企业固定资产情况

单位：万元

地区	固定资产合计	固定资产原价	固定资产折旧	#本年折旧	在建工程
全国总计	**117852178**	**154769338**	**58943582**	**10654719**	**13150607**
北京	4166559	6498413	2871123	539306	524957
天津	4328636	5837265	2216861	411107	590079
河北	4655837	6113884	2202502	400042	492551
山西	2677869	3894305	1648845	290756	226764
内蒙古	1991870	2692225	911439	228550	96089
辽宁	6210883	8767807	3479907	596341	489644
吉林	1993928	2319325	885417	134953	332353
黑龙江	2340515	3217675	1222324	177358	180822
上海	4109406	6543031	2979747	455167	457024
江苏	12546301	16273043	5865768	1153594	1385889
浙江	9311631	12391796	4418529	815487	848889
安徽	4123080	4672714	1575779	286591	527867
福建	3270150	4257988	1356389	249596	241819
江西	2397129	2713065	844955	168257	313383
山东	8788037	10795049	4093193	694342	884137
河南	6318873	8279217	3006717	596694	599541
湖北	7791847	10767791	4021304	732255	739624
湖南	3694974	4783961	1869740	321934	376968
广东	6307867	8168754	3385825	578104	1116637
广西	1479493	1738689	667140	97997	144232
海南	151441	113488	45591	13300	55638
重庆	3267899	3298889	1231455	236492	572187
四川	4379482	5864164	2463349	451154	599394
贵州	725333	992056	389595	67408	74075
云南	2986785	3578332	1360032	227747	478295
西藏	259308	365470	150952	16457	18560
陕西	3013460	4136246	1681347	338834	350550
甘肃	1991997	2288674	688207	115269	196663
青海	649467	710091	310810	61358	23053
宁夏	470923	679435	270577	48114	41731
新疆	1451201	2016497	828166	150150	171193

1-21 各地区建筑业企业负债及所有者权益

单位：万元

地　区	负债合计	#流动负债	#非流动负债	所有者权益	#实收资本
全国总计	**755297170**	**685390563**	**46648389**	**361234520**	**218002073**
北　京	84222772	74957036	9088615	33375814	16540709
天　津	29202753	27133354	1669812	10043902	7428326
河　北	21665217	19449285	1239592	10763654	6379915
山　西	22955850	21903552	810291	6804943	4794315
内蒙古	10341079	9104549	540015	5828843	2467326
辽　宁	33564673	28970210	1606208	17478206	11024712
吉　林	9713872	8596035	543316	7062904	6907318
黑龙江	11079601	10408843	238980	5293964	4010791
上　海	49503662	46144788	2790120	16007438	8501981
江　苏	71034923	66833249	2569161	44497384	21923084
浙　江	53719094	51371209	1721660	32873393	17521470
安　徽	21252854	19272172	720937	10436286	5930255
福　建	14811256	14004902	419143	10663455	7504893
江　西	8773407	7628955	304012	6696335	5081789
山　东	48345963	43636324	1637802	21109270	16414062
河　南	26583771	24474800	997654	14856364	9847746
湖　北	41071389	33885707	6407051	17447330	8810124
湖　南	15429644	13319475	1162371	9744404	5553361
广　东	48485140	42704084	4228650	24456566	14673562
广　西	7611385	6560014	759634	3630011	2707612
海　南	1104349	1035527	8720	582373	348150
重　庆	22374995	20049174	1392555	9548047	6474769
四　川	37497419	34642345	1956264	14818384	8727194
贵　州	7967726	7258197	544201	2233804	1800202
云　南	13766580	12458096	983845	7198727	4539042
西　藏	655361	558776	48553	627529	355110
陕　西	19835441	18405200	879207	7641782	5511399
甘　肃	7430857	6736801	364755	3887061	2428171
青　海	2500360	2216943	211655	1131411	807120
宁　夏	3062779	2933298	97283	1343083	867914
新　疆	9733000	8737665	706328	3151855	2119655

1-22 各地区建筑业企业实收资本

单位：万元

地区	合计	国家资本	集体资本	法人资本	个人资本	港澳台资本	外商资本
全国总计	**218002073**	**27124731**	**11996671**	**77973893**	**99310123**	**897714**	**698943**
北京	16540709	3791277	373556	8958244	3253058	87333	77241
天津	7428326	1387856	286033	2412290	3317244	7647	17256
河北	6379915	903033	364097	2043646	3060479	8620	40
山西	4794315	1222377	187180	1676588	1702095	5759	315
内蒙古	2467326	201254	134118	604245	1527492	218	
辽宁	11024712	1248503	1113759	3167545	5209038	233153	52715
吉林	6907318	305415	163812	2447947	3978987	10696	460
黑龙江	4010791	561597	349684	1389648	1695495	2086	12280
上海	8501981	1267237	468304	3417652	3116695	121247	110847
江苏	21923084	1151553	651370	5804685	14049814	96043	169619
浙江	17521470	492401	423473	4605897	11942397	49271	8030
安徽	5930255	858860	282595	1809003	2975108	1482	3207
福建	7504893	484591	245037	1785307	4951111	29408	9439
江西	5081789	815196	435210	1707628	2104088	8791	10875
山东	16414062	1478853	1116646	7937877	5822787	44201	13698
河南	9847746	1030680	673512	3237008	4898970	3737	3841
湖北	8810124	1202104	394046	3362817	3836843	10663	3652
湖南	5553361	987105	554863	1684669	2307226	13144	6354
广东	14673562	1583583	1364170	7298259	4211130	90205	126217
广西	2707612	437279	230591	1092133	943213	722	3675
海南	348150	97254	17413	147947	85389	147	
重庆	6474769	608224	230009	1830523	3742082	61819	2111
四川	8727194	1191882	415971	2999183	4063946	5210	51002
贵州	1800202	872919	209663	406108	309445	2068	
云南	4539042	711879	369851	1510478	1942301	1295	3239
西藏	355110	47033	28499	164874	114704		
陕西	5511399	1018332	498013	2293508	1693910	1903	5732
甘肃	2428171	407523	212238	937009	870531	381	489
青海	807120	155188	63694	367563	219870	403	403
宁夏	867914	152163	32609	174875	502117		6150
新疆	2119655	451583	106656	698736	862560	60	59

1-23 各地区建筑业企业收入情况

单位：万元

地 区	主营业务收入	#主营业务成本	#主营业务税金及附加	#销售费用	其他业务收入	#其他业务利润
全国总计	**1287617076**	**1137519798**	**41904796**	**5381774**	**14212238**	**1921302**
北 京	80514445	73559745	2040131	324872	680586	194788
天 津	34055225	30581640	958382	73361	257045	57816
河 北	43077514	38267359	1401680	139980	683767	48353
山 西	25424826	22650904	787796	88452	528404	49007
内蒙古	14224826	11410576	500334	34293	83636	17920
辽 宁	68541871	59252384	2312226	246515	604131	80839
吉 林	18374100	15761509	632561	62536	283088	21155
黑龙江	20999386	18868342	673474	69961	137837	17866
上 海	58791094	52982406	1522246	147532	492144	93794
江 苏	152151571	132978622	5306338	696382	2653323	179324
浙 江	141233092	127378536	4747520	459411	946474	164836
安 徽	37417942	32597112	1179729	185813	546018	64427
福 建	40825295	36355911	1492110	170220	175039	31031
江 西	25355194	22343236	901223	119365	143227	23603
山 东	67956912	59063035	2152022	299941	1124567	81510
河 南	58391699	51126188	1925291	338400	449928	68543
湖 北	70115815	61077439	2445852	423197	712540	69316
湖 南	40768760	35552628	1513414	190659	220220	42192
广 东	72033018	63621440	2235316	312616	689496	161013
广 西	16457995	14623569	560768	44835	285646	25377
海 南	2664699	2368205	84802	5987	20522	550
重 庆	38306739	33728996	1251621	133372	197774	44570
四 川	56177203	48768770	1891781	366972	1132297	173195
贵 州	10029385	9111246	346224	10565	101092	12930
云 南	20887694	18277936	707220	169037	366491	76006
西 藏	855441	712903	30583	11601	7844	1199
陕 西	33551274	30100484	1047721	126198	130309	13640
甘 肃	13064010	11369867	439074	74480	185709	19510
青 海	3652701	3268874	112919	18886	63946	10041
宁 夏	4771252	4283691	153481	11462	41962	12602
新 疆	16946098	15476248	550960	24878	267175	64353

1-24 各地区建筑业企业费用情况

单位：万元

地区	管理费用	#税金	#差旅费	#工会经费	财务费用	#利息收入	#利息支出
全国总计	**42407724**	**1984045**	**2241137**	**536017**	**8635001**	**2378953**	**8777326**
北京	3004042	45530	144869	24174	456122	707320	1061763
天津	1261507	29144	38426	8781	249980	64542	277704
河北	1256406	50802	50475	12924	245227	32006	193878
山西	1206571	27660	53292	11055	152071	68231	153131
内蒙古	519722	28795	18936	4013	144063	2145	103122
辽宁	2829758	168637	135285	35350	333387	59716	307295
吉林	594914	37535	34289	9034	77709	5889	40611
黑龙江	763121	47519	25772	5762	60361	10139	40725
上海	2131705	39395	98110	12728	313763	141285	419621
江苏	4842371	252715	278651	73342	1230627	127023	1265639
浙江	2986525	147404	190816	46879	1109244	141861	1088406
安徽	1176084	58838	66026	14268	221632	60099	220534
福建	1078625	69678	84734	12514	141630	31084	119883
江西	707793	38218	58656	13319	103671	12554	69154
山东	2403260	150138	119555	34794	498481	116620	479032
河南	2058419	122702	133340	33149	355730	86091	294169
湖北	2754408	94531	113870	37990	592594	108852	550483
湖南	1225208	62425	78981	22411	218578	63836	192226
广东	2471800	83400	105925	23903	615336	67605	500380
广西	518072	19166	27545	9897	118112	21160	77404
海南	56163	2127	3976	786	1438	416	1531
重庆	1084264	52829	58190	9259	295874	43792	214186
四川	1927131	187581	127015	26889	460683	206006	484389
贵州	304001	13457	19466	4644	66704	9258	54777
云南	721592	29919	51564	9125	191774	27389	170793
西藏	50306	1486	2660	78	3834	1652	2807
陕西	1143868	56026	59581	24914	167130	77575	180724
甘肃	521251	35856	28516	6877	93989	46453	81530
青海	153118	6869	6259	734	12583	4527	11213
宁夏	158727	6461	6374	1671	35093	697	29966
新疆	496990	17205	19987	4757	67584	33131	90252

1-25 各地区建筑业企业利润及税金情况

单位：万元

地区	利润总额	#应交所得税	税金总额	主营业务税金及附加	管理费用中的税金
全国总计	**47761416**	**10584325**	**43888841**	**41904796**	**1984045**
北京	2434013	409889	2085661	2040131	45530
天津	959364	243999	987526	958382	29144
河北	1471745	346497	1452483	1401680	50802
山西	693319	125528	815456	787796	27660
内蒙古	862190	167124	529129	500334	28795
辽宁	2560777	684184	2480862	2312226	168637
吉林	744665	221828	670096	632561	37535
黑龙江	617830	139633	720993	673474	47519
上海	1626865	369511	1561640	1522246	39395
江苏	7273779	1581661	5559053	5306338	252715
浙江	4596818	1071333	4894923	4747520	147404
安徽	1508867	278557	1238567	1179729	58838
福建	1512126	487564	1561788	1492110	69678
江西	948041	218433	939441	901223	38218
山东	3186855	673394	2302160	2152022	150138
河南	2329006	510309	2047994	1925291	122702
湖北	2785518	555003	2540383	2445852	94531
湖南	1496487	294349	1575840	1513414	62425
广东	2834588	678690	2318716	2235316	83400
广西	342674	106764	579934	560768	19166
海南	104329	41738	86929	84802	2127
重庆	1627276	317006	1304449	1251621	52829
四川	2101350	406865	2079362	1891781	187581
贵州	164725	46938	359681	346224	13457
云南	849340	164017	737138	707220	29919
西藏	39714	5814	32069	30583	1486
陕西	1002895	158810	1103748	1047721	56026
甘肃	484956	122420	474929	439074	35856
青海	112724	14033	119788	112919	6869
宁夏	131135	39723	159942	153481	6461
新疆	357447	102715	568165	550960	17205

1-26 各地区建筑业企业应收工程款及企业亏损情况

地　区	应收工程款(万元)	#竣工工程	企业个数(个)	#亏损企业个数	亏损企业的比重(%)
全国总计	**223507595**	**84095729**	**75280**	**9210**	**12.2**
北　京	15674439	3913282	3178	663	20.9
天　津	8467266	2480441	1535	283	18.4
河　北	8062182	3650947	2347	246	10.5
山　西	8315837	2403561	2016	392	19.4
内蒙古	3293819	1312321	828	82	9.9
辽　宁	11141165	4217182	5547	593	10.7
吉　林	6784986	2002758	1653	232	14.0
黑龙江	3450059	1200656	2038	399	19.6
上　海	12307493	3027613	2963	552	18.6
江　苏	30408261	13890764	8743	434	5.0
浙　江	14652501	7312086	5550	555	10.0
安　徽	6706394	2598454	2539	234	9.2
福　建	3743788	1654271	2387	277	11.6
江　西	2322060	845281	1507	133	8.8
山　东	16917919	7425608	5661	585	10.3
河　南	6154664	2068151	4332	341	7.9
湖　北	10593972	4067125	2774	258	9.3
湖　南	5269345	2325050	1906	174	9.1
广　东	11688235	4339022	4144	701	16.9
广　西	1890109	789830	1053	219	20.8
海　南	228794	87937	120	15	12.5
重　庆	6911210	2312107	2334	328	14.1
四　川	7966571	2763331	3193	333	10.4
贵　州	1804369	391412	558	115	20.6
云　南	4316511	1845722	2080	309	14.9
西　藏	233437	61662	175	37	21.1
陕　西	6004290	1546977	1249	172	13.8
甘　肃	3040158	1181368	1108	160	14.4
青　海	748173	258547	367	108	29.4
宁　夏	1302282	658489	508	90	17.7
新　疆	3107306	1463775	887	190	21.4

1-27 各地区建筑业企业主要经济效益指标

地　区	产值利润率 (%)	产值利税率 (%)	资本利润率 (%)	资本利税率 (%)	人均利润 (元/人)	人均利税 (元/人)	资产负债率 (%)
全国总计	**3.5**	**6.7**	**21.9**	**42.0**	**10318**	**19799**	**67.6**
北　京	3.7	6.9	14.7	27.3	27352	50789	71.6
天　津	2.9	6.0	12.9	26.2	16260	32997	74.4
河　北	3.0	6.0	23.1	45.8	10625	21110	66.8
山　西	2.6	5.7	14.5	31.5	7332	15955	77.1
内蒙古	6.0	9.7	34.9	56.4	15748	25413	63.9
辽　宁	3.4	6.7	23.2	45.7	10186	20055	65.8
吉　林	3.7	7.1	10.8	20.5	11598	22034	57.9
黑龙江	2.6	5.6	15.4	33.4	6157	13342	67.6
上　海	3.4	6.6	19.1	37.5	14283	27993	75.5
江　苏	3.9	7.0	33.2	58.5	10377	18308	61.5
浙　江	2.7	5.5	26.2	54.2	7283	15038	62.0
安　徽	3.6	6.5	25.4	46.3	9410	17134	67.1
福　建	3.4	6.9	20.1	41.0	7559	15366	58.1
江　西	3.4	6.8	18.7	37.1	9547	19008	56.7
山　东	4.4	7.5	19.4	33.4	10330	17793	69.6
河　南	3.9	7.3	23.7	44.4	11152	20959	64.1
湖　北	4.0	7.6	31.6	60.5	16232	31035	70.2
湖　南	3.4	7.0	26.9	55.3	9511	19527	61.3
广　东	4.4	7.9	19.3	35.1	15520	28216	66.5
广　西	1.8	4.9	12.7	34.1	5160	13891	67.7
海　南	3.7	6.8	30.0	54.9	16319	29916	65.5
重　庆	4.1	7.4	25.1	45.3	10723	19318	70.1
四　川	3.4	6.7	24.1	47.9	8651	17212	71.6
贵　州	1.6	5.0	9.2	29.1	5060	16110	78.1
云　南	3.6	6.7	18.7	35.0	9306	17382	65.7
西　藏	4.6	8.3	11.2	20.2	12066	21809	51.1
陕　西	2.8	6.0	18.2	38.2	10113	21243	72.2
甘　肃	3.6	7.0	20.0	39.5	9241	18290	65.6
青　海	3.5	7.1	14.0	28.8	8748	18044	68.8
宁　夏	2.8	6.2	15.1	33.5	7051	15652	69.5
新　疆	2.2	5.7	16.9	43.7	5503	14250	74.9

二、按经济类型分组的建筑业企业

2-1 各地区国有建筑业企业签订合同情况

单位：万元

地区	合同总额	上年结转合同额	本年新签合同额
全国总计	**505543090**	**231156085**	**274387005**
北京	26273635	12528306	13745328
天津	25749604	14478718	11270886
河北	16483278	6817606	9665672
山西	14108355	5449931	8658424
内蒙古	2898613	1527983	1370630
辽宁	17096361	6575650	10520712
吉林	3312216	1434036	1878181
黑龙江	14736894	7307292	7429602
上海	14476067	5770368	8705699
江苏	18036386	8513571	9522815
浙江	7343700	3504224	3839476
安徽	15763875	7480715	8283160
福建	12188215	5597708	6590507
江西	13172884	6627746	6545138
山东	21935152	9990287	11944865
河南	13106041	5523898	7582144
湖北	43669715	16514143	27155573
湖南	25204445	12089833	13114612
广东	55363484	24570766	30792718
广西	21968138	9287447	12680692
海南	2971781	1677626	1294155
重庆	13688296	5749355	7938941
四川	31122867	16693909	14428958
贵州	19197741	8443121	10754620
云南	13095237	5885713	7209524
西藏	360692	264986	95706
陕西	23388106	11338817	12049288
甘肃	6505957	3115769	3390189
青海	4319543	2641091	1678452
宁夏	2141262	754702	1386559
新疆	5864552	3000770	2863781

2-2 各地区国有建筑业企业承包工程完成情况

单位：万元

地区	直接从建设单位承揽工程完成的产值			从建设单位以外承揽工程完成的产值
		自行完成施工产值	分包出去工程的产值	
全国总计	**230364648**	**222341123**	**8023525**	**6960731**
北京	11068169	10253355	814813	1066222
天津	8455732	8277241	178491	417937
河北	9058182	9043749	14433	418582
山西	6942191	6862945	79246	78093
内蒙古	1208378	1208378		50178
辽宁	10326160	10277398	48762	117025
吉林	1557006	1527356	29650	45279
黑龙江	7231236	7017807	213428	1150
上海	7075226	6342071	733156	381136
江苏	8639093	8095146	543947	420697
浙江	3497158	3232646	264512	71601
安徽	9375988	9271435	104553	208362
福建	5379216	5318890	60326	35583
江西	6358530	6223486	135043	93126
山东	11778592	11595423	183169	109219
河南	7271961	7167669	104291	142941
湖北	17102778	16859547	243231	565754
湖南	10687491	10666275	21215	334936
广东	21048238	17407430	3640807	359059
广西	8651359	8515422	135937	466379
海南	1470215	1469040	1175	76
重庆	6418134	6236027	182107	367233
四川	13466544	13405046	61498	619774
贵州	8071831	8059509	12323	45333
云南	5311042	5297989	13054	24760
西藏	285182	285182		
陕西	12312465	12255040	57425	390905
甘肃	3402151	3382025	20126	19851
青海	1846654	1784360	62295	68391
宁夏	1374065	1374065		323
新疆	3693683	3629170	64512	40825

2-3 各地区国有建筑业总产值和竣工产值

单位：万元

地区	建筑业总产值	#装饰装修产值	#在外省完成的产值	按构成分组			竣工产值
				建筑工程产值	安装工程产值	其他产值	
全国总计	**229301853**	**6264809**	**87387785**	**200659861**	**22298198**	**6343794**	**101712408**
北京	11319578	1420205	6934623	10690357	505161	124060	5876836
天津	8695178	40993	5340990	7825768	574363	295046	2314159
河北	9462330	326506	4013826	7997383	1179266	285682	4230291
山西	6941038	180976	1546809	6009242	794635	137160	3048653
内蒙古	1258556	26160	333251	1178900	56612	23044	623517
辽宁	10394423	239939	2514000	8464274	1555445	374705	5865713
吉林	1572634	13203	410267	1109251	311340	152044	657400
黑龙江	7018957	21273	889019	5174435	1739131	105391	2689584
上海	6723207	346587	4207608	5950776	527428	245003	3026752
江苏	8515843	28042	3878120	7468968	867096	179779	4488834
浙江	3304248	27318	1047099	2700173	481635	122439	1678086
安徽	9479797	119029	3986655	8673404	617083	189311	3694602
福建	5354474	96891	1230629	4927704	385165	41604	2418562
江西	6316612	119413	3000824	5699895	473005	143712	2569361
山东	11704641	284348	4459363	10143452	1152412	408777	4773318
河南	7310610	110501	2926373	5643693	1569383	97535	3429237
湖北	17425301	120423	11494333	15469330	1297930	658041	6420017
湖南	11001212	252207	5515315	9080193	1306067	614952	7828402
广东	17766490	1221749	4456852	16474862	1056445	235183	8763822
广西	8981801	227029	2249447	7720062	897050	364689	4600936
海南	1469117	64577	71333	1352333	10096	106687	862664
重庆	6603260	229857	2588120	5952642	361412	289206	2104821
四川	14024820	219178	4164483	12588923	1271176	164720	6042631
贵州	8104842	57689	1930528	7083449	722527	298866	2297681
云南	5322749	3448	691684	4791418	496597	34735	1879237
西藏	285182	690	105593	273966	7962	3255	37464
陕西	12645945	329151	4983402	11310546	1072033	263366	4341280
甘肃	3401876	110333	930802	2940504	396701	64671	1510156
青海	1852750	4573	747485	1466739	144563	241448	464753
宁夏	1374388	1783	140490	1286697	75351	12339	1141709
新疆	3669996	20740	598466	3210523	393129	66345	2031931

2-4 各地区国有建筑业企业房屋建筑面积

地 区	房屋建筑施工面积(万平方米)	#本年新开工	#实行投标承包面积	#本年新开工	房屋建筑竣工面积(万平方米)	房屋建筑面积竣工率(%)
全国总计	**117123.6**	**43505.2**	**100662.8**	**37682.0**	**26763.3**	**22.9**
北 京	7509.4	2509.1	7039.9	2398.1	1524.3	20.3
天 津	5502.7	2430.7	5418.4	2391.6	314.8	5.7
河 北	3550.3	1351.4	3433.1	1286.8	946.4	26.7
山 西	3481.1	1290.8	3366.2	1226.9	869.1	25.0
内蒙古	291.0	55.0	275.8	39.8	75.8	26.0
辽 宁	3219.7	1552.5	1796.0	823.5	803.1	24.9
吉 林	490.2	295.4	294.6	229.8	191.8	39.1
黑龙江	1606.1	666.1	1285.5	594.8	450.6	28.1
上 海	1327.9	287.1	1187.5	238.9	237.3	17.9
江 苏	2228.1	914.6	2147.0	894.2	667.4	30.0
浙 江	528.4	68.8	497.2	58.1	114.4	21.6
安 徽	6480.0	1857.0	6242.3	1834.7	1566.5	24.2
福 建	5195.0	1882.2	4881.3	1622.0	907.8	17.5
江 西	2744.3	1389.0	2178.5	1251.0	1066.8	38.9
山 东	4634.5	1568.9	3867.7	1415.3	1029.2	22.2
河 南	1878.5	776.2	1745.4	725.5	517.7	27.6
湖 北	6410.4	2429.3	2843.5	1174.0	1166.1	18.2
湖 南	6775.7	2355.3	5933.2	1970.3	1786.4	26.4
广 东	14330.0	4889.7	11235.7	4001.4	3163.7	22.1
广 西	6812.2	2787.1	6524.0	2720.3	1486.6	21.8
海 南	1196.9	356.2	971.0	330.3	337.6	28.2
重 庆	2199.4	1036.2	2021.6	921.3	539.4	24.5
四 川	9218.4	3271.1	8023.9	2983.6	2388.3	25.9
贵 州	6408.1	2112.9	5520.2	1713.3	1100.9	17.2
云 南	2671.1	1367.2	2100.4	986.4	515.5	19.3
西 藏	20.3	10.2	13.9	9.2	13.0	64.2
陕 西	5711.0	1728.2	5491.5	1682.9	1375.1	24.1
甘 肃	1729.9	719.3	1477.8	650.8	514.7	29.8
青 海	173.7	70.0	163.2	67.6	38.7	22.3
宁 夏	1156.3	525.5	1151.2	521.1	473.4	40.9
新 疆	1643.1	952.1	1535.6	918.6	580.9	35.4

2-5 各地区按主要用途分的国有建筑业企业房屋建筑竣工面积

单位：万平方米

地区	总计	住宅房屋	商业及服务用房屋	商厦房屋(批发和零售用房)	宾馆用房屋(住宿用房)	餐饮用房屋(餐饮用房)
全国总计	**26763.3**	**17431.8**	**1795.7**	**820.2**	**276.9**	**70.1**
北京	1524.3	908.9	110.6	41.8	36.8	
天津	314.8	164.2	33.5	22.5	0.3	
河北	946.4	538.6	53.1	15.6	3.3	13.5
山西	869.1	546.0	65.0	6.9	32.8	3.1
内蒙古	75.8	9.1	1.5			
辽宁	803.1	504.7	26.8	10.8	3.2	
吉林	191.8	127.8	1.5			
黑龙江	450.6	342.2	8.0	0.4	2.9	0.5
上海	237.3	145.6	16.8			
江苏	667.4	377.5	44.1	25.8	10.7	3.9
浙江	114.4	77.3	5.5	5.5		
安徽	1566.5	1106.9	95.4	76.2	6.4	3.9
福建	907.8	599.6	43.8	28.6		2.0
江西	1066.8	661.6	150.0	119.6	13.9	1.3
山东	1029.2	673.9	66.6	23.1	9.1	1.4
河南	517.7	336.5	11.7	3.1	1.6	1.2
湖北	1166.1	655.4	132.1	26.0	20.0	6.9
湖南	1786.4	1290.8	114.5	90.3	10.3	1.2
广东	3163.7	2053.9	157.4	86.7	29.9	5.1
广西	1486.6	935.7	61.3	25.5	15.9	2.6
海南	337.6	198.8	62.5	41.5	3.2	0.2
重庆	539.4	388.3	6.7	0.9	0.8	0.3
四川	2388.3	1824.1	129.0	39.3	37.1	2.2
贵州	1100.9	722.7	113.1	26.7	11.4	7.8
云南	515.5	326.4	42.6	23.1	7.2	0.0
西藏	13.0	7.1	1.6		1.5	
陕西	1375.1	893.6	99.8	34.8	11.7	6.2
甘肃	514.7	304.5	73.0	32.1	2.2	2.7
青海	38.7	25.5	1.3			0.1
宁夏	473.4	262.7	38.9	7.8	3.1	3.0
新疆	580.9	421.7	28.1	5.5	1.7	0.9

2-5 续表 1

单位：万平方米

地　区	商务会展用房屋	其他商业及服务用房屋(居民服务业用房)	办公用房　屋	科研、教育和医疗用房屋	科学研究用房屋	教育用房　屋
全国总计	**180.5**	**448.1**	**1755.7**	**1464.0**	**199.2**	**884.2**
北　京		32.0	144.8	127.9	17.7	44.7
天　津	4.0	6.6	31.8	12.2	1.0	1.1
河　北	10.9	9.7	33.8	15.0	3.7	9.0
山　西	17.1	5.1	26.8	79.4	2.1	70.6
内蒙古		1.5	8.1	0.0	0.0	
辽　宁		12.8	94.8	46.1	13.1	32.4
吉　林		1.5	18.4	4.1		4.1
黑龙江	0.1	4.2	11.1	12.2	2.5	6.1
上　海	1.8	15.0	41.5	7.6		5.2
江　苏		3.8	29.8	14.1		9.6
浙　江			9.2	2.7		2.7
安　徽	0.0	8.9	72.4	71.8	4.6	58.7
福　建	1.4	11.8	117.2	44.0		20.5
江　西	3.3	12.0	29.4	62.4	28.1	24.4
山　东	0.3	32.8	116.7	35.0	13.6	14.2
河　南	0.3	5.4	76.5	13.1	1.0	11.5
湖　北	52.2	27.0	41.8	50.6	30.6	11.4
湖　南	0.6	12.0	82.7	79.5	5.6	45.6
广　东	7.7	28.0	252.3	156.0	21.2	105.0
广　西	1.1	16.2	83.7	176.2	3.7	130.0
海　南	0.1	17.5	6.9	46.7	9.9	30.5
重　庆	0.4	4.3	37.8	25.5	2.4	22.6
四　川	18.3	32.1	120.9	66.8	1.9	29.4
贵　州	47.1	20.1	58.8	97.2	10.9	65.3
云　南		12.3	39.8	17.3	1.4	5.7
西　藏	0.1		3.8	0.2		0.2
陕　西	0.3	46.7	96.7	90.3	18.5	53.3
甘　肃	13.3	22.7	16.8	46.6	0.7	28.6
青　海		1.2	4.5	4.7		4.7
宁　夏		25.0	23.7	24.9	1.0	19.5
新　疆		19.9	23.2	33.7	4.1	17.6

2-5 续表 2 单位：万平方米

地区	医疗用房屋(卫生医疗用房)	文化、体育和娱乐用房屋	厂房及建筑物	#厂房	仓库	其他未列明的房屋建筑物
全国总计	**380.6**	**369.1**	**2976.8**	**2252.6**	**213.7**	**756.6**
北京	65.5	30.0	154.3	124.9	10.7	37.2
天津	10.0	14.4	26.1	15.6	6.3	26.4
河北	2.3	3.0	247.0	223.2	6.5	49.4
山西	6.8	16.3	118.5	73.1	3.6	13.5
内蒙古		14.9	40.5	39.3		1.7
辽宁	0.6		75.3	63.5	2.4	52.9
吉林			33.0	26.0	5.1	1.9
黑龙江	3.6	12.7	41.1	30.1	0.8	22.5
上海	2.4		6.1	4.6	2.6	17.1
江苏	4.5		167.6	164.2	1.6	32.6
浙江			19.5	18.2		0.2
安徽	8.5	16.2	181.7	110.6	4.3	17.8
福建	23.5	6.5	78.0	47.1	11.7	6.9
江西	9.9	25.1	83.6	58.6	14.7	40.1
山东	7.2	13.8	79.3	67.0	15.2	28.7
河南	0.6	7.6	58.2	6.4	1.1	12.9
湖北	8.6	35.5	241.8	149.4	2.3	6.5
湖南	28.3	13.2	151.9	118.1	34.9	19.0
广东	29.8	40.3	362.6	234.9	17.6	123.7
广西	42.5	20.9	136.7	130.3	14.9	57.3
海南	6.3		9.5	9.2	1.2	11.9
重庆	0.6	1.1	65.8	62.0	11.1	3.1
四川	35.5	18.1	174.1	137.2	8.7	46.5
贵州	21.0	7.3	79.3	70.2	7.2	15.3
云南	10.2	7.1	75.3	60.6	1.9	5.0
西藏			0.3		0.1	
陕西	18.5	39.7	133.6	95.8	1.5	19.8
甘肃	17.2	9.3	41.2	27.5	5.6	17.7
青海	0.1		1.7	1.2		1.0
宁夏	4.4	14.1	47.6	42.2	13.7	47.8
新疆	11.9	2.2	45.4	41.4	6.3	20.4

2-6 各地区按主要用途分的国有建筑业企业房屋建筑竣工价值

单位：万元

地区	总计	住宅房屋	商业及服务用房屋	商厦房屋(批发和零售用房)	宾馆用房屋(住宿用房)	餐饮用房屋(餐饮用房)
全国总计	**40778433**	**24053787**	**3050517**	**1299117**	**446924**	**138082**
北京	3197559	1524210	297042	92798	62576	
天津	672899	348063	59404	39800	500	
河北	1626213	699248	95297	35257	5138	19369
山西	1349657	753858	113986	6186	52393	6834
内蒙古	108625	16872	3000			
辽宁	1287913	706047	32531	11483	3311	
吉林	268130	166416	4115			
黑龙江	658797	471369	8465	330	3100	768
上海	509615	261751	30979			
江苏	1136322	522749	100411	63145	19200	10950
浙江	193443	149204	8388	8388		
安徽	1667625	1177368	84880	59302	7400	5354
福建	1489991	1041233	164862	139015		2140
江西	1142621	724024	132074	80615	34195	1191
山东	1599374	854929	113687	37018	10675	2698
河南	571817	336883	16272	2220	1661	1041
湖北	1803056	887578	260305	58803	44717	21325
湖南	2259520	1535215	176221	141203	15330	1682
广东	5075413	3081451	285947	134931	50563	3846
广西	2138981	1098013	104415	58585	18081	4101
海南	602155	366524	111887	82410	5143	55
重庆	701285	479496	9164	1349	718	400
四川	3690293	2758824	193211	54171	47241	4203
贵州	1554010	862090	159623	39363	21156	12365
云南	785217	471973	58695	27483	9131	91
西藏	21429	11744	2447		2137	
陕西	2242414	1308368	182752	61280	25766	27583
甘肃	886796	496466	130952	42080	1363	2775
青海	55557	32678	3509			208
宁夏	694865	359602	59663	12818	3419	5549
新疆	786842	549540	46335	9085	2011	3556

2-6 续表 1

单位：万元

地 区						
	商务会展用房屋	其他商业及服务用房屋(居民服务业用房)	办公用房屋	科研、教育和医疗用房屋	科学研究用房屋	教育用房屋
全国总计	**307085**	**859309**	**3084805**	**2593845**	**363080**	**1448978**
北 京		141668	415014	373659	51543	97374
天 津	6904	12200	38983	32799	4405	2761
河 北	11305	24227	48684	28789	9304	15506
山 西	34001	14573	45970	138761	4016	123400
内蒙古		3000	21211	39	39	
辽 宁		17737	44018	39004	4940	31498
吉 林		4115	32597	8949		8949
黑龙江	55	4212	18913	19413	4911	9757
上 海	1922	29057	159975	21291		12935
江 苏		7117	81871	30261		23651
浙 江			14417	3989		3989
安 徽	27	12797	70079	78489	3679	60883
福 建	3540	20167	84062	55439		33974
江 西	3673	12399	41423	78302	45689	22466
山 东	468	62828	281264	61132	26367	19500
河 南	240	11110	99194	11285	1334	9563
湖 北	106666	28794	68568	86494	68008	14597
湖 南	1181	16826	98807	136104	10712	74348
广 东	11695	84912	536384	299122	36106	204051
广 西	4200	19448	162486	252995	7696	153538
海 南	180	24100	16675	75989	15250	42259
重 庆	36	6662	60956	42467	3011	38343
四 川	33340	54255	200823	126871	1646	54650
贵 州	54043	32696	71281	237907	33988	178060
云 南		21991	54949	29761	1978	9557
西 藏	311		6362	255		255
陕 西	550	67573	175936	133672	20591	85634
甘 肃	32749	51985	49106	94281	1113	58968
青 海		3300	6346	7683		7558
宁 夏		37877	40529	37945	1250	28653
新 疆		31684	37923	50701	5504	22303

2-6 续表 2

单位：万元

地　区	医疗用房屋(卫生医疗用房)	文化、体育和娱乐用房屋	厂房及建筑物	#厂房	仓　库	其他未列明的房屋建筑物
全国总计	**781787**	**967260**	**5067777**	**3955997**	**285156**	**1675286**
北　京	224742	99657	336667	283876	32381	118929
天　津	25634	37613	65249	24948	3551	87238
河　北	3980	3631	576457	525598	8423	165684
山　西	11345	55042	198462	126359	2073	41505
内蒙古		5032	57954	55710		4517
辽　宁	2566		353427	298672	22562	90324
吉　林			36567	22389	10797	8689
黑龙江	4744	15222	81749	57614	636	43032
上　海	8356		10296	9251	2388	22934
江　苏	6610		317569	314516	2087	81373
浙　江			17128	15803		318
安　徽	13927	20878	195318	128912	6183	34431
福　建	21465	36437	68848	33200	8729	30381
江　西	10147	12254	105216	50114	10605	38725
山　东	15265	56476	174800	146396	20568	36518
河　南	388	22859	68994	9882	1019	15313
湖　北	3889	86299	385591	238012	2321	25901
湖　南	51044	27691	226278	163182	28641	30563
广　东	58965	96873	460723	318768	18141	296773
广　西	91761	73548	213509	203446	32079	201935
海　南	18480		14331	13242	1990	14758
重　庆	1113	2884	90650	83161	8697	6973
四　川	70574	53411	259985	212236	11897	85271
贵　州	25858	11444	135997	122992	10537	65133
云　南	18226	23018	138383	131539	2173	6264
西　藏			600		20	
陕　西	27447	129921	273020	193966	3097	35649
甘　肃	34200	37474	47509	34093	6856	24153
青　海	125		3582	1701		1759
宁　夏	8042	55961	77987	70379	19184	43994
新　疆	22895	3638	74932	66039	7524	16249

2-7 各地区国有建筑业企业施工机械设备情况

地　区	年末自有施工机械设备总台数(台)	年末自有施工机械设备总功率(千瓦)	年末自有施工机械设备净值(万元)	技术装备率(元/人)	动力装备率(千瓦/人)
全国总计	**1260582**	**37388970**	**8146746**	**17796**	**8.2**
北　京	14343	481566	130113	23368	8.6
天　津	24650	869416	180767	31800	15.3
河　北	57843	2019155	272040	25114	18.6
山　西	41397	1048331	190174	12774	7.0
内蒙古	7985	213922	57667	25958	9.6
辽　宁	67701	2603045	385312	21290	14.4
吉　林	11625	327372	52612	12670	7.9
黑龙江	44976	1051654	222588	19834	9.4
上　海	14280	1071598	664055	102512	16.5
江　苏	88680	2454772	463407	25853	13.7
浙　江	30773	558318	126881	16773	7.4
安　徽	51813	1380444	289247	10430	5.0
福　建	15200	414152	70355	5685	3.3
江　西	26639	849201	143790	7864	4.6
山　东	63755	2250548	478280	16033	7.5
河　南	74071	2111128	333079	19130	12.1
湖　北	99155	2765435	973152	31208	8.9
湖　南	87079	2846239	282114	13005	13.1
广　东	134847	2160188	961050	21889	4.9
广　西	36874	923946	173938	6713	3.6
海　南	2778	74442	11242	5201	3.4
重　庆	27260	1267210	239390	20051	10.6
四　川	63506	2110553	431165	12156	6.0
贵　州	40899	867525	164593	7121	3.8
云　南	26052	1139186	216810	33627	17.7
西　藏	265	7455	2865	3383	0.9
陕　西	48782	1638447	296309	12779	7.1
甘　肃	15762	484697	109113	13962	6.2
青　海	13073	493527	107292	23894	11.0
宁　夏	8007	175898	26453	13243	8.8
新　疆	20512	729600	90897	12361	9.9

2-8 各地区国有建筑业企业主要生产效益指标

地 区	建筑业企业个数（个）	计算建筑业劳动生产率的平均人数（人）	按总产值计算的劳动生产率（元/人）	人均竣工产值（元/人）	人均施工面积（平方米/人）	人均竣工面积（平方米/人）
全国总计	**4602**	**5903661**	**388406**	**172287**	**198.4**	**45.3**
北 京	137	143115	790943	410637	524.7	106.5
天 津	120	154130	564146	150143	357.0	20.4
河 北	155	121879	776371	347089	291.3	77.7
山 西	163	250013	277627	121940	139.2	34.8
内蒙古	17	22423	561279	278070	129.8	33.8
辽 宁	273	299182	347428	196058	107.6	26.8
吉 林	84	42202	372644	155775	116.2	45.5
黑龙江	182	236244	297106	113848	68.0	19.1
上 海	135	122254	549938	247579	108.6	19.4
江 苏	249	204786	415841	219196	108.8	32.6
浙 江	118	93145	354742	180158	56.7	12.3
安 徽	146	273074	347151	135297	237.3	57.4
福 建	87	201848	265273	119821	257.4	45.0
江 西	146	170217	371092	150946	161.2	62.7
山 东	384	298076	392673	160138	155.5	34.5
河 南	195	169007	432563	202905	111.1	30.6
湖 北	265	306980	567636	209135	208.8	38.0
湖 南	238	322086	341561	243053	210.4	55.5
广 东	373	455027	390449	192600	314.9	69.5
广 西	125	243615	368688	188861	279.6	61.0
海 南	23	28687	512119	300716	417.2	117.7
重 庆	123	202751	325683	103813	108.5	26.6
四 川	192	484480	289482	124724	190.3	49.3
贵 州	100	219630	369023	104616	291.8	50.1
云 南	103	192430	276607	97658	138.8	26.8
西 藏	25	8514	334956	44003	23.8	15.3
陕 西	145	307597	411121	141135	185.7	44.7
甘 肃	100	65745	517435	229699	263.1	78.3
青 海	50	50172	369280	92632	34.6	7.7
宁 夏	62	64676	212503	176527	178.8	73.2
新 疆	87	149676	245196	135755	109.8	38.8

2-9 各地区国有建筑业企业营业额

单位：万元

地区	企业营业额	在境外完成的营业额	企业总产值	#建筑业总产值
全国总计	**257596172**	**13468673**	**244127499**	**229301853**
北京	14731340	2405800	12325540	11319578
天津	9706791	629887	9076904	8695178
河北	9878873	25886	9852988	9462330
山西	7074844	52634	7022210	6941038
内蒙古	1422477	46597	1375880	1258556
辽宁	10809283	198425	10610858	10394423
吉林	1769629	103284	1666345	1572634
黑龙江	8398412	662274	7736138	7018957
上海	9052436	731674	8320762	6723207
江苏	10098096	650080	9448016	8515843
浙江	4015059	142183	3872876	3304248
安徽	9724358	195705	9528653	9479797
福建	5536454	142591	5393863	5354474
江西	6681156	196378	6484778	6316612
山东	14924573	1411408	13513166	11704641
河南	9101822	641909	8459914	7310610
湖北	21925232	1917860	20007372	17425301
湖南	11754666	580270	11174396	11001212
广东	18986128	584920	18401208	17766490
广西	9417840	125395	9292445	8981801
海南	1472688		1472688	1469117
重庆	6785666	1679	6783988	6603260
四川	15438929	741550	14697380	14024820
贵州	8207579	36022	8171557	8104842
云南	6156782	575732	5581050	5322749
西藏	298629		298629	285182
陕西	13422014	449143	12972871	12645945
甘肃	3484731	11742	3472988	3401876
青海	2129791	203885	1925906	1852750
宁夏	1394150		1394150	1374388
新疆	3795745	3761	3791984	3669996

2-10 各地区国有建筑业企业资产构成

单位：万元

地区	资产合计	#流动资产合计	#存货	#非流动资产合计	#固定资产合计
全国总计	**224376843**	**174684803**	**39869412**	**49692041**	**21867820**
北京	18063256	13575689	2557487	4487567	941998
天津	10074649	8526607	1537752	1548042	672376
河北	6562179	5422653	1185027	1139526	642213
山西	7562400	5786051	1290063	1776349	518033
内蒙古	1277917	1015793	262817	262124	176812
辽宁	9287976	7421239	1650111	1866737	1143298
吉林	1337783	989656	194216	348127	275490
黑龙江	5174080	4492453	938565	681627	546880
上海	11695611	7856075	1724474	3839536	1284445
江苏	10298723	8677034	2091371	1621689	866754
浙江	3736669	2977727	876534	758941	494669
安徽	6578144	5393481	1668955	1184662	696599
福建	4053320	2970369	460735	1082951	483238
江西	3950484	3104276	598946	846208	492240
山东	13150404	10713070	2428845	2437334	1338607
河南	7125470	5793694	1422572	1331776	774389
湖北	19505913	13842048	4863603	5663865	2091964
湖南	7499391	5335292	968386	2164099	1038721
广东	18352377	14043908	3478973	4308469	1725166
广西	5245533	4090336	849249	1155197	658913
海南	712397	493936	13334	218461	59791
重庆	7311204	5623238	1628016	1687965	1044014
四川	14522742	12046877	2764052	2475865	840440
贵州	7124294	5719294	1239315	1405000	396641
云南	5434235	3925140	614811	1509095	547366
西藏	238708	182775	7395	55933	37107
陕西	8886741	7255141	1419529	1631599	837574
甘肃	3793203	2963974	392192	829229	447910
青海	1990584	1378711	286684	611873	398144
宁夏	1069909	901400	177700	168509	92556
新疆	2760552	2166867	277707	593685	303474

2-11 各地区国有建筑业企业固定资产情况

单位：万元

地区	固定资产合计	固定资产原价	固定资产折旧	#本年折旧	在建工程
全国总计	**21867820**	**31443956**	**13852483**	**2289264**	**2362025**
北京	941998	1335987	617330	95725	239269
天津	672376	1080099	472073	80018	27367
河北	642213	1125023	533450	90728	32427
山西	518033	817397	370302	52534	61283
内蒙古	176812	269242	102447	25543	975
辽宁	1143298	1656205	728235	106421	110817
吉林	275490	289163	149382	18471	13400
黑龙江	546880	935880	464806	51679	53159
上海	1284445	2071164	918072	114774	126357
江苏	866754	1429553	682224	111170	94662
浙江	494669	625653	265142	35318	27922
安徽	696599	955369	423880	90513	104715
福建	483238	657150	197106	29784	18099
江西	492240	701458	301691	55550	60831
山东	1338607	2084335	966283	170264	133766
河南	774389	1191449	557402	96005	84997
湖北	2091964	3099386	1292901	218699	226651
湖南	1038721	1565507	708336	107416	92922
广东	1725166	2441828	989458	155865	178020
广西	658913	795033	369616	46204	55057
海南	59791	30473	11155	2429	35560
重庆	1044014	663509	296620	51952	253210
四川	840440	1318482	606519	120521	83161
贵州	396641	581327	252626	50406	42152
云南	547366	747770	310486	65402	85755
西藏	37107	47420	18517	2290	563
陕西	837574	1348716	609144	133590	56911
甘肃	447910	588472	186589	31288	14963
青海	398144	373245	185257	35609	11672
宁夏	92556	157309	76088	9911	8105
新疆	303474	460355	189351	33188	27277

2-12 各地区国有建筑业企业负债及所有者权益

单位：万元

地 区	负债合计	#流动负债	#非流动负债	所有者权益	#实收资本
全国总计	**177824578**	**161788157**	**13680728**	**46431606**	**28270269**
北 京	14828953	13126818	1697105	3234303	1978023
天 津	8470075	8085209	285943	1604574	1120881
河 北	5329533	4896781	349492	1232596	885619
山 西	6465434	6254603	191764	1096786	782299
内蒙古	990282	955070	29834	287635	225063
辽 宁	7108935	6258488	362393	2179041	1239462
吉 林	1043421	1000017	34149	294362	342905
黑龙江	4395645	4253309	119011	778435	775132
上 海	8724539	7807653	862353	2965023	1688824
江 苏	7737060	7348304	317871	2560656	1197320
浙 江	2740133	2493210	239431	996536	596722
安 徽	5333123	4868935	375136	1244597	717604
福 建	2996854	2782337	210168	1056466	660893
江 西	2807201	2362084	135568	1143283	611498
山 东	10614989	10243075	245154	2534650	1586011
河 南	5599174	5383768	133852	1526296	956901
湖 北	15364594	12556188	2737907	4141319	1708029
湖 南	5508968	4667027	547460	1990423	1107019
广 东	14371449	12579471	1634299	3980928	2639528
广 西	4124603	3514035	593484	1120929	783578
海 南	519838	511961	1386	192510	131463
重 庆	5829182	5306533	464471	1482022	817821
四 川	12130713	11168927	821801	2390744	1432601
贵 州	5806303	5546528	241938	1317991	935110
云 南	4218986	3761535	431380	1215249	734626
西 藏	161295	145563	14061	77413	54015
陕 西	6902862	6699362	147264	1984011	1353324
甘 肃	3146282	2939482	189915	646921	493519
青 海	1593400	1428960	157428	397184	259371
宁 夏	858409	851147	2525	211500	141763
新 疆	2102346	1991778	106185	547226	313346

2-13 各地区国有建筑业企业实收资本

单位：万元

地区	合计	国家资本	集体资本	法人资本	个人资本	港澳台资本	外商资本
全国总计	**28270269**	**16119646**	**281582**	**11407720**	**454247**	**1186**	**5887**
北京	1978023	987234		990789			
天津	1120881	682926	2121	433688	2146		
河北	885619	699669	3244	179348	3358		
山西	782299	497827	4299	271692	8481		
内蒙古	225063	64360	960	159743			
辽宁	1239462	882842	8342	345305	2974		
吉林	342905	235799	6482	93783	6841		
黑龙江	775132	385669	10380	368336	10747		
上海	1688824	511028	7690	1167472	2634		
江苏	1197320	793606	28378	368652	6684		
浙江	596722	359371	1800	235551			
安徽	717604	498986	1990	215896	732		
福建	660893	317865		340029	2300	700	
江西	611498	484244	10371	105506	11377		
山东	1586011	971939	21345	586268	6278		182
河南	956901	535889	17781	391672	11560		
湖北	1708029	892711	18549	617632	179137		
湖南	1107019	709920	37788	344328	14983		
广东	2639528	1108287	50348	1475790	5091	9	3
广西	783578	374545	12169	394139	1771	477	477
海南	131463	94313		37150			
重庆	817821	417397	1374	393748	5302		
四川	1432601	843552	11962	541916	35171		
贵州	935110	696045	3870	234084	1111		
云南	734626	569227	1717	162903	779		
西藏	54015	39755		11760	2500		
陕西	1353324	669119	6920	548976	123083		5226
甘肃	493519	302397	4407	181648	5066		
青海	259371	122678	1582	135098	12		
宁夏	141763	137358	3275	1046	84		
新疆	313346	233086	2440	73772	4048		

2-14 各地区国有建筑业企业收入情况

单位：万元

地区	主营业务收入	#主营业务成本	#主营业务税金及附加	#销售费用	其他业务收入	#其他业务利润
全国总计	**232628016**	**210562613**	**6872584**	**392920**	**3939085**	**471405**
北京	13090317	12011022	337286	14292	110803	18167
天津	8996039	8223244	259005	8942	80852	30755
河北	7851795	7186086	252525	2545	136933	10934
山西	6748017	6109442	226895	9688	74478	9691
内蒙古	1368378	1105650	37955	1198	1378	-142
辽宁	9507879	8475785	309066	12107	93425	23532
吉林	1745712	1612671	50205	1542	166247	547
黑龙江	6640271	6183599	166622	12214	30946	6687
上海	8880252	7737052	211705	13689	173813	26041
江苏	9447599	8414492	262847	30545	1139351	14072
浙江	3139137	2804106	85277	6007	36098	11535
安徽	7855298	7181718	243072	13629	164227	12378
福建	5170449	4730800	152744	1760	44647	4971
江西	5555201	5079977	176438	5273	23359	5335
山东	12275804	11048546	338295	17094	352477	17666
河南	7900197	7045434	229349	21258	59558	5048
湖北	18705908	16556647	580101	77197	141453	21270
湖南	10455406	9323229	345429	12752	106706	25572
广东	21722710	19990015	589474	39175	218335	47307
广西	8128507	7387728	245493	6759	67497	11973
海南	1343384	1238265	41602	422	1862	167
重庆	6796147	6240504	205314	8266	42485	7378
四川	13407372	12135641	403501	41082	167805	56258
贵州	7854890	7252478	263123	1705	83665	9712
云南	5224643	4756623	154226	8334	188580	51577
西藏	253221	219983	9732	182	2744	434
陕西	11551824	10485501	355106	13387	33171	6908
甘肃	3535972	3201738	105371	3606	74324	8881
青海	2196507	1997067	63265	3133	43362	9644
宁夏	1399329	1288730	43631	542	15856	4660
新疆	3879852	3538842	127932	4598	62650	12450

2-15 各地区国有建筑业企业费用情况

单位：万元

地　区	管理费用	#税金	#差旅费	#工会经费	财务费用	#利息收入	#利息支出
全国总计	**7880008**	**254204**	**352416**	**109300**	**1412167**	**633220**	**1780514**
北　京	441878	6969	22467	4294	118132	126074	222427
天　津	324901	4576	9573	2888	61411	15330	67644
河　北	270643	7841	8258	2422	35230	3194	32224
山　西	291117	6451	12286	2498	33614	2821	34278
内蒙古	43751	1698	1914	363	15998	253	15351
辽　宁	413280	22279	15102	4847	41694	5496	42843
吉　林	62402	1959	2289	554	4695	709	3569
黑龙江	213036	17302	6180	1663	6955	4503	7306
上　海	353853	6118	15765	3429	85865	52387	129916
江　苏	395871	12258	20609	5190	40199	14176	64484
浙　江	174699	3068	5281	2300	12707	18789	28974
安　徽	242251	11038	12370	2807	52640	11925	54710
福　建	136123	2935	6066	1761	21742	3476	28687
江　西	158968	4089	7157	3062	27959	6354	20716
山　东	460348	25634	18613	5579	44402	37880	107180
河　南	307804	9192	13911	3665	54070	15002	35725
湖　北	750972	15391	30784	11860	181714	34800	186845
湖　南	354193	10162	20064	4930	72234	21657	78403
广　东	570218	14250	23408	9690	123496	23072	131584
广　西	209218	6536	9924	6688	77739	17200	54627
海　南	22002	353	1018	522	-182	206	100
重　庆	162690	3599	7154	1360	38500	12856	35041
四　川	360837	16529	20734	4189	91085	137318	203776
贵　州	174199	7265	15431	3803	45139	4016	41347
云　南	184358	4299	9976	3406	34279	6351	42969
西　藏	15217	123	939	17	597	14	523
陕　西	381651	21788	21909	12401	57840	13695	52882
甘　肃	161327	1980	3693	851	10871	37291	33788
青　海	94901	4212	3331	527	6754	3895	7069
宁　夏	43448	1368	1405	308	1052	175	1298
新　疆	103852	2940	4808	1428	13739	2309	14228

2-16 各地区国有建筑业企业利润及税金情况

单位：万元

地 区	利润总额	#应交所得税	税金总额	主营业务税金及附加	管理费用中的税金
全国总计	**5376582**	**1218076**	**7126788**	**6872584**	**254204**
北 京	180691	43533	344256	337286	6969
天 津	138773	42375	263582	259005	4576
河 北	102826	35710	260366	252525	7841
山 西	120906	28564	233346	226895	6451
内蒙古	13954	5077	39653	37955	1698
辽 宁	238173	56264	331345	309066	22279
吉 林	6637	11825	52163	50205	1959
黑龙江	104941	16070	183925	166622	17302
上 海	305560	56402	217823	211705	6118
江 苏	363335	79638	275105	262847	12258
浙 江	80055	20519	88345	85277	3068
安 徽	136479	24447	254110	243072	11038
福 建	114758	32906	155679	152744	2935
江 西	99514	18430	180527	176438	4089
山 东	418347	90268	363929	338295	25634
河 南	246999	63283	238541	229349	9192
湖 北	550075	108918	595492	580101	15391
湖 南	284429	51039	355591	345429	10162
广 东	602003	141825	603724	589474	14250
广 西	45933	19379	252029	245493	6536
海 南	39989	18661	41956	41602	353
重 庆	170171	29771	208913	205314	3599
四 川	356778	53479	420030	403501	16529
贵 州	122612	29704	270387	263123	7265
云 南	145795	28410	158525	154226	4299
西 藏	3348	547	9855	9732	123
陕 西	227767	43023	376894	355106	21788
甘 肃	35646	45568	107351	105371	1980
青 海	47914	5306	67477	63265	4212
宁 夏	17948	4866	44999	43631	1368
新 疆	54229	12270	130873	127932	2940

2-17 各地区国有建筑业企业应收工程款及企业亏损情况

地区	应收工程款(万元)	#竣工工程	企业个数(个)	#亏损企业个数	亏损企业的比重(%)
全国总计	**43875880**	**12636268**	**4602**	**626**	**13.6**
北京	2478354	529299	137	18	13.1
天津	2249684	471566	120	25	20.8
河北	1780152	658843	155	23	14.8
山西	2464138	820995	163	26	16.0
内蒙古	278746	82896	17	2	11.8
辽宁	1931661	748651	273	23	8.4
吉林	351719	106732	84	22	26.2
黑龙江	974050	299343	182	32	17.6
上海	1797890	505264	135	18	13.3
江苏	2262419	596862	249	19	7.6
浙江	515699	199942	118	15	12.7
安徽	1510715	351913	146	17	11.6
福建	546792	185038	87	10	11.5
江西	642461	184334	146	23	15.8
山东	3171734	1210339	384	65	16.9
河南	1148890	387987	195	21	10.8
湖北	3132265	842981	265	21	7.9
湖南	1259246	549186	238	22	9.2
广东	3152609	817850	373	60	16.1
广西	838103	366757	125	26	20.8
海南	52892	12534	23	1	4.3
重庆	1585718	256584	123	13	10.6
四川	2649119	714642	192	19	9.9
贵州	1286952	230883	100	18	18.0
云南	1125102	254649	103	11	10.7
西藏	72648	7957	25	10	40.0
陕西	2306384	458246	145	17	11.7
甘肃	843285	198095	100	17	17.0
青海	406180	117471	50	11	22.0
宁夏	387607	240202	62	8	12.9
新疆	672668	228231	87	13	14.9

2-18 各地区国有建筑业企业主要经济效益指标

地 区	产值利润率 (%)	产值利税率 (%)	资本利润率 (%)	资本利税率 (%)	人均利润 (元/人)	人均利税 (元/人)	资产负债率 (%)
全国总计	**2.3**	**5.5**	**19.0**	**44.2**	**9107**	**21179**	**79.3**
北 京	1.6	4.6	9.1	26.5	12626	36680	82.1
天 津	1.6	4.6	12.4	35.9	9004	26105	84.1
河 北	1.1	3.8	11.6	41.0	8437	29799	81.2
山 西	1.7	5.1	15.5	45.3	4836	14169	85.5
内蒙古	1.1	4.3	6.2	23.8	6223	23907	77.5
辽 宁	2.3	5.5	19.2	45.9	7961	19036	76.5
吉 林	0.4	3.7	1.9	17.1	1573	13933	78.0
黑龙江	1.5	4.1	13.5	37.3	4442	12227	85.0
上 海	4.5	7.8	18.1	31.0	24994	42811	74.6
江 苏	4.3	7.5	30.3	53.3	17742	31176	75.1
浙 江	2.4	5.1	13.4	28.2	8595	18079	73.3
安 徽	1.4	4.1	19.0	54.4	4998	14303	81.1
福 建	2.1	5.1	17.4	40.9	5685	13398	73.9
江 西	1.6	4.4	16.3	45.8	5846	16452	71.1
山 东	3.6	6.7	26.4	49.3	14035	26244	80.7
河 南	3.4	6.6	25.8	50.7	14615	28729	78.6
湖 北	3.2	6.6	32.2	67.1	17919	37317	78.8
湖 南	2.6	5.8	25.7	57.8	8831	19871	73.5
广 东	3.4	6.8	22.8	45.7	13230	26498	78.3
广 西	0.5	3.3	5.9	38.0	1885	12231	78.6
海 南	2.7	5.6	30.4	62.3	13940	28565	73.0
重 庆	2.6	5.7	20.8	46.4	8393	18697	79.7
四 川	2.5	5.5	24.9	54.2	7364	16034	83.5
贵 州	1.5	4.8	13.1	42.0	5583	17894	81.5
云 南	2.7	5.7	19.8	41.4	7576	15815	77.6
西 藏	1.2	4.6	6.2	24.4	3933	15507	67.6
陕 西	1.8	4.8	16.8	44.7	7405	19658	77.7
甘 肃	1.0	4.2	7.2	29.0	5422	21750	82.9
青 海	2.6	6.2	18.5	44.5	9550	22999	80.0
宁 夏	1.3	4.6	12.7	44.4	2775	9733	80.2
新 疆	1.5	5.0	17.3	59.1	3623	12367	76.2

2-19 各地区集体建筑业企业签订合同情况

单位：万元

地　区	合同总额	上年结转合同额	本年新签合同额
全国总计	**67199219**	**19757158**	**47442062**
北　京	2324666	990954	1333712
天　津	3368770	862017	2506753
河　北	1622382	326206	1296176
山　西	515689	123456	392233
内蒙古	194399	66023	128376
辽　宁	4222017	427773	3794245
吉　林	321161	8319	312842
黑龙江	1919476	552188	1367288
上　海	807586	277571	530015
江　苏	4707020	1223460	3483560
浙　江	4243210	1677599	2565611
安　徽	1191618	370094	821523
福　建	1496546	823359	673187
江　西	4097721	1233415	2864307
山　东	6395762	1999112	4396650
河　南	2603119	510518	2092602
湖　北	1843558	383856	1459703
湖　南	3032850	978286	2054564
广　东	5569282	2284714	3284569
广　西	2203758	709527	1494230
海　南	439083	88056	351027
重　庆	1419944	355474	1064470
四　川	5167665	1377691	3789975
贵　州	476703	171889	304815
云　南	1834843	334953	1499891
西　藏	56498	7317	49181
陕　西	3099236	1071855	2027381
甘　肃	1480000	386703	1093297
青　海	116982	37919	79063
宁　夏	198839	64957	133882
新　疆	228838	31903	196935

2-20 各地区集体建筑业企业承包工程完成情况

单位：万元

地　区	直接从建设单位承揽工程完成的产值	自行完成施工产值	分包出去工程的产值	从建设单位以外承揽工程完成的产值
全国总计	**48655433**	**48292554**	**362879**	**897467**
北　京	1551805	1536573	15232	36198
天　津	2604125	2579831	24294	31089
河　北	1359597	1345723	13874	16268
山　西	441129	440945	184	9218
内蒙古	128095	128095		
辽　宁	3903301	3901504	1798	17240
吉　林	314369	305438	8930	9242
黑龙江	1835849	1835579	270	6399
上　海	626995	622585	4410	20563
江　苏	3421552	3417315	4237	287419
浙　江	2124620	2118644	5976	34089
安　徽	940648	909182	31467	31144
福　建	843897	835873	8024	131
江　西	2699202	2655833	43369	70915
山　东	4655014	4634767	20247	27583
河　南	2109971	2107445	2526	27304
湖　北	1478471	1464218	14253	21940
湖　南	2099936	2097234	2703	16011
广　东	3303359	3257717	45642	35964
广　西	1513026	1510286	2740	16161
海　南	332874	332874		11816
重　庆	1123353	1114714	8639	11806
四　川	3548462	3514344	34118	67984
贵　州	306244	302119	4125	5819
云　南	1513517	1510576	2942	10940
西　藏	48452	48452		
陕　西	2214047	2183407	30640	33100
甘　肃	1221642	1189403	32239	38112
青　海	97316	97316		171
宁　夏	138177	138177		
新　疆	156389	156389		2842

2-21 各地区集体建筑业总产值和竣工产值

单位：万元

地区	建筑业总产值	#装饰装修产值	#在外省完成的产值	按构成分组			竣工产值
				建筑工程产值	安装工程产值	其他产值	
全国总计	**49190021**	**2112972**	**4048886**	**42441074**	**4968810**	**1780137**	**34559560**
北京	1572771	253524	84802	1552246	19293	1232	1133903
天津	2610920	94760	24091	2177348	268833	164739	1476278
河北	1361991	70752	141534	1225588	92372	44031	785888
山西	450162	9721	3260	368796	63232	18134	270442
内蒙古	128095	6363		107835	13330	6930	125228
辽宁	3918743	268851	28888	2762098	910968	245677	2897303
吉林	314681	13109		242307	65013	7361	255692
黑龙江	1841978	19369	1680	1457675	218232	166071	1253991
上海	643149	85214	49729	509707	71867	61574	387244
江苏	3704733	251071	822488	3471634	218927	14172	2798764
浙江	2152733	71846	822509	1769321	373618	9794	1562450
安徽	940326	19816	169042	533150	241601	165575	769302
福建	836004	86299	157928	741169	90006	4830	633413
江西	2726748	112868	240290	2492353	157950	76445	1972391
山东	4662349	122234	138448	4208373	378452	75525	3221784
河南	2134749	51564	98422	1874111	176561	84077	1411182
湖北	1486158	20924	343309	1386028	79899	20231	1037356
湖南	2113245	62684	219110	1837394	190504	85347	1557452
广东	3293681	206690	82171	2948827	208348	136506	2625995
广西	1526447	68438	27484	1395869	62959	67620	1058043
海南	344689	4595		307450	14976	22263	247724
重庆	1126520	30885	52690	971342	129857	25321	756204
四川	3582328	67361	517114	2961800	496262	124266	2678691
贵州	307938	3204		286859	14709	6370	215101
云南	1521515	18223	2411	1424586	46561	50368	1071686
西藏	48452	4814		43905	4052	495	45570
陕西	2216507	39775	4789	2034407	149759	32341	1108887
甘肃	1227515	44367	16699	1032271	170388	24856	897687
青海	97487	194		77071	4981	15436	75785
宁夏	138177	2751		113606	4360	20211	111102
新疆	159230	707		125948	30945	2338	117021

2-22 各地区集体建筑业企业房屋建筑面积

地 区	房屋建筑施工面积(万平方米)	#本年新开工	#实行投标承包面积	#本年新开工	房屋建筑竣工面积(万平方米)	房屋建筑面积竣工率(%)
全国总计	**39209.0**	**22388.6**	**27925.2**	**17300.5**	**19810.7**	**50.5**
北 京	1114.8	446.8	785.2	310.5	314.5	28.2
天 津	905.9	432.3	797.1	419.5	415.5	45.9
河 北	1154.7	724.7	916.0	564.0	530.8	46.0
山 西	275.9	155.3	168.6	120.2	142.2	51.5
内蒙古	119.8	77.6	118.0	70.5	79.1	66.0
辽 宁	1711.9	1396.0	1363.3	1150.4	1161.6	67.9
吉 林	154.5	140.0	85.3	85.3	124.5	80.6
黑龙江	788.9	511.9	482.6	318.2	516.5	65.5
上 海	337.0	191.1	210.4	167.7	198.0	58.7
江 苏	2379.3	1308.0	1923.7	1052.8	1122.7	47.2
浙 江	2317.4	973.7	1767.2	705.6	799.1	34.5
安 徽	590.9	395.9	436.3	305.0	379.9	64.3
福 建	1121.2	354.6	529.0	161.4	365.5	32.6
江 西	2752.0	1712.6	2043.4	1369.1	1536.2	55.8
山 东	4703.2	2814.6	3738.4	2421.7	2302.4	49.0
河 南	1911.1	1211.9	1571.2	1037.4	1146.1	60.0
湖 北	978.9	705.8	677.6	524.5	753.1	76.9
湖 南	2379.3	1238.4	1693.4	1055.1	1258.1	52.9
广 东	4463.8	2097.9	2077.5	1185.7	1759.6	39.4
广 西	1695.7	851.6	1069.7	627.6	870.0	51.3
海 南	276.6	174.6	173.6	113.0	176.4	63.8
重 庆	740.3	437.5	484.1	311.2	389.8	52.7
四 川	2337.1	1455.1	1720.5	1136.9	1346.7	57.6
贵 州	299.4	186.8	199.3	113.6	172.2	57.5
云 南	993.1	732.8	625.4	518.5	660.4	66.5
西 藏	16.6	15.1	8.3	7.2	15.6	93.9
陕 西	1695.3	1011.4	1483.2	931.4	731.5	43.1
甘 肃	787.0	499.1	594.7	385.4	430.5	54.7
青 海	48.8	38.8	43.1	36.3	33.2	68.0
宁 夏	107.7	68.5	88.5	66.7	53.6	49.8
新 疆	50.6	28.1	50.6	28.0	25.6	50.5

2-23 各地区按主要用途分的集体建筑业企业房屋建筑竣工面积

单位：万平方米

地　区	总计	住宅房屋	商业及服务用房屋			
				商厦房屋(批发和零售用房)	宾馆用房屋(住宿用房)	餐饮用房屋(餐饮用房)
全国总计	**19810.7**	**13337.6**	**1138.9**	**400.4**	**154.9**	**76.5**
北　京	314.5	231.5	12.1			0.1
天　津	415.5	323.8	19.9		13.1	1.8
河　北	530.8	389.2	19.9	2.0	3.9	0.3
山　西	142.2	107.4	0.9	0.3		
内蒙古	79.1	56.3	9.8			
辽　宁	1161.6	830.9	67.5	53.4	2.7	5.3
吉　林	124.5	101.9	4.9	4.8		
黑龙江	516.5	412.2	44.5	8.7	12.0	1.2
上　海	198.0	35.2	11.0	4.7		3.2
江　苏	1122.7	821.9	35.5	17.4	2.5	1.9
浙　江	799.1	341.8	46.8	16.5	8.5	0.9
安　徽	379.9	231.9	16.2	5.4	1.2	0.6
福　建	365.5	249.9	32.5	8.0	11.1	1.8
江　西	1536.2	1070.4	131.7	43.6	14.1	2.0
山　东	2302.4	1692.6	160.3	61.5	15.9	6.4
河　南	1146.1	816.4	75.9	13.1	15.7	22.9
湖　北	753.1	469.1	53.6	42.8	3.1	2.2
湖　南	1258.1	812.1	54.5	16.7	5.0	2.5
广　东	1759.6	931.3	104.5	18.0	17.1	7.5
广　西	870.0	576.0	32.0	10.0	2.5	1.1
海　南	176.4	111.6	9.6	1.9	4.0	0.8
重　庆	389.8	304.2	34.6	13.7	0.9	2.5
四　川	1346.7	921.6	80.3	34.5	6.6	3.4
贵　州	172.2	94.9	7.0	5.2	0.2	0.5
云　南	660.4	463.9	20.9	4.7	6.9	0.1
西　藏	15.6	4.0	5.7	0.3	0.1	0.1
陕　西	731.5	548.3	24.8	5.9	3.4	5.7
甘　肃	430.5	314.4	12.1	4.0	4.1	1.7
青　海	33.2	23.4	1.5	0.2	0.2	0.1
宁　夏	53.6	26.9	7.8	2.9		
新　疆	25.6	22.7	0.3	0.2		

2-23 续表 1

单位：万平方米

地　区	商务会展用房屋	其他商业及服务用房屋(居民服务业用房)	办公用房屋	科研、教育和医疗用房屋	科学研究用房屋	教育用房屋
全国总计	**53.3**	**453.7**	**1187.2**	**1098.6**	**79.5**	**839.0**
北　京	7.6	4.4	33.1	12.9		11.6
天　津	0.7	4.3	16.9	10.8	3.5	5.1
河　北		13.7	25.1	24.1	2.8	20.2
山　西		0.6	5.9	9.6		9.2
内蒙古		9.8	7.9	0.5		0.5
辽　宁	1.2	4.9	31.5	22.6	1.7	18.6
吉　林		0.1	7.5	2.8	1.0	1.6
黑龙江		22.6	29.3	7.0		6.7
上　海		3.1	9.3	10.1	1.4	5.0
江　苏	10.4	3.4	50.9	28.7		21.0
浙　江		20.9	15.1	29.7	0.2	28.5
安　徽		9.0	36.6	40.3	0.2	38.4
福　建	8.7	2.8	11.0	11.2	1.3	8.0
江　西	3.1	68.8	62.4	64.4	7.8	44.2
山　东	1.1	75.5	128.5	56.9	2.9	46.6
河　南	4.0	20.2	90.7	56.4	17.9	31.2
湖　北		5.5	81.6	39.5	8.2	27.1
湖　南	9.8	20.5	127.5	110.4	6.4	87.0
广　东	2.2	59.8	121.9	104.9	2.7	80.8
广　西	0.9	17.6	60.2	110.1	2.7	86.2
海　南		3.0	4.8	34.1	3.7	21.9
重　庆	0.6	16.8	7.2	6.3	0.1	4.9
四　川	2.2	33.7	75.4	98.9	5.8	72.0
贵　州		1.1	24.9	24.2	1.7	17.7
云　南	0.5	8.8	36.2	81.2	0.7	61.6
西　藏		5.2	0.6	3.3	0.4	2.8
陕　西	0.1	9.8	46.5	51.8	3.6	42.4
甘　肃	0.1	2.2	34.5	25.2	1.6	21.0
青　海	0.2	0.8	2.0	3.2		1.8
宁　夏		4.9	0.9	16.8	1.2	15.4
新　疆		0.0	1.5	0.3		0.2

2-23 续表 2

单位：万平方米

地区	医疗用房屋(卫生医疗用房)	文化、体育和娱乐用房屋	厂房及建筑物	#厂房	仓库	其他未列明的房屋建筑物
全国总计	**180.1**	**137.7**	**2272.3**	**1364.1**	**136.1**	**502.4**
北京	1.3	1.6	18.2	11.9	4.2	0.9
天津	2.2	1.7	37.6	24.7	1.2	3.6
河北	1.2	2.8	63.9	45.0	1.5	4.3
山西	0.4	1.6	11.6	1.4	2.3	2.8
内蒙古						4.6
辽宁	2.4	14.4	128.1	82.5	12.7	53.9
吉林	0.2		6.7	0.7	0.1	0.5
黑龙江	0.3	3.4	16.2	13.0	0.6	3.2
上海	3.7	0.2	112.8	67.2	17.6	1.7
江苏	7.8	4.2	174.4	148.9	0.8	6.2
浙江	1.0	12.6	327.3	133.7	8.8	16.8
安徽	1.7	5.6	43.2	28.3	1.3	5.0
福建	1.8	5.0	53.7	37.9	0.2	2.1
江西	12.4	4.3	177.2	92.4	2.8	23.0
山东	7.5	7.6	222.8	113.1	17.5	16.1
河南	7.3	3.0	55.7	26.7	5.6	42.4
湖北	4.3	1.2	92.3	69.9	1.1	14.6
湖南	17.1	3.2	92.4	36.6	9.2	48.7
广东	21.4	24.4	389.5	285.1	12.6	70.5
广西	21.1	12.1	38.6	18.9	2.0	39.1
海南	8.6	2.6	4.2	1.8	0.1	9.3
重庆	1.3	1.1	21.8	8.7	0.6	14.1
四川	21.1	8.7	106.9	71.1	25.6	29.2
贵州	4.8	2.4	9.5	5.3	1.4	7.9
云南	18.9	1.7	21.9	12.1	2.0	32.6
西藏	0.1	0.3			0.3	1.3
陕西	5.8	6.1	24.8	13.8	3.0	26.2
甘肃	2.7	4.5	20.9	13.2	0.8	18.2
青海	1.5	0.3				2.6
宁夏	0.2	1.2	0.1	0.1		
新疆	0.2					0.8

2-24 各地区按主要用途分的集体建筑业企业房屋建筑竣工价值

单位：万元

地区	总计	住宅房屋	商业及服务用房屋	商厦房屋(批发和零售用房)	宾馆用房屋(住宿用房)	餐饮用房屋(餐饮用房)
全国总计	**23284897**	**15780913**	**1385468**	**488105**	**200477**	**93275**
北京	568985	397972	25669			425
天津	824985	662090	44836		35324	1461
河北	632781	444680	41408	2983	5888	285
山西	157608	114082	1078	361		
内蒙古	117606	73437	17114			
辽宁	1546139	1060816	93635	67262	5069	8316
吉林	158579	121724	20009	19799		
黑龙江	687730	534413	55795	16420	12886	2704
上海	220355	51116	11543	4500		3000
江苏	1464527	1060923	47780	21034	3524	2462
浙江	1062964	525766	68400	21199	13489	921
安徽	365008	214616	15080	4394	860	588
福建	522826	357757	54655	15822	14475	2121
江西	1522880	1099423	122887	39246	17099	1986
山东	2335535	1764948	139639	53777	14833	6277
河南	1014178	710599	77138	16010	15676	22137
湖北	835035	490407	49947	40646	2673	1876
湖南	1187400	756619	56977	17959	4720	2233
广东	2020256	1175460	113535	18749	16896	9702
广西	906429	601026	29936	10293	2371	1184
海南	213828	131965	9548	2247	4197	185
重庆	478017	385159	38028	19869	1360	2092
四川	1596731	1072323	115427	54197	8510	4129
贵州	173633	93865	9067	7025	182	521
云南	849625	584139	24695	6536	7998	150
西藏	35287	7522	16492	728	263	293
陕西	953226	693467	39977	9337	5982	11147
甘肃	687613	499882	30819	13076	5762	6982
青海	47423	31903	2695	365	440	99
宁夏	64243	34608	11366	4017		
新疆	33467	28209	298	256		

2-24 续表 1 单位：万元

地 区	商务会展用房屋	其他商业及服务用房屋(居民服务业用房)	办公用房 屋	科研、教育和医疗用房屋	科学研究用房屋	教育用房 屋
全国总计	**83026**	**520585**	**1437465**	**1376105**	**107304**	**1039371**
北 京	14913	10331	68997	39211		34402
天 津	97	7953	22748	22256	6648	9478
河 北		32252	31258	35377	8781	25945
山 西		717	6318	12610		12096
内蒙古		17114	16472	1000		1000
辽 宁	3480	9508	42400	27875	3120	21089
吉 林		210	1460	3445	930	2189
黑龙江		23785	53901	11628		11102
上 海		4043	10600	12434	640	8294
江 苏	15155	5605	91696	56755		31259
浙 江		32790	23526	40496	554	39157
安 徽		9238	39237	39828	165	37924
福 建	17003	5233	15413	16291	3591	10258
江 西	5959	58597	66681	63425	11390	41539
山 东	1040	63711	132652	59711	2171	49933
河 南	3803	19512	86563	50426	13618	29504
湖 北		4752	108464	53032	8579	40407
湖 南	12072	19993	118591	108634	6928	85716
广 东	2919	65269	131671	157987	4661	122457
广 西	942	15146	56934	115654	3157	91659
海 南		2920	5429	43807	4746	26898
重 庆	832	13876	8564	6413	109	5015
四 川	3766	44825	96147	125464	13584	87864
贵 州		1339	22931	24977	1618	17729
云 南	498	9513	54886	106365	777	84182
西 藏		15208	1295	6558	1037	5255
陕 西	88	13424	62284	72079	5831	56951
甘 肃	109	4890	52618	41962	2333	35073
青 海	350	1441	3450	5018		2356
宁 夏		7349	1378	15002	2336	12389
新 疆		42	2904	384		254

2-24 续表 2

单位：万元

地　区	医疗用房屋(卫生医疗用房)	文化、体育和娱乐用房屋	厂房及建筑物	#厂房	仓　库	其他未列明的房屋建筑物
全国总计	**229430**	**177076**	**2404782**	**1436375**	**157950**	**565139**
北　京	4810	4370	25797	17429	5775	1193
天　津	6131	8793	59198	33756	800	4265
河　北	651	4201	67415	53326	299	8144
山　西	514	2552	12431	2461	3297	5239
内蒙古						9583
辽　宁	3666	20405	195019	127451	15558	90432
吉　林	326		11527	800	123	291
黑龙江	526	4667	21343	15106	1245	4739
上　海	3500	179	108981	75528	23437	2065
江　苏	25496	7079	193475	161170	805	6015
浙　江	785	14469	353488	124557	16097	20722
安　徽	1740	4829	44878	27240	1587	4954
福　建	2442	6580	68370	51135	395	3366
江　西	10497	4411	145794	76331	2399	17861
山　东	7608	6991	201130	90651	13112	17353
河　南	7305	2441	46239	26424	5735	35037
湖　北	4046	862	116339	91414	931	15053
湖　南	15990	2702	81375	33748	8987	53517
广　东	30870	30129	342304	252462	11725	57446
广　西	20838	11021	46959	20088	2226	42672
海　南	12163	3546	7707	1824	81	11746
重　庆	1289	1274	26491	11216	500	11589
四　川	24016	10459	114881	73194	32564	29466
贵　州	5629	2325	9598	5235	1470	9400
云　南	21407	2998	33837	19079	2794	39912
西　藏	266	844			745	1832
陕　西	9297	9378	39867	26317	3864	32309
甘　肃	4556	7227	30212	18306	1399	23494
青　海	2662	584				3774
宁　夏	278	1760	129	129		
新　疆	130					1672

2-25 各地区集体建筑业企业施工机械设备情况

地 区	年末自有施工机械设备总台数（台）	年末自有施工机械设备总功率（千瓦）	年末自有施工机械设备净值（万元）	技术装备率（元/人）	动力装备率（千瓦/人）
全国总计	**724519**	**10873363**	**1740645**	**8050**	**5.0**
北 京	8884	107026	15955	6864	4.6
天 津	15234	1268343	24672	10390	53.4
河 北	15260	211690	38610	8166	4.5
山 西	13774	154465	22632	8324	5.7
内蒙古	4716	50615	10682	22318	10.6
辽 宁	33176	579716	93252	6249	3.9
吉 林	1686	27514	6342	6356	2.8
黑龙江	6735	114518	38916	10746	3.2
上 海	3888	84583	8608	5448	5.4
江 苏	56474	980516	186414	10873	5.7
浙 江	23064	293202	69680	7661	3.2
安 徽	19562	206546	41106	7065	3.5
福 建	8010	139401	24173	5482	3.2
江 西	24581	306527	62408	4992	2.5
山 东	102004	1477791	237603	9180	5.7
河 南	43220	432590	86240	6883	3.5
湖 北	17006	470227	54471	9699	8.4
湖 南	52584	654090	99071	8643	5.7
广 东	101123	1077127	186291	9533	5.5
广 西	31837	409085	48963	6307	5.3
海 南	1993	29182	7293	5347	2.1
重 庆	5704	83969	25362	4746	1.6
四 川	28948	352324	76420	4389	2.0
贵 州	5409	116466	12410	5553	5.2
云 南	20316	332036	72967	10588	4.8
西 藏	585	6747	4888	11529	1.6
陕 西	42720	499386	103967	11956	5.7
甘 肃	32649	337853	65481	10036	5.2
青 海	1306	11814	3617	2589	0.8
宁 夏	1013	26343	5627	30399	14.2
新 疆	1058	31671	6524	25415	12.3

2-26 各地区集体建筑业企业主要生产效益指标

地　区	建筑业企业个数(个)	计算建筑业劳动生产率的平均人数(人)	按总产值计算的劳动生产率(元/人)	人均竣工产值(元/人)	人均施工面积(平方米/人)	人均竣工面积(平方米/人)
全国总计	**4640**	**2215705**	**222006**	**155975**	**177.0**	**89.4**
北　京	175	34982	449594	324139	318.7	89.9
天　津	75	54065	482922	273056	167.6	76.9
河　北	102	44917	303224	174965	257.1	118.2
山　西	105	29334	153461	92194	94.1	48.5
内蒙古	12	6728	190391	186130	178.1	117.6
辽　宁	304	170264	230157	170165	100.5	68.2
吉　林	53	15260	206213	167557	101.2	81.6
黑龙江	153	79797	230833	157148	98.9	64.7
上　海	94	21359	301114	181302	157.8	92.7
江　苏	302	165633	223671	168974	143.7	67.8
浙　江	110	91192	236066	171336	254.1	87.6
安　徽	120	50913	184693	151101	116.1	74.6
福　建	76	42994	194447	147326	260.8	85.0
江　西	217	117812	231449	167419	233.6	130.4
山　东	563	249512	186859	129123	188.5	92.3
河　南	212	104648	203993	134850	182.6	109.5
湖　北	130	53206	279322	194970	184.0	141.5
湖　南	240	98950	213567	157398	240.5	127.1
广　东	390	177367	185699	148054	251.7	99.2
广　西	205	109501	139400	96624	154.9	79.4
海　南	21	12826	268743	193142	215.7	137.6
重　庆	109	50868	221459	148660	145.5	76.6
四　川	262	179169	199941	149506	130.4	75.2
贵　州	95	17463	176338	123175	171.4	98.6
云　南	179	58134	261725	184348	170.8	113.6
西　藏	21	3501	138393	130164	47.4	44.5
陕　西	145	89467	247746	123944	189.5	81.8
甘　肃	106	62173	197435	144385	126.6	69.2
青　海	34	13117	74321	57776	37.2	25.3
宁　夏	12	5030	274706	220879	214.2	106.6
新　疆	18	5523	288304	211880	91.6	46.3

2-27 各地区集体建筑业企业营业额

单位：万元

地　区	企业营业额	在境外完成的营业额	企业总产值	#建筑业总产值
全国总计	**50887892**	**230078**	**50657814**	**49190021**
北　京	1734250	200	1734050	1572771
天　津	2620356		2620356	2610920
河　北	1388373	15389	1372984	1361991
山　西	453613		453613	450162
内蒙古	128954		128954	128095
辽　宁	3937674	10033	3927642	3918743
吉　林	333918		333918	314681
黑龙江	1822458	8900	1813558	1841978
上　海	690586	10188	680398	643149
江　苏	3859737	12555	3847181	3704733
浙　江	2234082		2234082	2152733
安　徽	965421		965421	940326
福　建	855005		855005	836004
江　西	2871785	647	2871138	2726748
山　东	5081476	690	5080786	4662349
河　南	2169713	1480	2168233	2134749
湖　北	1499785		1499785	1486158
湖　南	2195997	31862	2164135	2113245
广　东	3440328	15248	3425080	3293681
广　西	1554404	226	1554178	1526447
海　南	344701		344701	344689
重　庆	1141034	3270	1137764	1126520
四　川	3623260	74955	3548305	3582328
贵　州	326127		326127	307938
云　南	1532040		1532040	1521515
西　藏	56880		56880	48452
陕　西	2337056	190	2336866	2216507
甘　肃	1274902	44246	1230657	1227515
青　海	101308		101308	97487
宁　夏	150538		150538	138177
新　疆	162131		162131	159230

2-28 各地区集体建筑业企业资产构成

单位：万元

地 区	资产合计	#流动资产合计	#存货	#非流动资产合计	#固定资产合计
全国总计	**30734473**	**23468688**	**6157896**	**7265784**	**4855834**
北 京	2157632	1777218	746801	380414	117760
天 津	1948984	1833039	513367	115944	73838
河 北	510132	352795	87399	157337	125926
山 西	464894	361271	61637	103623	67741
内蒙古	76740	39980	3153	36760	34774
辽 宁	1864244	1485982	265099	378262	265759
吉 林	224010	156464	34224	67546	39814
黑龙江	932940	722980	179513	209960	175375
上 海	629528	582672	181402	46856	23230
江 苏	2935348	2266522	630499	668826	316602
浙 江	1273580	1064901	287805	208679	136020
安 徽	783329	549647	150198	233682	135669
福 建	711503	590902	153237	120601	65955
江 西	1272173	851225	214471	420947	280489
山 东	3770938	2811682	704076	959257	615468
河 南	863796	547729	132396	316067	251321
湖 北	692975	490536	100650	202439	149121
湖 南	1044944	733830	153643	311114	240408
广 东	2280304	1763219	492286	517085	405022
广 西	819386	594092	132640	225294	160158
海 南	118992	77865	869	41127	39101
重 庆	526149	422135	152660	104014	75192
四 川	1320033	947722	241040	372312	294062
贵 州	292847	222446	66953	70402	49967
云 南	882457	598852	61027	283605	221796
西 藏	94429	38239	17676	56190	21205
陕 西	1002967	681451	117258	321515	249372
甘 肃	856619	622327	252924	234292	173823
青 海	131712	81629	6068	50083	22524
宁 夏	106754	85284	4373	21471	13210
新 疆	144135	114054	12553	30081	15129

2-29 各地区国有建筑业企业固定资产情况

单位：万元

地　区	固定资产合计	固定资产原价	固定资产折旧	#本年折旧	在建工程
全国总计	**4855834**	**5830501**	**2073312**	**295344**	**598849**
北　京	117760	196639	96821	10592	15908
天　津	73838	86268	30074	3578	4028
河　北	125926	135703	42032	5698	22251
山　西	67741	93532	31873	4386	4279
内蒙古	34774	34113	15621	12073	16095
辽　宁	265759	401139	172017	19085	14450
吉　林	39814	52675	19605	2460	4616
黑龙江	175375	229285	73137	9863	4310
上　海	23230	49303	24372	3087	-4736
江　苏	316602	435273	178560	23727	28407
浙　江	136020	204689	75240	10368	4008
安　徽	135669	172432	70069	9092	17887
福　建	65955	84841	31066	3723	7005
江　西	280489	243659	62344	11829	70250
山　东	615468	715161	272774	36282	55282
河　南	251321	281899	89791	16034	34996
湖　北	149121	191276	65542	7417	13349
湖　南	240408	285680	94366	14607	17586
广　东	405022	482978	177136	21401	66337
广　西	160158	171488	42392	5714	21790
海　南	39101	16895	4212	1361	13813
重　庆	75192	95406	33369	3173	9894
四　川	294062	312518	109087	16680	60834
贵　州	49967	50171	11771	1546	6068
云　南	221796	219235	76254	11481	45980
西　藏	21205	27688	9210	1625	2450
陕　西	249372	282973	81838	14966	24380
甘　肃	173823	207441	54214	7568	16195
青　海	22524	25908	9203	2726	565
宁　夏	13210	15010	4594	1685	60
新　疆	15129	29223	14731	1518	514

2-30 各地区集体建筑业企业负债及所有者权益

单位：万元

地 区	负债合计	#流动负债	#非流动负债	所有者权益	#实收资本
全国总计	**19564215**	**17714418**	**416378**	**11145515**	**7001090**
北 京	1717092	1689635	23668	440540	265631
天 津	1674849	1637889	709	272693	175576
河 北	287924	260133	3100	222208	133113
山 西	342948	324750	3214	121706	103520
内蒙古	49422	30429		27319	23752
辽 宁	1284412	1107488	7521	579832	369689
吉 林	137923	128063	2118	86087	56918
黑龙江	671283	647812	4984	261457	182325
上 海	423920	394978	18392	205608	130342
江 苏	1788730	1708070	29078	1145532	522977
浙 江	902537	890140	6994	371043	232335
安 徽	513126	488921	8267	270203	161843
福 建	461103	444021	4673	250342	144822
江 西	725340	666794	17210	546827	386560
山 东	2328531	2001383	62524	1442407	888036
河 南	424022	341761	17481	439775	286044
湖 北	428732	360492	20743	264243	188757
湖 南	514451	388089	21223	530493	380779
广 东	1410651	1243333	38999	869653	545435
广 西	495188	439604	11282	324198	217589
海 南	75163	38722	-4582	43829	19568
重 庆	296711	228854	374	226879	149423
四 川	787707	706651	26167	513176	317499
贵 州	180427	159839	4818	112421	98389
云 南	431269	355185	40185	451188	294775
西 藏	47689	44301	510	46741	29706
陕 西	420517	361300	23472	582449	443678
甘 肃	481252	386506	7430	375367	178965
青 海	82010	64044	11814	49702	29337
宁 夏	65175	64895	280	41580	19919
新 疆	114116	110339	3732	30019	23790

2-31 各地区集体建筑业企业实收资本

单位：万元

地　区	合计	国家资本	集体资本	法人资本	个人资本	港澳台资本	外商资本
全国总计	**7001090**	**190415**	**4801927**	**1304355**	**702211**	**677**	**1505**
北　京	265631		165194	49906	50531		
天　津	175576	1000	144122	22799	6623		1033
河　北	133113	5406	85058	21458	21192		
山　西	103520	21	85922	12741	4837		
内蒙古	23752	358	5821	11087	6486		
辽　宁	369689	6776	261444	81412	20058		
吉　林	56918	343	32983	16636	6956		
黑龙江	182325	8795	146570	15862	11098		
上　海	130342	2083	105211	13136	9911		
江　苏	522977	18139	250577	155244	99016		
浙　江	232335	3865	179496	39547	9427		
安　徽	161843	739	90698	43514	26342	530	20
福　建	144822	2270	95253	22664	24634		
江　西	386560	18254	284196	46575	37535		
山　东	888036	30523	500622	299322	57570		
河　南	286044	17336	189660	48409	30287	10	343
湖　北	188757	6183	122748	31800	28024	1	1
湖　南	380779	8303	282594	46225	43657		
广　东	545435	12781	427413	79321	25920		
广　西	217589	2391	159398	17822	37978		
海　南	19568		15155	3413	1000		
重　庆	149423	7178	96395	20170	25681		
四　川	317499	6105	234626	44753	31881	76	59
贵　州	98389	100	78632	13363	6295		
云　南	294775	10141	207550	39801	37173	60	50
西　藏	29706		21490	7230	985		
陕　西	443678	5237	398057	31292	9093		
甘　肃	178965	14236	81418	58483	24829		
青　海	29337		25598	2866	873		
宁　夏	19919	1853	11963	311	5791		
新　疆	23790		16065	7195	530		

2-32 各地区集体建筑业企业收入情况

单位：万元

地　区	主营业务收　入	#主营业务成　本	#主营业务税金及附加	#销售费用	其他业务收　入	#其他业务利润
全国总计	**43366505**	**36922123**	**1658702**	**327145**	**545660**	**88007**
北　京	1688410	1499771	51059	2954	16192	5829
天　津	2382101	2135135	78508	2194	9396	1773
河　北	986210	843265	34883	16073	4570	463
山　西	433244	373695	16641	3303	17881	3013
内蒙古	130376	108706	9840	344	5363	4589
辽　宁	3419669	2945595	118125	5106	65856	3704
吉　林	314281	263889	8418	238	7433	2535
黑龙江	1596927	1393978	61303	7406	7127	2256
上　海	709890	656934	21893	826	2366	1475
江　苏	3206066	2710282	108530	26691	31760	8039
浙　江	1799273	1579748	61997	3943	40886	9486
安　徽	915536	776715	30901	10988	13118	3703
福　建	784876	690273	28550	920	7427	4128
江　西	2246428	1942112	95588	12011	16270	2861
山　东	3978686	3275138	147026	36596	26739	2999
河　南	1790332	1456348	73227	21378	36094	3395
湖　北	1486640	1255456	55387	9925	5457	958
湖　南	1935219	1668966	87457	24049	16537	1012
广　东	3166093	2677559	139619	22821	21250	6355
广　西	1315682	1125843	68006	9252	75521	964
海　南	278667	198932	9454	3887	17436	63
重　庆	972693	814836	36802	5752	10725	5534
四　川	2672267	2210059	114262	43611	39766	4533
贵　州	306487	255544	14898	2684	1649	548
云　南	1220239	998099	50469	26393	11155	3160
西　藏	50973	40457	2448	3299	980	322
陕　西	1891496	1570094	71049	15167	22026	1657
甘　肃	1140919	971622	43600	5831	3825	2334
青　海	174678	143715	6347	1752	8142	24
宁　夏	173197	157273	5910	895	170	63
新　疆	198950	182087	6508	857	2544	231

2-33 各地区集体建筑业企业费用情况

单位：万元

地 区	管理费用	#税金	#差旅费	#工会经费	财务费用	#利息收入	#利息支出
全国总计	**1954104**	**128440**	**102716**	**32588**	**163878**	**18856**	**87393**
北 京	116667	1783	2451	937	-3076	5343	2113
天 津	65481	2009	1354	651	2382	620	1771
河 北	37042	1806	943	485	3446	37	507
山 西	31548	881	808	262	727	83	342
内蒙古	8944	3895	2609	156	814	-1	641
辽 宁	186547	8621	3846	1599	2544	2032	1881
吉 林	23033	2196	987	90	513	10	122
黑龙江	83102	3517	1852	373	900	2075	437
上 海	25987	616	783	133	784	213	1193
江 苏	173386	7892	6631	2029	18524	-457	13450
浙 江	92107	2730	2603	844	6668	1585	8596
安 徽	65453	2797	2058	792	1432	-7	1921
福 建	37207	7535	3584	936	895	609	940
江 西	70398	4469	4162	2076	6712	625	3395
山 东	155909	12708	8088	3460	26221	-5	14829
河 南	79193	7660	4113	2393	11439	104	3669
湖 北	58829	5645	5580	2038	6432	-243	2083
湖 南	74337	6226	6458	1922	9245	281	2654
广 东	140179	10960	6229	2306	9431	683	3872
广 西	37484	2516	1753	243	4862	167	1091
海 南	8945	881	886	176	47	203	4
重 庆	38964	1557	1227	388	1341	59	378
四 川	126714	11219	10116	3064	15475	691	7046
贵 州	10683	891	614	77	8768	102	226
云 南	44744	2408	8068	444	6515	277	5053
西 藏	2822	57	72		152	64	197
陕 西	81101	6106	5581	2680	13546	2712	3581
甘 肃	48576	8046	8323	1928	6426	978	4732
青 海	13862	197	496	5	-16	-27	120
宁 夏	4138	347	192	42	276	4	251
新 疆	10726	271	252	62	453	38	296

2-34 各地区集体建筑业企业利润及税金情况

单位：万元

地区	利润总额	#应交所得税	税金总额	主营业务税金及附加	管理费用中的税金
全国总计	**1889081**	**423986**	**1787142**	**1658702**	**128440**
北京	31530	8049	52841	51059	1783
天津	84845	37509	80517	78508	2009
河北	40499	12296	36689	34883	1806
山西	6186	1973	17522	16641	881
内蒙古	7938	1928	13735	9840	3895
辽宁	52521	24238	126746	118125	8621
吉林	15461	2292	10614	8418	2196
黑龙江	47519	11134	64820	61303	3517
上海	10308	3031	22508	21893	616
江苏	180500	43738	116421	108530	7892
浙江	73559	17654	64727	61997	2730
安徽	39741	7345	33698	30901	2797
福建	22279	8107	36085	28550	7535
江西	86388	21818	100057	95588	4469
山东	273003	48381	159734	147026	12708
河南	118404	18642	80887	73227	7660
湖北	95299	7715	61032	55387	5645
湖南	62002	12648	93683	87457	6226
广东	132614	36104	150579	139619	10960
广西	32977	10279	70522	68006	2516
海南	18901	5852	10335	9454	881
重庆	66821	10160	38359	36802	1557
四川	124587	24955	125481	114262	11219
贵州	3920	1519	15789	14898	891
云南	58868	10699	52876	50469	2408
西藏	2315	324	2505	2448	57
陕西	138426	20620	77155	71049	6106
甘肃	45266	11082	51646	43600	8046
青海	7677	1067	6544	6347	197
宁夏	4423	1779	6257	5910	347
新疆	4305	1052	6778	6508	271

2-35 各地区集体建筑业企业应收工程款及企业亏损情况

地 区	应收工程款(万元)	#竣工工程	企业个数(个)	#亏损企业个数	亏损企业的比重(%)
全国总计	**5912462**	**3106080**	**4640**	**542**	**11.7**
北 京	92258	42808	175	37	21.1
天 津	310619	77857	75	10	13.3
河 北	81739	41360	102	9	8.8
山 西	93467	34792	105	16	15.2
内蒙古	19741	15779	12		
辽 宁	412796	234520	304	59	19.4
吉 林	34963	18910	53	13	24.5
黑龙江	180081	58680	153	34	22.2
上 海	100929	25818	94	16	17.0
江 苏	655109	276064	302	13	4.3
浙 江	142683	87262	110	12	10.9
安 徽	132624	84499	120	19	15.8
福 建	158054	64861	76	10	13.2
江 西	175736	63495	217	12	5.5
山 东	935126	589326	563	38	6.7
河 南	118299	60727	212	10	4.7
湖 北	164304	103486	130	10	7.7
湖 南	264809	186884	240	24	10.0
广 东	346225	170176	390	39	10.0
广 西	141063	83743	205	34	16.6
海 南	51434	32877	21	2	9.5
重 庆	93499	57069	109	16	14.7
四 川	336552	172289	262	22	8.4
贵 州	33345	16870	95	23	24.2
云 南	271426	230629	179	15	8.4
西 藏	7722	3589	21	4	19.0
陕 西	258147	117590	145	20	13.8
甘 肃	227207	130841	106	12	11.3
青 海	17000	7400	34	7	20.6
宁 夏	20816	7952	12	1	8.3
新 疆	34686	7926	18	5	27.8

2-36 各地区集体建筑业企业主要经济效益指标

地　区	产值利润率(%)	产值利税率(%)	资本利润率(%)	资本利税率(%)	人均利润(元/人)	人均利税(元/人)	资产负债率(%)
全国总计	**3.8**	**7.5**	**27.0**	**52.5**	**8526**	**16592**	**63.7**
北　京	2.0	5.4	11.9	31.8	9013	24118	79.6
天　津	3.2	6.3	48.3	94.2	15693	30586	85.9
河　北	3.0	5.7	30.4	58.0	9016	17185	56.4
山　西	1.4	5.3	6.0	22.9	2109	8082	73.8
内蒙古	6.2	16.9	33.4	91.2	11798	32213	64.4
辽　宁	1.3	4.6	14.2	48.5	3085	10529	68.9
吉　林	4.9	8.3	27.2	45.8	10132	17087	61.6
黑龙江	2.6	6.1	26.1	61.6	5955	14078	72.0
上　海	1.6	5.1	7.9	25.2	4826	15364	67.3
江　苏	4.9	8.0	34.5	56.8	10898	17926	60.9
浙　江	3.4	6.4	31.7	59.5	8066	15164	70.9
安　徽	4.2	7.8	24.6	45.4	7806	14424	65.5
福　建	2.7	7.0	15.4	40.3	5182	13575	64.8
江　西	3.2	6.8	22.3	48.2	7333	15826	57.0
山　东	5.9	9.3	30.7	48.7	10941	17343	61.7
河　南	5.5	9.3	41.4	69.7	11314	19044	49.1
湖　北	6.4	10.5	50.5	82.8	17911	29382	61.9
湖　南	2.9	7.4	16.3	40.9	6266	15734	49.2
广　东	4.0	8.6	24.3	51.9	7477	15966	61.9
广　西	2.2	6.8	15.2	47.6	3012	9452	60.4
海　南	5.5	8.5	96.6	149.4	14736	22794	63.2
重　庆	5.9	9.3	44.7	70.4	13136	20677	56.4
四　川	3.5	7.0	39.2	78.8	6954	13957	59.7
贵　州	1.3	6.4	4.0	20.0	2244	11286	61.6
云　南	3.9	7.3	20.0	37.9	10126	19222	48.9
西　藏	4.8	9.9	7.8	16.2	6612	13767	50.5
陕　西	6.2	9.7	31.2	48.6	15472	24096	41.9
甘　肃	3.7	7.9	25.3	54.2	7281	15588	56.2
青　海	7.9	14.6	26.2	48.5	5853	10842	62.3
宁　夏	3.2	7.7	22.2	53.6	8794	21233	61.1
新　疆	2.7	7.0	18.1	46.6	7794	20067	79.2

2-37 各地区私营建筑业企业签订合同情况

单位：万元

地　区	合同总额	上年结转合同额	本年新签合同额
全国总计	**590199547**	**197098164**	**393101384**
北　京	7958987	2456380	5502607
天　津	4909543	1583147	3326396
河　北	9691420	2646208	7045212
山　西	9262830	2346353	6916477
内蒙古	10012017	5309657	4702360
辽　宁	33986324	8808448	25177876
吉　林	9616333	2789586	6826746
黑龙江	4974920	1490378	3484542
上　海	21981347	9512934	12468414
江　苏	97239100	29308404	67930697
浙　江	153521737	57283282	96238455
安　徽	16405739	4925312	11480427
福　建	28895187	11125939	17769248
江　西	9768224	2160656	7607568
山　东	21757733	6167456	15590278
河　南	14299583	3493375	10806208
湖　北	22344346	5920853	16423493
湖　南	12863393	5067531	7795862
广　东	22637218	9116358	13520860
广　西	4885711	1649072	3236639
海　南	268812	159254	109557
重　庆	20331898	6674144	13657754
四　川	22907281	7910269	14997012
贵　州	1193848	485502	708346
云　南	11291486	3669293	7622193
西　藏	299565	73527	226038
陕　西	4406022	1183389	3222633
甘　肃	3649780	891704	2758077
青　海	921794	489518	432277
宁　夏	3252227	995048	2257179
新　疆	4665145	1405192	3259953

2-38 各地区私营建筑业企业承包工程完成情况

单位：万元

地区	直接从建设单位承揽工程完成的产值			从建设单位以外承揽工程完成的产值
		自行完成施工产值	分包出去工程的产值	
全国总计	**379703368**	**376382095**	**3321273**	**13667495**
北京	4730085	4525117	204967	884931
天津	3578645	3393126	185519	276522
河北	7285917	7242370	43547	90421
山西	6483124	6456234	26890	81576
内蒙古	5390399	5387525	2874	47171
辽宁	26527797	26464955	62843	301775
吉林	7156549	7140761	15789	66132
黑龙江	4277873	4273359	4515	13244
上海	13180340	12677197	503144	1413990
江苏	62662535	62575602	86933	3795577
浙江	91970433	91436141	534292	2755546
安徽	11440757	11355080	85677	367489
福建	17378900	17286737	92163	402644
江西	7245944	7183607	62337	254185
山东	15847501	15764545	82956	224068
河南	9816758	9777081	39677	185016
湖北	13636505	13387903	248602	359991
湖南	7634743	7580847	53897	111648
广东	12069013	11609042	459970	845428
广西	3382251	3365233	17018	122097
海南	188091	188091		60
重庆	12836565	12662119	174446	235345
四川	14915541	14729771	185770	440834
贵州	633461	630311	3150	7205
云南	8156542	8107305	49237	118264
西藏	213765	212688	1077	1423
陕西	3312242	3284144	28098	49265
甘肃	2178991	2140208	38783	77004
青海	597549	595348	2201	12345
宁夏	2096490	2088260	8230	45220
新疆	2878063	2861390	16673	81082

2-39 各地区私营建筑业总产值和竣工产值

单位：万元

地区	建筑业总产值	#装饰装修产值	#在外省完成的产值	按构成分组			竣工产值
				建筑工程产值	安装工程产值	其他产值	
全国总计	**390049590**	**31439030**	**89032773**	**346007291**	**30234876**	**13807422**	**257512680**
北京	5410048	1880292	1473815	4899005	423815	87228	3248155
天津	3669649	271942	168520	2415686	809950	444013	2230177
河北	7332791	382767	285270	6232868	688505	411419	4608583
山西	6537810	402684	170213	5284616	843970	409224	3345431
内蒙古	5434695	164356	28138	4996180	200693	237822	3181431
辽宁	26766730	3437048	1305267	22591667	3106392	1068671	17490205
吉林	7206893	326323	221744	6508520	491897	206476	5084094
黑龙江	4286603	348537	145383	3528958	427121	330525	2525596
上海	14091186	2082095	3065175	11280542	2285930	524715	7688441
江苏	66371178	4565778	17568604	62158529	3702314	510336	51496588
浙江	94191687	5336282	42718082	87041703	4694226	2455758	59558167
安徽	11722569	866580	873559	9685526	913849	1123194	7632103
福建	17689381	974359	7323642	16479274	1001939	208167	10433859
江西	7437792	718900	1939742	6462382	469436	505974	5272716
山东	15988612	1660272	1082498	13031617	2325223	631773	10271738
河南	9962097	726522	1394349	8511752	1022376	427970	6510408
湖北	13747894	1330005	1988516	11884732	1180247	682915	10176882
湖南	7692494	260330	1176798	6644489	357245	690760	5755759
广东	12454470	3005222	2496965	10131367	1806619	516484	7404804
广西	3487330	236160	175205	2654124	341801	491405	2062964
海南	188151	8427	12716	147372	19905	20874	101927
重庆	12897464	566681	1306915	11739492	751781	406191	8336475
四川	15170606	962126	1759744	13545807	1027672	597127	9798957
贵州	637516	78789	47523	557153	58249	22114	403555
云南	8225570	476749	90519	7360943	444482	420145	5593172
西藏	214111	11030		193769	9998	10344	181088
陕西	3333409	64526	65452	2987202	247906	98301	1782500
甘肃	2217211	106913	118104	1936577	220563	60072	1538888
青海	607692	22564	7227	511623	79651	16419	362905
宁夏	2133480	62007	20567	2041249	53422	38809	1521204
新疆	2942472	102765	2521	2562570	227702	152201	1913909

2-40 各地区私营建筑业企业房屋建筑面积

地　区	房屋建筑施工面积(万平方米)	#本年新开工	#实行投标承包面积	#本年新开工	房屋建筑竣工面积(万平方米)	房屋建筑面积竣工率(%)
全国总计	**304010.2**	**154140.2**	**228222.3**	**119966.6**	**129568.9**	**42.6**
北　京	764.5	250.5	636.6	184.6	212.8	27.8
天　津	1021.9	452.7	636.2	235.5	577.4	56.5
河　北	5940.5	3374.9	4047.2	2615.6	2625.2	44.2
山　西	3875.8	1897.8	2550.2	1298.8	1370.0	35.3
内蒙古	3467.6	1690.0	2922.6	1433.1	1319.3	38.0
辽　宁	16156.3	10774.2	11390.5	7866.2	8121.0	50.3
吉　林	5114.0	3039.0	3714.7	2489.4	2793.2	54.6
黑龙江	1720.1	947.2	1070.3	594.1	1001.5	58.2
上　海	7642.2	2828.2	5688.2	1937.1	2470.4	32.3
江　苏	56045.8	27637.1	48052.5	23270.8	22495.2	40.1
浙　江	87610.2	40015.5	69829.7	32864.4	32780.6	37.4
安　徽	10499.6	5766.6	6794.8	4432.8	4867.2	46.4
福　建	15485.5	6528.3	11304.2	5044.6	4800.1	31.0
江　西	4977.6	3264.7	3211.2	2386.5	3382.2	67.9
山　东	13710.6	7631.6	9946.5	5826.8	6258.7	45.6
河　南	7783.1	4504.9	6580.7	3926.8	3771.3	48.5
湖　北	10295.2	6544.6	7580.0	5139.4	6785.7	65.9
湖　南	7317.3	3919.4	5636.2	2946.9	3410.7	46.6
广　东	7682.5	3133.1	3210.1	1448.4	2478.3	32.3
广　西	2321.5	1197.1	1585.0	954.5	1198.5	51.6
海　南	97.5	37.9	58.1	21.5	54.1	55.5
重　庆	9741.7	5186.5	5082.0	3335.8	5035.2	51.7
四　川	10666.7	5627.7	6207.2	3609.3	5267.3	49.4
贵　州	796.1	413.3	422.2	239.3	238.9	30.0
云　南	5016.3	2694.9	3370.1	1804.9	2656.0	52.9
西　藏	92.5	70.6	66.0	51.6	62.7	67.8
陕　西	2111.9	1249.5	1642.9	1050.9	892.4	42.3
甘　肃	1383.3	908.3	1063.6	746.0	720.7	52.1
青　海	267.1	137.7	157.2	97.6	148.1	55.4
宁　夏	1896.3	954.6	1699.1	880.9	702.3	37.0
新　疆	2509.1	1461.7	2066.7	1232.5	1071.8	42.7

2-41 各地区按主要用途分的私营建筑业企业房屋建筑竣工面积

单位：万平方米

地区	总计	住宅房屋	商业及服务用房屋	商厦房屋(批发和零售用房)	宾馆用房屋(住宿用房)	餐饮用房屋(餐饮用房)
全国总计	**129568.9**	**81455.6**	**7407.5**	**3221.7**	**886.0**	**302.8**
北京	212.8	159.2	6.7	1.8	0.1	0.1
天津	577.4	378.0	17.1	6.6	0.0	1.8
河北	2625.2	1887.1	98.8	37.9	7.9	2.4
山西	1370.0	965.4	69.8	21.9	11.2	2.7
内蒙古	1319.3	854.1	112.6	13.8	12.8	1.1
辽宁	8121.0	5673.7	356.7	143.9	50.9	22.2
吉林	2793.2	1908.2	144.8	26.9	12.7	3.7
黑龙江	1001.5	857.5	25.8	4.3	0.2	0.0
上海	2470.4	1354.9	155.4	43.2	7.0	4.2
江苏	22495.2	15047.7	885.5	432.1	213.4	35.2
浙江	32780.6	16216.0	2224.7	1138.0	248.3	98.2
安徽	4867.2	3182.8	264.4	133.6	18.1	9.0
福建	4800.1	2679.7	481.0	262.6	30.0	13.5
江西	3382.2	2019.5	235.9	52.2	29.1	15.3
山东	6258.7	4498.0	240.9	71.9	11.3	13.9
河南	3771.3	2674.6	160.7	60.2	11.2	6.4
湖北	6785.7	4906.2	216.2	141.8	19.3	4.8
湖南	3410.7	2182.3	279.7	175.6	38.1	6.6
广东	2478.3	1262.6	220.3	51.2	18.3	4.1
广西	1198.5	717.9	61.6	31.4	11.2	1.9
海南	54.1	23.7	7.1	3.7	3.2	
重庆	5035.2	3758.5	242.9	72.3	9.5	8.0
四川	5267.3	3943.5	274.3	112.8	42.5	18.6
贵州	238.9	122.9	28.0	16.7	2.8	0.1
云南	2656.0	1650.2	339.6	98.2	35.2	6.0
西藏	62.7	26.2	4.0	2.7	0.9	0.0
陕西	892.4	603.6	71.2	7.7	15.9	6.7
甘肃	720.7	498.8	52.0	14.3	7.2	11.7
青海	148.1	85.6	3.0		0.2	0.0
宁夏	702.3	502.9	76.2	22.6	5.7	0.5
新疆	1071.8	814.3	50.6	19.6	11.8	4.2

2-41 续表 1　　　　单位：万平方米

地　区	商务会展用房屋	其他商业及服务用房屋(居民服务业用房)	办公用房屋	科研、教育和医疗用房屋	科学研究用房屋	教育用房屋
全国总计	**290.6**	**2706.5**	**7370.9**	**4548.7**	**364.9**	**3355.8**
北　京	0.6	4.0	10.7	7.8	0.4	5.5
天　津	3.0	5.7	38.1	7.8	0.2	6.7
河　北	2.1	48.5	164.7	137.8	3.4	90.7
山　西	2.0	32.0	61.8	94.1	4.7	72.2
内蒙古	1.2	83.7	137.5	142.8	17.2	120.0
辽　宁	3.5	136.2	330.9	145.9	12.0	114.4
吉　林	11.3	90.2	171.9	50.5	5.5	29.8
黑龙江	0.8	20.4	35.4	28.4		8.7
上　海	4.1	96.8	124.1	60.9	10.6	40.4
江　苏	27.1	177.7	1089.6	602.7	58.8	424.3
浙　江	141.8	598.4	2186.5	793.3	88.2	591.5
安　徽	1.7	102.1	311.7	203.2	17.3	163.8
福　建	9.8	165.1	293.6	232.1	16.7	192.6
江　西	7.2	132.1	294.0	157.2	14.2	128.9
山　东	3.1	140.6	205.1	152.3	10.5	117.4
河　南	1.6	81.4	266.0	181.2	2.7	143.9
湖　北	5.8	44.5	406.9	204.7	18.8	130.6
湖　南	1.7	57.7	280.4	235.6	22.0	140.4
广　东	6.4	140.3	119.4	102.2	3.7	83.9
广　西	3.7	13.4	121.1	111.0	2.3	78.5
海　南		0.2	7.7	7.8	0.0	7.7
重　庆	13.1	140.1	150.8	126.4	1.9	101.9
四　川	10.4	90.1	207.0	197.6	23.5	125.5
贵　州	0.1	8.2	20.8	37.1	1.2	33.0
云　南	6.5	193.7	102.7	265.6	9.9	214.7
西　藏	0.3	0.1	14.5	11.7	2.9	3.7
陕　西	2.6	38.3	48.4	65.8	6.7	42.4
甘　肃		18.9	56.4	77.8	4.4	55.0
青　海	1.0	1.7	16.8	22.8	2.2	20.0
宁　夏	18.1	29.4	24.2	40.4	0.8	35.2
新　疆		14.9	72.3	44.2	2.2	32.5

2-41 续表 2

单位：万平方米

地区	医疗用房屋(卫生医疗用房)	文化、体育和娱乐用房屋	厂房及建筑物	#厂房	仓库	其他未列明的房屋建筑物
全国总计	**828.0**	**952.2**	**24140.0**	**16330.8**	**862.8**	**2831.4**
北京	1.8	0.2	21.4	20.2	0.3	6.6
天津	0.9	1.3	89.2	47.5	5.5	40.4
河北	43.8	7.9	259.2	91.9	6.5	63.2
山西	17.2	5.8	131.2	102.2	10.7	31.3
内蒙古	5.5	10.4	11.4	3.6	4.0	46.6
辽宁	19.5	38.0	1352.6	824.8	48.2	175.0
吉林	15.2	55.6	308.6	108.9	5.1	148.4
黑龙江	19.6	5.6	34.6	26.3	3.6	10.7
上海	9.9	13.9	640.8	488.3	46.0	74.4
江苏	119.6	147.9	4290.1	3766.8	94.9	336.7
浙江	113.6	262.8	10122.9	6912.1	307.4	667.0
安徽	22.0	27.1	757.1	331.3	46.4	74.6
福建	22.8	27.6	1031.1	764.1	27.0	27.8
江西	14.1	61.1	426.9	199.4	41.9	145.7
山东	24.4	44.2	1004.7	546.9	45.8	67.7
河南	34.7	17.1	361.9	145.3	16.3	93.4
湖北	55.3	63.3	854.4	485.9	41.4	92.6
湖南	73.2	17.5	292.0	161.3	15.1	108.0
广东	14.6	17.3	705.5	457.3	11.1	40.0
广西	30.2	20.5	122.5	86.0	3.9	40.1
海南	0.1	0.2				7.5
重庆	22.6	37.6	518.7	258.5	16.5	183.7
四川	48.7	26.2	465.4	283.2	32.1	121.2
贵州	3.0	1.0	20.2	13.0	2.5	6.4
云南	41.0	14.4	203.9	137.0	18.9	60.8
西藏	5.0	4.5			0.2	1.6
陕西	16.7	6.8	17.6	13.2	4.3	74.6
甘肃	18.4	7.8	13.8	4.0	1.1	13.1
青海	0.6	2.6	10.0	3.9	0.9	6.4
宁夏	4.5	2.2	25.0	21.2	1.3	30.1
新疆	9.5	3.6	47.4	26.6	4.0	35.5

2-42 各地区按主要用途分的私营建筑业企业房屋建筑竣工价值

单位：万元

地 区	总计	住宅房屋	商业及服务用房屋			
				商厦房屋(批发和零售用房)	宾馆用房屋(住宿用房)	餐饮用房屋(餐饮用房)
全国总计	**163138473**	**104200192**	**10533126**	**4572363**	**1406183**	**412680**
北 京	356926	277343	11338	2927	98	195
天 津	956093	604083	31953	14693	3	1708
河 北	3228099	2350681	129242	51730	14270	6042
山 西	1768938	1230201	94699	27246	15802	4916
内蒙古	1897758	1126067	216094	28991	24505	2278
辽 宁	10239849	7234449	476987	200058	52720	29851
吉 林	3616204	2440786	226409	49659	24525	5625
黑龙江	1470886	1222310	41273	6874	378	54
上 海	4011015	2173737	300046	70422	21450	10366
江 苏	30315721	20232461	1406562	683747	384734	39408
浙 江	41897615	22759864	3333674	1696737	444859	124609
安 徽	5235284	3559042	283170	146624	20803	9402
福 建	6228567	3749817	674283	354732	56070	23227
江 西	3456626	1999892	267275	70654	32149	20430
山 东	6730811	4913698	275159	83413	13050	19336
河 南	4094441	2848569	176160	68149	12837	8102
湖 北	7957714	5767304	282059	182855	19192	4637
湖 南	3987752	2568891	323247	194229	37318	9619
广 东	3435628	1608292	374519	83205	19534	5073
广 西	1251311	746790	66637	29202	14592	3679
海 南	80525	38212	10368	5438	4788	
重 庆	5814312	4337416	284515	91087	10325	6440
四 川	6452149	4782545	402169	164214	57083	34514
贵 州	293480	148265	39893	26849	1970	96
云 南	3543501	2208795	445110	144861	56923	10430
西 藏	115805	39781	10280	6718	1868	36
陕 西	1261657	869052	99341	9872	25937	9507
甘 肃	1044338	677286	84182	27160	14414	15181
青 海	248970	141564	9502		473	55
宁 夏	896518	616453	90568	26675	7252	833
新 疆	1249983	926551	66416	23345	16262	7032

2-42 续表 1

单位：万元

地 区	商务会展用房屋	其他商业及服务用房屋(居民服务业用房)	办公用房屋	科研、教育和医疗用房屋	科学研究用房屋	教育用房屋
全国总计	**423983**	**3718030**	**10080693**	**6498560**	**544923**	**4734877**
北 京	597	7521	23762	16154	1338	9338
天 津	5133	10417	51711	21995	249	19930
河 北	3116	54083	186325	156229	3946	97134
山 西	5732	41003	91208	145501	7580	103399
内蒙古	2535	157786	259483	214918	28533	173836
辽 宁	4859	189498	481041	220215	21562	168063
吉 林	27450	119149	183885	80444	11050	49794
黑龙江	2144	31823	45654	65397		18146
上 海	9978	187830	267337	111751	23851	69260
江 苏	34912	263761	1701126	1022185	79647	738706
浙 江	190848	876621	3142630	1180005	126971	897323
安 徽	3160	103182	340331	211014	19255	169981
福 建	9321	230933	405407	335523	17517	282027
江 西	12131	131911	309736	190336	11367	159399
山 东	5163	154197	235914	216563	15909	165954
河 南	2549	84522	300975	204764	2715	162755
湖 北	21386	53989	485244	303029	28188	196017
湖 南	2290	79791	336638	308162	43305	167504
广 东	4968	261739	130372	126819	4225	106571
广 西	3067	16096	131958	103977	2274	79559
海 南		142	7252	10740	37	10545
重 庆	16389	160275	177869	130117	1571	100977
四 川	13282	133189	260639	269351	36722	162037
贵 州	51	10927	23831	45370	1706	39596
云 南	12101	220796	139589	378307	14390	300966
西 藏	1458	200	25751	27809	7736	5705
陕 西	4646	49378	68122	97047	9505	56964
甘 肃		27428	97075	130196	12847	88469
青 海	5656	3317	28003	35657	3812	30123
宁 夏	19058	36750	40073	72974	2235	62936
新 疆		19777	101751	66013	4881	41866

2-42 续表 2

单位：万元

地 区	医疗用房屋(卫生医疗用房)	文化、体育和娱乐用房屋	厂房及建筑物	#厂房	仓 库	其他未列明的房屋建筑物
全国总计	**1218760**	**1721864**	**25400134**	**17056741**	**963218**	**3740685**
北 京	5478	838	20626	18642	377	6490
天 津	1817	6743	163125	94251	14138	62344
河 北	55148	8609	309577	88873	9951	77487
山 西	34523	10171	143777	117057	12501	40880
内蒙古	12549	18649	17792	5144	7700	37055
辽 宁	30590	68152	1434201	736612	59405	265399
吉 林	19600	132256	338887	161657	6290	207248
黑龙江	47251	9295	66855	52671	4298	15804
上 海	18640	51746	936921	686814	77799	91677
江 苏	203833	358222	4949408	4355632	117352	528406
浙 江	155711	489215	9812272	6796071	290253	889702
安 徽	21778	27093	705447	303884	40387	68802
福 建	35980	33562	972139	706472	24697	33139
江 西	19570	72082	426818	212528	45157	145329
山 东	34700	63682	902183	505835	41842	81770
河 南	39294	21608	425325	136372	16493	100548
湖 北	78823	120704	826925	484281	51476	120973
湖 南	97353	18009	305684	197484	16498	110625
广 东	16024	18145	1112748	470083	9830	54904
广 西	22144	18802	132943	92015	4154	46050
海 南	158	433				13521
重 庆	27570	64205	466162	267068	22279	331748
四 川	70593	43187	510768	300148	48986	134504
贵 州	4069	954	26181	18200	3397	5589
云 南	62951	15540	255030	164689	24904	76226
西 藏	14368	9738			165	2281
陕 西	30577	10716	27965	21850	4472	84942
甘 肃	28880	12871	21293	8599	1530	19905
青 海	1722	5543	14739	5587	1186	12778
宁 夏	7803	3274	26810	19760	1855	44511
新 疆	19266	7823	47534	28463	3847	30049

2-43 各地区私营建筑业企业施工机械设备情况

地　区	年末自有施工机械设备总台数（台）	年末自有施工机械设备总功率（千瓦）	年末自有施工机械设备净值（万元）	技术装备率（元/人）	动力装备率（千瓦/人）
全国总计	**3281574**	**75514452**	**14218235**	**9019**	**4.8**
北　京	24659	456039	103809	11789	5.2
天　津	22979	721344	150363	16862	8.1
河　北	106540	1865780	337751	11259	6.2
山　西	92314	1649147	405496	19027	7.7
内蒙古	46989	1030154	225607	15890	7.3
辽　宁	175399	5422584	916348	10983	6.5
吉　林	24993	739291	388583	19102	3.6
黑龙江	24660	624012	178058	18401	6.4
上　海	73791	1031634	266074	6272	2.4
江　苏	579397	16350646	2759033	9461	5.6
浙　江	616909	11706503	2778958	7081	3.0
安　徽	153156	3325242	514619	8646	5.6
福　建	137667	3126896	691032	7901	3.6
江　西	42829	911095	213122	7199	3.1
山　东	217453	4244003	817866	10666	5.5
河　南	140523	2863577	415926	8539	5.9
湖　北	136863	1898088	512680	10859	4.0
湖　南	110283	1534190	324016	11217	5.3
广　东	165407	5926067	522209	10460	11.9
广　西	43141	509460	109291	9213	4.3
海　南	260	6891	6489	16142	1.7
重　庆	59872	1385487	300820	4819	2.2
四　川	82635	1733455	352045	4825	2.4
贵　州	11687	239660	29066	10385	8.6
云　南	73746	3973793	406683	12452	12.2
西　藏	1530	357383	17211	15793	32.8
陕　西	32696	521251	163095	12425	4.0
甘　肃	38447	484474	122269	9015	3.6
青　海	4886	87999	34553	10509	2.7
宁　夏	16996	356510	64412	16396	9.1
新　疆	22867	431797	90752	12778	6.1

2-44 各地区私营建筑业企业主要生产效益指标

地 区	建筑业企业个数(个)	计算建筑业劳动生产率的平均人数(人)	按总产值计算的劳动生产率(元/人)	人均竣工产值(元/人)	人均施工面积(平方米/人)	人均竣工面积(平方米/人)
全国总计	**37708**	**15719836**	**248126**	**163814**	**193.4**	**82.4**
北 京	1636	112206	482153	289481	68.1	19.0
天 津	787	95611	383810	233255	106.9	60.4
河 北	818	298111	245975	154593	199.3	88.1
山 西	1375	277330	235741	120630	139.8	49.4
内蒙古	368	235179	231088	135277	147.4	56.1
辽 宁	3109	966317	276997	180999	167.2	84.0
吉 林	728	273538	263470	185864	187.0	102.1
黑龙江	792	195400	219376	129253	88.0	51.3
上 海	2051	440714	319735	174454	173.4	56.1
江 苏	5254	2865617	231612	179705	195.6	78.5
浙 江	4148	3695610	254875	161159	237.1	88.7
安 徽	1178	540254	216983	141269	194.3	90.1
福 建	1353	895785	197474	116477	172.9	53.6
江 西	530	275015	270450	191725	181.0	123.0
山 东	2422	759634	210478	135220	180.5	82.4
河 南	1563	427907	232810	152145	181.9	88.1
湖 北	1186	445075	308889	228655	231.3	152.5
湖 南	518	301200	255395	191094	242.9	113.2
广 东	1591	433281	287446	170901	177.3	57.2
广 西	446	107415	324659	192055	216.1	111.6
海 南	25	3322	566379	306825	293.4	162.7
重 庆	1278	561111	229856	148571	173.6	89.7
四 川	1458	661428	229361	148149	161.3	79.6
贵 州	143	25016	254843	161319	318.2	95.5
云 南	1186	328926	250074	170043	152.5	80.7
西 藏	83	12082	177215	149882	76.6	51.9
陕 西	369	129600	257207	137539	163.0	68.9
甘 肃	385	124620	177918	123486	111.0	57.8
青 海	177	34018	178638	106680	78.5	43.5
宁 夏	330	77308	275971	196772	245.3	90.8
新 疆	421	121206	242766	157905	207.0	88.4

2-45 各地区私营建筑业企业营业额

单位：万元

地区	企业营业额	在境外完成的营业额	企业总产值	#建筑业总产值
全国总计	**403561336**	**2475559**	**401085777**	**390049590**
北京	5811323	32148	5779175	5410048
天津	3915836	66099	3849737	3669649
河北	7656362	27351	7629011	7332791
山西	6746587	31869	6714719	6537810
内蒙古	5481288	13061	5468228	5434695
辽宁	27331123	272766	27058357	26766730
吉林	7452420	41225	7411195	7206893
黑龙江	4294493	31201	4263292	4286603
上海	14674336	31550	14642786	14091186
江苏	70820606	626460	70194146	66371178
浙江	95319183	221359	95097825	94191687
安徽	12009942	80280	11929662	11722569
福建	17791527	60	17791467	17689381
江西	7663394	36447	7626947	7437792
山东	17358987	27848	17331139	15988612
河南	10304020	75146	10228874	9962097
湖北	14281056	265226	14015830	13747894
湖南	7821032	53977	7767055	7692494
广东	13313719	126382	13187336	12454470
广西	3592382	4264	3588118	3487330
海南	201710		201710	188151
重庆	13349267	177605	13171662	12897464
四川	15458184	199493	15258691	15170606
贵州	659733	5627	654106	637516
云南	8420545	12950	8407596	8225570
西藏	245170	3310	241860	214111
陕西	3468697	890	3467807	3333409
甘肃	2284321	184	2284137	2217211
青海	630540		630540	607692
宁夏	2175095		2175095	2133480
新疆	3028459	10782	3017677	2942472

2-46 各地区私营建筑业企业资产构成

单位：万元

地区	资产合计	#流动资产合计	#存货	#非流动资产合计	#固定资产合计
全国总计	**266438789**	**206975832**	**46675014**	**59462957**	**35085701**
北京	5885471	4837222	852059	1048248	552299
天津	6099557	3425772	638420	2673786	632534
河北	5376067	4174220	971078	1201846	888952
山西	6304967	4726542	1090646	1578425	1032542
内蒙古	7903631	5633583	786646	2270049	803767
辽宁	16480833	12169286	2249206	4311547	2188668
吉林	5057291	3928592	495692	1128698	729381
黑龙江	3227553	2565323	507302	662229	518696
上海	16157598	14235482	3105002	1922115	974531
江苏	44865050	35213800	8896891	9651250	5696624
浙江	45664384	36838527	9830106	8825857	5555634
安徽	7010704	5348045	909972	1662659	1127216
福建	8982304	7015858	1567340	1966446	1490747
江西	3390789	2442915	529723	947874	626611
山东	13413657	10100981	2524909	3312676	2321109
河南	5998975	4378164	1023878	1620811	1169682
湖北	7934877	5919454	1263548	2015424	1469988
湖南	3872694	2871335	641075	1001359	685748
广东	14412547	11470838	2460738	2941710	1181511
广西	2556290	1916646	394307	639644	331460
海南	223941	190198	47375	33743	18631
重庆	8774450	7325131	1888398	1449318	872164
四川	10259300	7955340	1863845	2303960	1300395
贵州	654237	531134	111124	123104	85373
云南	6274530	4617071	773540	1657459	1184754
西藏	351906	202595	24630	149312	85399
陕西	2670015	1891909	320724	778106	501592
甘肃	1593188	1065950	265020	527238	408064
青海	750014	545001	73453	205013	116063
宁夏	2065846	1674040	357827	391807	237870
新疆	2226125	1764880	210542	461245	297695

2-47 各地区私营建筑业企业固定资产情况

单位：万元

地 区	固定资产合计	固定资产原价	固定资产折旧	#本年折旧	在建工程
全国总计	**35085701**	**43223278**	**14577490**	**2812724**	**4005436**
北 京	552299	785605	340299	56070	84192
天 津	632534	842467	298307	66292	42446
河 北	888952	1058070	359974	59795	126059
山 西	1032542	1334136	444714	81390	80907
内蒙古	803767	947134	264238	43915	43462
辽 宁	2188668	2850024	1023846	184852	162082
吉 林	729381	785221	242520	41672	154893
黑龙江	518696	606827	192290	37234	72854
上 海	974531	1489429	680774	112740	144026
江 苏	5696624	7109589	2308754	551652	564049
浙 江	5555634	7431530	2561203	503437	497331
安 徽	1127216	1204662	336435	64635	165569
福 建	1490747	1915870	617888	120686	130224
江 西	626611	660377	176710	39836	75682
山 东	2321109	2724168	887688	174215	253425
河 南	1169682	1330680	372739	68560	124013
湖 北	1469988	1725711	467104	93055	141201
湖 南	685748	833680	275186	45411	77003
广 东	1181511	1432998	589535	92216	245005
广 西	331460	406861	135246	23999	35643
海 南	18631	23784	9391	1287	706
重 庆	872164	1005326	349971	64377	119218
四 川	1300395	1488466	546421	91359	194056
贵 州	85373	90083	29313	4974	17390
云 南	1184754	1300475	461814	76719	202637
西 藏	85399	97604	34850	5394	11240
陕 西	501592	511706	136982	32492	61473
甘 肃	408064	411903	128355	20881	86386
青 海	116063	148391	52277	8920	6328
宁 夏	237870	329634	116808	21603	18172
新 疆	297695	340867	135861	23057	67764

2-48 各地区私营建筑业企业负债及所有者权益

单位：万元

地 区	负债合计	#流动负债	#非流动负债	所有者权益	#实收资本
全国总计	**146281981**	**132068974**	**5884196**	**120006190**	**80395496**
北 京	3504099	3399282	42566	2381371	1999615
天 津	2835490	2455736	245494	3264053	2942151
河 北	2908701	2360136	118886	2460841	1558418
山 西	3328993	2945395	190210	2975607	2093469
内蒙古	4822313	4151422	203683	3081318	1084543
辽 宁	8875594	7346616	292533	7603003	4635245
吉 林	3044758	2636067	215033	2012533	3691691
黑龙江	1644140	1403184	19962	1560200	1160229
上 海	10433474	9953517	176571	5713996	3603119
江 苏	25061969	23118277	1334510	19787547	11773229
浙 江	26012938	25047127	479879	19646231	11265035
安 徽	3399023	2929566	80142	3611681	2120766
福 建	4023597	3760177	69983	4954461	3524341
江 西	1433535	1186136	61578	1957254	1135608
山 东	7251033	6566716	173286	6143507	6090513
河 南	2529848	2087813	64551	3469127	2594228
湖 北	3939131	3157889	404926	3994371	2304138
湖 南	1757518	1475666	138582	2110585	1251391
广 东	8463104	7467679	589832	5946283	3259059
广 西	1325758	1112262	84188	1230533	847994
海 南	127606	119619	4659	96335	52838
重 庆	4978136	4372828	180460	3795356	3137157
四 川	5735747	5079098	236537	4473457	2935531
贵 州	411578	366891	9146	242660	196384
云 南	3353367	2946363	220095	2920045	1938633
西 藏	109494	91234	1338	242412	134239
陕 西	1302545	1165534	69451	1367470	1028118
甘 肃	639237	553210	38872	953951	613776
青 海	350367	320515	7595	399647	287793
宁 夏	1269405	1174165	70410	793714	504969
新 疆	1409484	1318855	59239	816641	631278

2-49 各地区私营建筑业企业实收资本

单位：万元

地区	合计	国家资本	集体资本	法人资本	个人资本	港澳台资本	外商资本
全国总计	**80395496**	**225204**	**871533**	**20228954**	**58805655**	**254345**	**9805**
北京	1999615		34	514227	1485353		
天津	2942151	980	13407	288832	2632762		6169
河北	1558418	6310	30480	455703	1059359	6567	
山西	2093469	2928	29841	595740	1464960		
内蒙古	1084543	146	11256	205842	867298		
辽宁	4635245	11009	25850	1076288	3301273	220744	80
吉林	3691691	3872	30110	402153	3255205	150	200
黑龙江	1160229	1500	16908	366373	775448		
上海	3603119	54505	52323	983007	2511178	2106	
江苏	11773229	29516	73284	2645190	9014776	8728	1736
浙江	11265035	696	21006	2245668	8992032	5618	16
安徽	2120766	5683	56210	566483	1492390		
福建	3524341	1269	45994	597509	2879533		36
江西	1135608	5325	27310	369347	733521	20	85
山东	6090513	9499	60013	2747701	3269672	3513	116
河南	2594228	14593	69701	511462	1998268	102	102
湖北	2304138	23041	39368	748062	1492784	402	481
湖南	1251391	14104	52237	365985	819065		
广东	3259059	800	31946	1151820	2070728	3705	60
广西	847994	3814	18265	266276	559640		
海南	52838		1658	21482	29698		
重庆	3137157	15282	53547	491636	2574502	2090	100
四川	2935531	1904	20144	778784	2134522	176	
贵州	196384		10362	61445	124578		
云南	1938633	5425	31563	689245	1212182	5	213
西藏	134239			70726	63512		
陕西	1028118	6619	1374	340186	679930		8
甘肃	613776	1049	28638	265037	319035	16	
青海	287793	403	8752	135936	141898	403	403
宁夏	504969			90466	414503		
新疆	631278	4932	9953	180342	436050		

2-50 各地区私营建筑业企业收入情况

单位：万元

地　区	主营业务收　入	#主营业务成　本	#主营业务税金及附加	#销售费用	其他业务收　入	#其他业务利　润
全国总计	**343213674**	**296915774**	**12069208**	**2321780**	**2350451**	**353540**
北　京	5760896	4906928	180577	194430	92952	38165
天　津	3953534	3425288	107373	34544	30359	4486
河　北	6331115	5499727	222546	28982	25307	3648
山　西	5781376	4942370	191649	56341	90727	4900
内蒙古	5267480	4194070	190101	10995	21490	2150
辽　宁	24239612	20373489	852573	148429	174628	30997
吉　林	6631251	5433745	251704	31783	19130	2795
黑龙江	3615326	3173587	124357	15786	17099	2079
上　海	15092235	13442058	440397	69889	134517	25627
江　苏	55091460	47814872	1970384	351716	418195	59005
浙　江	77160413	69203624	2652724	313840	362623	47134
安　徽	10176059	8588451	328116	72100	38538	9253
福　建	16510205	14480936	648026	90346	58379	6667
江　西	6376005	5447190	252148	43762	40243	4413
山　东	14703089	12409678	500745	100950	61811	10790
河　南	9025388	7664797	331450	104273	71032	12604
湖　北	12214381	10402407	453560	109004	194927	7366
湖　南	6899120	5967924	293729	59262	18004	2446
广　东	13138034	11193991	443807	113710	75747	21656
广　西	2877947	2421350	104996	15105	42894	4738
海　南	118612	97445	3636	88	571	25
重　庆	11894102	10087638	435232	75157	57283	11305
四　川	12432490	10293862	449670	124030	136958	18213
贵　州	602211	526904	22628	2170	1634	381
云　南	6560904	5593665	246793	85830	103162	9214
西　藏	201379	159608	7513	3241	3713	99
陕　西	2693393	2271786	94179	21232	4447	1581
甘　肃	1986617	1622960	72463	23602	11801	2542
青　海	623107	547868	21447	6355	5136	53
宁　夏	2046407	1807240	66448	9485	16555	4339
新　疆	3209527	2920318	108238	5347	20586	4869

2-51 各地区私营建筑业企业费用情况

单位：万元

地区	管理费用	#税金	#差旅费	#工会经费	财务费用	#利息收入	#利息支出
全国总计	**11356249**	**637259**	**759132**	**134084**	**2716703**	**207187**	**2360368**
北京	412925	7517	21475	1540	15021	4743	18104
天津	169887	6389	4863	629	29962	1752	26490
河北	185073	12271	10738	2887	57595	1310	42141
山西	266760	9913	22462	2627	77512	959	19924
内蒙古	156229	8751	8231	1419	86870	1855	69072
辽宁	1143019	77783	67131	14698	115663	5706	63108
吉林	214238	14642	10690	3223	31965	582	16377
黑龙江	136779	9836	6507	1328	15204	146	8041
上海	614005	13142	33014	1796	91682	8084	81625
江苏	1848610	98940	113811	24795	551583	41054	740247
浙江	1613132	89654	124183	18864	661430	83393	623294
安徽	303237	20307	20406	4277	77128	3106	56335
福建	468371	36625	47826	5474	59807	2415	35279
江西	170586	12749	21315	3617	25537	870	16331
山东	506110	34631	38919	8330	127498	5524	75533
河南	342831	26567	30986	6468	59090	1094	30564
湖北	402874	28772	24743	5074	80077	5040	54090
湖南	208892	13146	12926	4309	43812	736	28456
广东	580614	17385	28823	2764	114281	10670	89444
广西	131540	3763	8926	610	17130	421	10191
海南	5352	178	913	19	243	12	178
重庆	375896	25723	22197	3457	93187	8795	64356
四川	465774	26453	36686	7162	128644	6382	79157
贵州	19853	1213	1465	220	3689	151	1857
云南	238271	12693	17729	2699	68911	7408	51931
西藏	12969	713	585	10	876	1416	178
陕西	103176	9800	5984	3077	24070	1528	16722
甘肃	81168	9208	5666	930	18773	941	9480
青海	21710	733	1075	73	1669	97	1141
宁夏	61185	3310	3267	974	24059	225	19446
新疆	95184	4454	5592	735	13737	771	11277

2-52 各地区私营建筑业企业利润及税金情况

单位：万元

地 区	利润总额	#应交所得税	税金总额	主营业务税金及附加	管理费用中的税金
全国总计	**15538477**	**3611581**	**12706467**	**12069208**	**637259**
北 京	106584	27306	188094	180577	7517
天 津	153214	38666	113762	107373	6389
河 北	332869	82974	234817	222546	12271
山 西	234720	60907	201562	191649	9913
内蒙古	533250	107003	198853	190101	8751
辽 宁	1212203	317155	930355	852573	77783
吉 林	355957	87449	266346	251704	14642
黑龙江	149424	37373	134193	124357	9836
上 海	333205	95698	453538	440397	13142
江 苏	2583890	554895	2069324	1970384	98940
浙 江	2632529	613631	2742379	2652724	89654
安 徽	493050	107137	348423	328116	20307
福 建	722541	227530	684651	648026	36625
江 西	369660	89116	264897	252148	12749
山 东	908046	189851	535376	500745	34631
河 南	511138	126315	358016	331450	26567
湖 北	721962	137089	482332	453560	28772
湖 南	324980	67441	306875	293729	13146
广 东	588574	153779	461192	443807	17385
广 西	135095	40184	108759	104996	3763
海 南	11689	2749	3813	3636	178
重 庆	665153	135774	460955	435232	25723
四 川	606224	138392	476123	449670	26453
贵 州	12113	3875	23841	22628	1213
云 南	333884	69611	259487	246793	12693
西 藏	14361	2036	8226	7513	713
陕 西	163784	29006	103979	94179	9800
甘 肃	140817	17867	81670	72463	9208
青 海	38614	4489	22180	21447	733
宁 夏	83086	24139	69758	66448	3310
新 疆	65865	22145	112692	108238	4454

2-53 各地区私营建筑业企业应收工程款及企业亏损情况

地　区	应收工程款(万元)	#竣工工程	企业个数(个)	#亏损企业个数	亏损企业的比重(%)
全国总计	**55192848**	**26046468**	**37708**	**4802**	**12.7**
北　京	871617	427397	1636	362	22.1
天　津	960107	383767	787	159	20.2
河　北	1175517	562620	818	85	10.4
山　西	1668837	684900	1375	283	20.6
内蒙古	1443639	601726	368	33	9.0
辽　宁	3672148	1441006	3109	290	9.3
吉　林	1619516	998229	728	83	11.4
黑龙江	644884	276559	792	178	22.5
上　海	3123559	917425	2051	416	20.3
江　苏	11748056	5676083	5254	282	5.4
浙　江	8038035	4044026	4148	413	10.0
安　徽	1917587	1109792	1178	98	8.3
福　建	1450932	616306	1353	144	10.6
江　西	444237	266259	530	47	8.9
山　东	3152256	1722543	2422	250	10.3
河　南	1014292	483984	1563	137	8.8
湖　北	1581569	864109	1186	124	10.5
湖　南	847672	489452	518	54	10.4
广　东	2325711	1048197	1591	334	21.0
广　西	370879	121860	446	107	24.0
海　南	32657	8875	25	5	20.0
重　庆	1971233	993788	1278	175	13.7
四　川	1654630	706507	1458	152	10.4
贵　州	88986	36156	143	32	22.4
云　南	1230013	587091	1186	206	17.4
西　藏	61684	32362	83	12	14.5
陕　西	438853	197163	369	54	14.6
甘　肃	361631	161123	385	53	13.8
青　海	138095	55437	177	59	33.3
宁　夏	577356	259217	330	68	20.6
新　疆	566659	272509	421	107	25.4

2-54 各地区私营建筑业企业主要经济效益指标

地 区	产值利润率(%)	产值利税率(%)	资本利润率(%)	资本利税率(%)	人均利润(元/人)	人均利税(元/人)	资产负债率(%)
全国总计	**4.0**	**7.2**	**19.3**	**35.1**	**9885**	**17968**	**54.9**
北 京	2.0	5.4	5.3	14.7	9499	26262	59.5
天 津	4.2	7.3	5.2	9.1	16025	27923	46.5
河 北	4.5	7.7	21.4	36.4	11166	19043	54.1
山 西	3.6	6.7	11.2	20.8	8464	15731	52.8
内蒙古	9.8	13.5	49.2	67.5	22674	31130	61.0
辽 宁	4.5	8.0	26.2	46.2	12545	22172	53.9
吉 林	4.9	8.6	9.6	16.9	13013	22750	60.2
黑龙江	3.5	6.6	12.9	24.4	7647	14515	50.9
上 海	2.4	5.6	9.2	21.8	7561	17852	64.6
江 苏	3.9	7.0	21.9	39.5	9017	16238	55.9
浙 江	2.8	5.7	23.4	47.7	7123	14544	57.0
安 徽	4.2	7.2	23.2	39.7	9126	15576	48.5
福 建	4.1	8.0	20.5	39.9	8066	15709	44.8
江 西	5.0	8.5	32.6	55.9	13441	23074	42.3
山 东	5.7	9.0	14.9	23.7	11954	19002	54.1
河 南	5.1	8.7	19.7	33.5	11945	20312	42.2
湖 北	5.3	8.8	31.3	52.3	16221	27058	49.6
湖 南	4.2	8.2	26.0	50.5	10790	20978	45.4
广 东	4.7	8.4	18.1	32.2	13584	24228	58.7
广 西	3.9	7.0	15.9	28.8	12577	22702	51.9
海 南	6.2	8.2	22.1	29.3	35188	46666	57.0
重 庆	5.2	8.7	21.2	35.9	11854	20069	56.7
四 川	4.0	7.1	20.7	36.9	9165	16364	55.9
贵 州	1.9	5.6	6.2	18.3	4842	14372	62.9
云 南	4.1	7.2	17.2	30.6	10151	18040	53.4
西 藏	6.7	10.5	10.7	16.8	11886	18694	31.1
陕 西	4.9	8.0	15.9	26.0	12638	20661	48.8
甘 肃	6.4	10.0	22.9	36.2	11300	17853	40.1
青 海	6.4	10.0	13.4	21.1	11351	17871	46.7
宁 夏	3.9	7.2	16.5	30.3	10747	19771	61.4
新 疆	2.2	6.1	10.4	28.3	5434	14732	63.3

2-55 各地区联营建筑业企业签订合同情况

单位：万元

地　区	合同总额	上年结转合同额	本年新签合同额
全国总计	**3028969**	**991449**	**2037520**
北　京	1497	90	1408
天　津	1000	85	915
河　北	270044	70836	199208
山　西			
内蒙古			
辽　宁	16845		16845
吉　林	3196		3196
黑龙江	29609	18661	10948
上　海	45084	6009	39075
江　苏	1802834	724678	1078157
浙　江	9910	2442	7468
安　徽	45424	5313	40112
福　建	9767		9767
江　西	708	413	295
山　东	13805	795	13010
河　南	2523		2523
湖　北	64636	7277	57359
湖　南	57731	19892	37839
广　东	451255	93271	357984
广　西			
海　南	1529		1529
重　庆	10408		10408
四　川	41397	22312	19086
贵　州	4151	2791	1360
云　南	54211	4049	50161
西　藏			
陕　西	82936	12536	70400
甘　肃	8353		8353
青　海			
宁　夏			
新　疆	117		117

2-56 各地区联营建筑业企业承包工程完成情况

单位：万元

地 区	直接从建设单位承揽工程完成的产值	自行完成施工产值	分包出去工程的产值	从建设单位以外承揽工程完成的产值
全国总计	**1747158**	**1745841**	**1317**	**27949**
北 京	1497	1497		
天 津	1177	1177		
河 北	237004	237004		
山 西				
内蒙古				
辽 宁	16845	16845		
吉 林	1455	1455		
黑龙江	13083	13083		
上 海	35814	35814		1220
江 苏	901274	900769	505	26551
浙 江	7443	6655	789	112
安 徽	27090	27090		
福 建	9067	9067		
江 西	6083	6060	24	66
山 东	14500	14500		
河 南	2201	2201		
湖 北	59924	59924		
湖 南	40962	40962		
广 东	267818	267818		
广 西				
海 南	1529	1529		
重 庆	10408	10408		
四 川	28433	28433		
贵 州	3808	3808		
云 南	44084	44084		
西 藏				
陕 西	7159	7159		
甘 肃	8383	8383		
青 海				
宁 夏				
新 疆	117	117		

2-57 各地区联营建筑业总产值和竣工产值

单位：万元

地 区	建筑业总产值	#装饰装修产值	#在外省完成的产值	按构成分组			竣工产值
				建筑工程产值	安装工程产值	其他产值	
全国总计	**1773790**	**189728**	**325962**	**1599738**	**104238**	**69814**	**1104301**
北 京	1497	1497		1497			
天 津	1177	294		392		785	1079
河 北	237004	13238		195811	11590	29603	225588
山 西							
内蒙古							
辽 宁	16845	1000		800	12045	4000	1800
吉 林	1455			1455			
黑龙江	13083		200	13083			11211
上 海	37034	31813	75	33049	3985		6155
江 苏	927320	1150	227958	909905	15815	1600	586079
浙 江	6767			4124	2642		4059
安 徽	27090	253	1235	22483	2566	2042	23185
福 建	9067	75		9067			917
江 西	6126	23		5920	101	105	
山 东	14500	5000		14500			13010
河 南	2201			2201			2201
湖 北	59924	1216		39372		20552	23063
湖 南	40962	501		37061		3901	32129
广 东	267818	128015	96495	218719	43401	5698	95373
广 西							
海 南	1529					1529	
重 庆	10408			10334	74		74
四 川	28433	2167		28433			22016
贵 州	3808			3808			4038
云 南	44084	2937		32095	11990		43245
西 藏							
陕 西	7159	432		7159			698
甘 肃	8383			8353	30		8383
青 海							
宁 夏							
新 疆	117	117		117			

2-58 各地区联营建筑业企业房屋建筑面积

地　区	房屋建筑施工面积(万平方米)	#本年新开工	#实行投标承包面积	#本年新开工	房屋建筑竣工面积(万平方米)	房屋建筑面积竣工率(%)
全国总计	**814.4**	**477.0**	**707.7**	**470.7**	**404.2**	**49.6**
北　京						
天　津						
河　北	230.6	171.4	230.6	171.4	184.9	80.2
山　西						
内蒙古						
辽　宁						
吉　林	3.3	3.3	3.3	3.3		
黑龙江	21.3	9.3	21.3	9.3	7.9	37.0
上　海						
江　苏	240.4	125.5	194.8	124.2	93.8	39.0
浙　江	5.3	0.3			1.4	25.9
安　徽	22.4	6.5	22.1	6.5	12.6	56.6
福　建	4.9	0.5	0.5	0.5	0.7	13.7
江　西						
山　东	7.1	7.1	7.1	7.1	7.1	100.0
河　南	1.8	1.8			1.8	100.0
湖　北	27.7	9.7	27.7	9.7	20.6	74.3
湖　南	47.6	33.2	47.6	33.2	22.9	48.1
广　东	152.4	83.3	112.0	82.3	27.3	17.9
广　西						
海　南						
重　庆						
四　川	25.2	3.8	18.0	3.8	4.8	19.2
贵　州	0.7	0.3	0.4	0.3	0.4	52.1
云　南	21.4	20.9	20.0	18.9	17.4	81.1
西　藏						
陕　西	2.3		2.3		0.6	25.5
甘　肃						
青　海						
宁　夏						
新　疆						

2-59 各地区按主要用途分的联营建筑业企业房屋建筑竣工面积

单位：万平方米

地 区	总计	住宅房屋	商业及服务用房屋	商厦房屋(批发和零售用房)	宾馆用房屋(住宿用房)	餐饮用房屋(餐饮用房)
全国总计	**404.2**	**295.6**	**20.2**	**1.1**	**1.9**	
北 京						
天 津						
河 北	184.9	119.8	15.6			
山 西						
内蒙古						
辽 宁						
吉 林						
黑龙江	7.9	5.6				
上 海						
江 苏	93.8	79.0	0.6		0.2	
浙 江	1.4					
安 徽	12.6	12.4				
福 建	0.7	0.3				
江 西						
山 东	7.1	7.1				
河 南	1.8	1.8				
湖 北	20.6	14.6	0.9			
湖 南	22.9	21.2	1.7		1.7	
广 东	27.3	19.4	1.1	1.1		
广 西						
海 南						
重 庆						
四 川	4.8	3.0				
贵 州	0.4	0.4				
云 南	17.4	11.1	0.4			
西 藏						
陕 西	0.6					
甘 肃						
青 海						
宁 夏						
新 疆						

2-59 续表 1

单位：万平方米

地区	商务会展用房屋	其他商业及服务用房屋(居民服务业用房)	办公用房屋	科研、教育和医疗用房屋	科学研究用房屋	教育用房屋
全国总计	**0.9**	**16.4**	**21.1**	**9.5**		**8.3**
北京						
天津						
河北		15.6	15.9	4.2		4.2
山西						
内蒙古						
辽宁						
吉林						
黑龙江			1.5	0.2		0.2
上海						
江苏		0.4	1.9	0.6		0.6
浙江						
安徽			0.2			
福建			0.1			
江西						
山东						
河南						
湖北	0.9					
湖南						
广东			0.6	4.5		3.3
广西						
海南						
重庆						
四川			1.0			
贵州						
云南		0.4				
西藏						
陕西						
甘肃						
青海						
宁夏						
新疆						

2-59 续表 2

单位：万平方米

地　区	医疗用房屋(卫生医疗用房)	文化、体育和娱乐用房屋	厂房及建筑物	#厂房	仓　库	其他未列明的房屋建筑物
全国总计	**1.2**	**0.1**	**25.2**	**21.1**	**6.3**	**26.1**
北　京						
天　津						
河　北			7.0	7.0		22.4
山　西						
内蒙古						
辽　宁						
吉　林						
黑龙江			0.6	0.6		
上　海						
江　苏			5.7	5.3	6.0	
浙　江			1.4	1.4		
安　徽			0.1			
福　建			0.2	0.1		
江　西						
山　东						
河　南						
湖　北			4.8	4.8	0.3	
湖　南						
广　东	1.2	0.1				1.7
广　西						
海　南						
重　庆						
四　川			0.9	0.9		
贵　州						
云　南			4.5	1.0		1.4
西　藏						
陕　西						0.6
甘　肃						
青　海						
宁　夏						
新　疆						

2-60 各地区按主要用途分的联营建筑业企业房屋建筑竣工价值

单位：万元

地区	总计	住宅房屋	商业及服务用房屋	商厦房屋(批发和零售用房)	宾馆用房屋(住宿用房)	餐饮用房屋(餐饮用房)
全国总计	**516583**	**379956**	**23942**	**832**	**7143**	
北京						
天津						
河北	225588	151341	13653			
山西						
内蒙古						
辽宁						
吉林						
黑龙江	11211	7037				
上海						
江苏	138332	118453	1042		249	
浙江	900					
安徽	8871	8598				
福建	842	445				
江西						
山东	8010	8010				
河南	2201	2201				
湖北	23063	16077	921			
湖南	22841	15947	6893		6893	
广东	36440	26865	832	832		
广西						
海南						
重庆						
四川	6566	3200				
贵州	340	340				
云南	30681	21441	600			
西藏						
陕西	698					
甘肃						
青海						
宁夏						
新疆						

2-60 续表 1

单位：万元

地 区	商务会展用房屋	其他商业及服务用房屋(居民服务业用房)	办公用房屋	科研、教育和医疗用房屋	科学研究用房屋	教育用房屋
全国总计	**921**	**15046**	**21456**	**13465**		**12058**
北 京						
天 津						
河 北		13653	13865	6736		6736
山 西						
内蒙古						
辽 宁						
吉 林						
黑龙江			3104	404		404
上 海						
江 苏		793	1200	951		951
浙 江						
安 徽			172			
福 建			132			
江 西						
山 东						
河 南						
湖 北	921					
湖 南						
广 东			939	5373		3966
广 西						
海 南						
重 庆						
四 川			2045			
贵 州						
云 南		600				
西 藏						
陕 西						
甘 肃						
青 海						
宁 夏						
新 疆						

2-60 续表 2

单位：万元

地区	医疗用房屋(卫生医疗用房)	文化、体育和娱乐用房屋	厂房及建筑物	#厂房	仓库	其他未列明的房屋建筑物
全国总计	**1407**	**74**	**37136**	**32673**	**5356**	**35199**
北京						
天津						
河北			10390	10390		29603
山西						
内蒙古						
辽宁						
吉林						
黑龙江			666	666		
上海						
江苏			11670	11432	5016	
浙江			900	900		
安徽			101			
福建			265	111		
江西						
山东						
河南						
湖北			5724	5724	340	
湖南						
广东	1407	74				2357
广西						
海南						
重庆						
四川			1321	1321		
贵州						
云南			6099	2129		2541
西藏						
陕西						698
甘肃						
青海						
宁夏						
新疆						

2-61 各地区联营建筑业企业施工机械设备情况

地 区	年末自有施工机械设备总台数（台）	年末自有施工机械设备总功率（千瓦）	年末自有施工机械设备净值（万元）	技术装备率（元/人）	动力装备率（千瓦/人）
全国总计	**12800**	**371891**	**60429**	**8690**	**5.3**
北 京					
天 津	42	453	97	13472	6.3
河 北	72	19118	3163	1042	0.6
山 西					
内蒙古					
辽 宁	20	96	57	2828	0.5
吉 林					
黑龙江	4	50	4	185	0.2
上 海	90	738	98	2455	1.9
江 苏	6153	198856	35618	20889	11.7
浙 江	170	5445	332	11598	19.0
安 徽	1310	31678	1390	7167	16.3
福 建	264	933	168	2826	1.6
江 西	11	6	22	1208	0.0
山 东	43	700	374	5453	1.0
河 南					
湖 北	527	3509	1276	14119	3.9
湖 南	1149	29739	6104	17795	8.7
广 东	1918	47871	4198	6950	7.9
广 西					
海 南					
重 庆	4	32	39	3421	0.3
四 川	462	19993	3112	12693	8.2
贵 州					
云 南	522	12116	3955	10271	3.1
西 藏					
陕 西	39	558	421	28268	3.7
甘 肃					
青 海					
宁 夏					
新 疆					

2-62 各地区联营建筑业企业主要生产效益指标

地 区	建筑业企业个数（个）	计算建筑业劳动生产率的平均人数（人）	按总产值计算的劳动生产率（元/人）	人均竣工产值（元/人）	人均施工面积（平方米/人）	人均竣工面积（平方米/人）
全国总计	**116**	**57435**	**308834**	**192270**	**141.8**	**70.4**
北 京	1	20	748650			
天 津	3	79	148937	136582		
河 北	1	17792	133208	126792	129.6	104.0
山 西						
内蒙古						
辽 宁	3	116	1452155	155172		
吉 林	1	49	296939		679.6	
黑龙江	2	1293	101185	86706	164.5	60.9
上 海	6	1128	328311	54561		
江 苏	44	16278	569677	360043	147.7	57.6
浙 江	3	264	256311	153758	201.8	52.2
安 徽	3	2695	100521	86028	83.0	46.9
福 建	3	520	174356	17625	94.9	13.0
江 西	2	126	486159			
山 东	2	805	180124	161615	88.4	88.4
河 南	1	78	282179	282179	226.9	226.9
湖 北	4	706	848788	326664	392.7	291.6
湖 南	8	3261	125611	98526	145.9	70.2
广 东	11	7360	363883	129583	207.0	37.1
广 西						
海 南	1	44	347455			
重 庆	2	107	972664	6869		
四 川	5	2313	122929	95182	109.1	20.9
贵 州	2	218	174693	185243	32.6	17.0
云 南	3	1893	232880	228445	113.3	91.9
西 藏						
陕 西	2	148	483716	47162	154.4	39.4
甘 肃	2	116	722707	722707		
青 海						
宁 夏						
新 疆	1	26	44846			

2-63 各地区联营建筑业企业营业额

单位：万元

地　区	企业营业额	在境外完成的营业额	企业总产值	#建筑业总产值
全国总计	**2196652**	**374910**	**1821742**	**1773790**
北　京	1497		1497	1497
天　津	1309	132	1177	1177
河　北	237004		237004	237004
山　西				
内蒙古				
辽　宁	16845		16845	16845
吉　林	1455		1455	1455
黑龙江	13083		13083	13083
上　海	40661		40661	37034
江　苏	1343404	374777	968626	927320
浙　江	6767		6767	6767
安　徽	27091		27091	27090
福　建	9067		9067	9067
江　西	6487		6487	6126
山　东	14500		14500	14500
河　南	2201		2201	2201
湖　北	59967		59967	59924
湖　南	40962		40962	40962
广　东	270461		270461	267818
广　西				
海　南	1529		1529	1529
重　庆	10408		10408	10408
四　川	28433		28433	28433
贵　州	3808		3808	3808
云　南	44084		44084	44084
西　藏				
陕　西	7159		7159	7159
甘　肃	8353		8353	8383
青　海				
宁　夏				
新　疆	117		117	117

2-64 各地区联营建筑业企业资产构成

单位：万元

地 区	资产合计	#流动资产合计	#存货	#非流动资产合计	#固定资产合计
全国总计	**1266463**	**1027302**	**196222**	**239161**	**153250**
北 京	493	488	61	5	5
天 津	1677	1064	12	613	101
河 北	25034	21200	4168	3834	3834
山 西					
内蒙古					
辽 宁	4257	3137	1537	1120	984
吉 林	1455	1455			
黑龙江	10058	8863	628	1195	1187
上 海	23889	23521	547	368	368
江 苏	676371	576623	117028	99748	60286
浙 江	3493	3027	426	466	466
安 徽	29924	24851	8030	5074	5074
福 建	11862	9017	896	2845	1105
江 西	16820	15361	2550	1459	1458
山 东	9843	5953	3509	3889	2319
河 南	2421	1769	553	652	652
湖 北	55907	53509	13689	2398	2398
湖 南	34189	24494	17428	9696	9693
广 东	184465	144320	16323	40145	35914
广 西					
海 南	2440	2233	302	207	124
重 庆	9730	4824	293	4906	4906
四 川	27454	18343	2642	9111	8965
贵 州	5611	3079	582	2532	2532
云 南	18034	13728	4363	4306	4286
西 藏					
陕 西	102203	61762	548	40442	4775
甘 肃	8823	4679	107	4144	1812
青 海					
宁 夏					
新 疆	10	5		5	5

2-65 各地区联营建筑业企业固定资产情况

单位：万元

地 区	固定资产合计	固定资产原价	固定资产折旧	#本年折旧	在建工程
全国总计	**153250**	**206332**	**81563**	**9832**	**20172**
北 京	5	37	31	14	
天 津	101	275	174	57	
河 北	3834	5304	1470	22	
山 西					
内蒙古					
辽 宁	984	1115	131	71	
吉 林					
黑龙江	1187	1482	716	69	
上 海	368	867	502	55	
江 苏	60286	81740	37727	5003	10629
浙 江	466	1087	621	64	
安 徽	5074	10948	6081	408	
福 建	1105	1341	259	21	23
江 西	1458	2810	1505	1373	
山 东	2319	2242	98	27	
河 南	652	1125	473	23	
湖 北	2398	3873	1475	175	
湖 南	9693	10534	2496	579	
广 东	35914	57950	22048	387	
广 西					
海 南	124	294	170	9	
重 庆	4906	5042	136	33	
四 川	8965	5425	2038	313	5540
贵 州	2532	2534	2	2	
云 南	4286	5151	865	122	
西 藏					
陕 西	4775	2259	1441	736	3957
甘 肃	1812	2885	1095	266	22
青 海					
宁 夏					
新 疆	5	14	9	5	

2-66 各地区联营建筑业企业负债及所有者权益

单位：万元

地 区	负债合计	#流动负债	#非流动负债	所有者权益	#实收资本
全国总计	**838912**	**803055**	**7822**	**426310**	**262377**
北 京	16	16		477	500
天 津	532	532		1145	708
河 北	18136	18136		6898	5100
山 西					
内蒙古					
辽 宁	3055	3055		1202	1198
吉 林	800	800		655	650
黑龙江	7189	7154	35	2869	2868
上 海	19929	19610		3961	2300
江 苏	487872	479239	963	187260	117364
浙 江	1534	1532	2	1959	1664
安 徽	13223	12037	524	16702	4678
福 建	3069	3059		8793	3710
江 西	8075	8075		8745	7180
山 东	4627	4367	200	5215	3500
河 南	271	271		2149	2000
湖 北	38339	32929	5402	17567	15113
湖 南	17441	17281	160	16748	9381
广 东	105927	99408	352	78538	26460
广 西					
海 南	1650	1650		790	828
重 庆	4791	4791		4939	5230
四 川	18535	6587	153	8920	7584
贵 州	3104	2182		2507	2078
云 南	13479	13447	32	4555	4268
西 藏					
陕 西	61254	61254		40950	35720
甘 肃	6047	5626		2776	2196
青 海					
宁 夏					
新 疆	18	18		-8	100

2-67 各地区联营建筑业企业实收资本

单位：万元

地 区	合计	国家资本	集体资本	法人资本	个人资本	港澳台资本	外商资本
全国总计	**262377**	**65232**	**35425**	**67839**	**93872**	**5**	**5**
北 京	500				500		
天 津	708	40		358	310		
河 北	5100	5100					
山 西							
内蒙古							
辽 宁	1198	751	164	183	100		
吉 林	650				650		
黑龙江	2868	50	2354	464			
上 海	2300	574	632	794	300		
江 苏	117364	24500	8100	26506	58258		
浙 江	1664		1059	552	53		
安 徽	4678	2534	2094	25	25		
福 建	3710	244			3466		
江 西	7180	1500			5680		
山 东	3500		2300	1200			
河 南	2000			2000			
湖 北	15113			1200	13913		
湖 南	9381	2000	43	4850	2488		
广 东	26460	5739	1638	18040	1043		
广 西							
海 南	828		600	228			
重 庆	5230	10	10	5190	10	5	5
四 川	7584	190		1346	6048		
贵 州	2078		78	2000			
云 南	4268		2150	1703	415		
西 藏							
陕 西	35720	22000	13720				
甘 肃	2196		482	1200	514		
青 海							
宁 夏							
新 疆	100				100		

2-68 各地区联营建筑业企业收入情况

单位：万元

地 区	主营业务收入	#主营业务成本	#主营业务税金及附加	#销售费用	其他业务收入
全国总计	**1587958**	**1367114**	**51704**	**7575**	**4461**
北 京	1497	1306	49		
天 津	1312	115	47	0	20
河 北	252768	194705	3109	51	
山 西					
内蒙古					
辽 宁	15843	14778	517	0	
吉 林	1455	1091	146		
黑龙江	13083	12006	446		
上 海	40600	37881	1345	140	467
江 苏	775566	681550	27396	2907	2862
浙 江	6234	4975	254	5	
安 徽	26594	21670	891	654	17
福 建	9067	7614	381	36	
江 西	6487	3993	236	53	
山 东	14500	12065	322	355	
河 南	2207	1898	88	10	
湖 北	29090	24854	1433	12	44
湖 南	29074	22399	1269	554	82
广 东	286630	256927	10897	1077	853
广 西					
海 南	1867	1607	113	0	37
重 庆	7453	6807	254	15	
四 川	15283	13433	534	206	15
贵 州	3778	3625	135		
云 南	40365	36031	1607	1335	48
西 藏					
陕 西	1409	872	47	165	
甘 肃	5679	4837	185		17
青 海					
宁 夏					
新 疆	117	77	4		

2-69 各地区联营建筑业企业费用情况

单位：万元

地区	管理费用	#税金	#差旅费	#工会经费	财务费用	#利息收入	#利息支出
全国总计	**52599**	**2500**	**2495**	**523**	**7812**	**421**	**6777**
北京	135	0	6		0	0	
天津	104	3	0	1			
河北	1032	5	30	37	361	130	491
山西							
内蒙古							
辽宁	536	2	2		0		
吉林	146						
黑龙江	561	24	97	1	21	1	
上海	1027	4	15	2	-37	32	
江苏	31989	1781	1323	300	5461	110	4822
浙江	623	11	6		44	3	46
安徽	687	5	31	82	22	11	
福建	737	3	8	1	0	1	
江西	526	23	10	2	-11	-14	2
山东	506	18	1		50	1	50
河南	11	2	4		5	0	5
湖北	1576	33	100	55	71	3	94
湖南	1075	54	125	25	337	5	151
广东	8139	147	202	7	1056	136	1113
广西							
海南	154	2	6		1	1	1
重庆	294	20	13		3	2	
四川	928	3	268	1	131	0	0
贵州	69	11	9	1	0		
云南	545	29	69		42	1	2
西藏							
陕西	730	103	162	6	257	0	
甘肃	434	214	6	0	-1	-2	
青海							
宁夏							
新疆	37	4	2				

2-70 各地区联营建筑业企业利润及税金情况

单位：万元

地区	利润总额	#应交所得税	税金总额	主营业务税金及附加	管理费用中的税金
全国总计	**102146**	**13312**	**54205**	**51704**	**2500**
北京	7	2	50	49	0
天津	-6	9	51	47	3
河北	53510	44	3114	3109	5
山西					
内蒙古					
辽宁	-11	294	519	517	2
吉林	73	2	146	146	
黑龙江	13	12	470	446	24
上海	402	150	1348	1345	4
江苏	28904	6778	29177	27396	1781
浙江	360	93	266	254	11
安徽	2683	669	896	891	5
福建	300	172	383	381	3
江西	1694	414	259	236	23
山东	1203	246	339	322	18
河南	194	49	90	88	2
湖北	1300	452	1466	1433	33
湖南	2021	354	1324	1269	54
广东	8969	3295	11044	10897	147
广西					
海南	20	45	115	113	2
重庆	50	5	274	254	20
四川	153	110	537	534	3
贵州	-41		146	135	11
云南	817	57	1636	1607	29
西藏					
陕西	-662		150	47	103
甘肃	196	62	398	185	214
青海					
宁夏					
新疆	-2		8	4	4

2-71 各地区联营建筑业企业应收工程款及企业亏损情况

地区	应收工程款(万元)	#竣工工程	企业个数(个)	#亏损企业个数	亏损企业的比重(%)
全国总计	**357463**	**138818**	**116**	**19**	**16.4**
北京			1		
天津	20		3	2	66.7
河北	17032		1		
山西					
内蒙古					
辽宁	987	535	3	1	33.3
吉林	1455		1		
黑龙江	3840		2	1	50.0
上海	14227	183	6	1	16.7
江苏	202644	86323	44	3	6.8
浙江	496	420	3	1	33.3
安徽	3936	3295	3		
福建	31	31	3	1	33.3
江西	1689	180	2		
山东	1377	842	2		
河南	744	744	1		
湖北	20899	19186	4		
湖南	3361	1876	8	2	25.0
广东	69984	14521	11		
广西					
海南	710		1		
重庆	146	35	2	1	50.0
四川	3800	3220	5	1	20.0
贵州	1847	1827	2	1	50.0
云南	7299	4682	3		
西藏					
陕西	862	862	2	2	100.0
甘肃	78	56	2	1	50.0
青海					
宁夏					
新疆			1	1	100.0

2-72 各地区联营建筑业企业主要经济效益指标

地　区	产值利润率 (%)	产值利税率 (%)	资本利润率 (%)	资本利税率 (%)	人均利润 (元/人)	人均利税 (元/人)	资产负债率 (%)
全国总计	**5.8**	**8.8**	**38.9**	**59.6**	**17785**	**27222**	**66.2**
北　京	0.4	3.7	1.3	11.2	3250	28050	3.2
天　津	-0.5	3.8	-0.8	6.3	-759	5633	31.7
河　北	22.6	23.9	1049.2	1110.3	30075	31825	72.4
山　西							
内蒙古							
辽　宁	-0.1	3.0	-0.9	42.4	-966	43750	71.8
吉　林	5.0	15.0	11.2	33.6	14857	44551	55.0
黑龙江	0.1	3.7	0.4	16.8	97	3732	71.5
上　海	1.1	4.7	17.5	76.1	3566	15520	83.4
江　苏	3.1	6.3	24.6	49.5	17756	35681	72.1
浙　江	5.3	9.2	21.6	37.6	13636	23697	43.9
安　徽	9.9	13.2	57.4	76.5	9956	13282	44.2
福　建	3.3	7.5	8.1	18.4	5767	13137	25.9
江　西	27.6	31.9	23.6	27.2	134421	154968	48.0
山　东	8.3	10.6	34.4	44.0	14939	19150	47.0
河　南	8.8	12.9	9.7	14.2	24910	36500	11.2
湖　北	2.2	4.6	8.6	18.3	18416	39183	68.6
湖　南	4.9	8.2	21.5	35.7	6197	10256	51.0
广　东	3.3	7.5	33.9	75.6	12186	27192	57.4
广　西							
海　南	1.3	8.8	2.4	16.3	4591	30614	67.6
重　庆	0.5	3.1	1.0	6.2	4673	30280	49.2
四　川	0.5	2.4	2.0	9.1	662	2984	67.5
贵　州	-1.1	2.7	-2.0	5.0	-1876	4798	55.3
云　南	1.9	5.6	19.1	57.5	4313	12956	74.7
西　藏							
陕　西	-9.2	-7.1	-1.9	-1.4	-44716	-34574	59.9
甘　肃	2.3	7.1	8.9	27.1	16905	51241	68.5
青　海							
宁　夏							
新　疆	-1.3	5.8	-1.5	6.8	-577	2615	183.7

2-73 各地区股份制建筑业企业签订合同情况

单位：万元

地 区	合同总额	上年结转合同额	本年新签合同额
全国总计	**1270445132**	**542705976**	**727739156**
北 京	121915998	61226391	60689608
天 津	30935038	13139509	17795529
河 北	53188326	20512603	32675723
山 西	28303848	15542427	12761421
内蒙古	11097282	3868056	7229225
辽 宁	52072500	19388989	32683511
吉 林	17402237	8086550	9315687
黑龙江	12687004	4499258	8187746
上 海	67832757	32418567	35414190
江 苏	150560438	58014460	92545979
浙 江	134574823	59261551	75313272
安 徽	36438463	15744332	20694131
福 建	36934632	16130336	20804296
江 西	19106486	6117799	12988687
山 东	66519601	24378960	42140641
河 南	67371659	26327223	41044436
湖 北	64250978	23877302	40373676
湖 南	49790578	22467517	27323061
广 东	72880855	38362456	34518400
广 西	8189258	3215852	4973406
海 南	1631001	869972	761029
重 庆	32442052	14199758	18242294
四 川	53507244	24724840	28782405
贵 州	2249507	1079936	1169570
云 南	13218097	4793073	8425024
西 藏	420006	263509	156497
陕 西	34118811	14413468	19705343
甘 肃	11538941	3484739	8054202
青 海	1165358	420705	744652
宁 夏	1614167	350092	1264075
新 疆	16487188	5525747	10961442

2-74 各地区股份制建筑业企业承包工程完成情况

单位：万元

地 区	直接从建设单位承揽工程完成的产值	自行完成施工产值	分包出去工程的产值	从建设单位以外承揽工程完成的产值
全国总计	**675200734**	**652335665**	**22865069**	**27907680**
北 京	45783187	39627520	6155667	6447558
天 津	18170160	16194326	1975834	1071139
河 北	29444199	29322542	121657	521441
山 西	12521667	12520202	1465	77545
内蒙古	7460433	7449330	11104	105463
辽 宁	33433305	32962522	470782	355904
吉 林	10369323	10313707	55616	80931
黑龙江	10482985	10462754	20230	22651
上 海	27243984	21894489	5349496	2396359
江 苏	93979889	93840179	139710	6380402
浙 江	72050787	70776182	1274605	1867989
安 徽	19491980	19302973	189007	472789
福 建	18882373	18816247	66126	821637
江 西	10795590	10736685	58905	180308
山 东	39397434	38836624	560809	921896
河 南	39892921	39788207	104714	514917
湖 北	36675092	36443018	232074	577956
湖 南	21935650	21849891	85760	783032
广 东	29226441	27325483	1900959	1225644
广 西	4145926	4124573	21353	100630
海 南	825815	823208	2607	3170
重 庆	18461494	17573718	887777	760867
四 川	28839967	28239473	600494	943729
贵 州	1208600	1192655	15945	17609
云 南	7935957	7876396	59561	202252
西 藏	305929	296569	9361	9707
陕 西	18373643	16221816	2151828	759709
甘 肃	6675164	6621489	53675	102863
青 海	687986	687023	963	1463
宁 夏	946440	944535	1905	16609
新 疆	9556413	9271334	285080	163509

2-75 各地区股份制建筑业总产值和竣工产值

单位：万元

地 区	建筑业总产值	#装饰装修产值	#在外省完成的产值	按构成分组			竣工产值
				建筑工程产值	安装工程产值	其他产值	
全国总计	**680243345**	**37772263**	**241582848**	**608107054**	**53220814**	**18915478**	**388758908**
北 京	46075078	5940326	30461234	44401473	1457154	216452	21530855
天 津	17265465	398621	4781272	15011208	1774631	479626	8447084
河 北	29843983	938348	10896165	24982028	2619198	2242757	15383261
山 西	12597747	150023	5472168	11588674	793362	215711	4551873
内蒙古	7554792	137268	267288	6377996	659873	516923	5027979
辽 宁	33318427	2620148	3571447	28733487	3563545	1021394	18694827
吉 林	10394639	352943	869739	9031440	1015971	347228	6480250
黑龙江	10485405	340794	791956	9193555	1061355	230495	5750142
上 海	24290847	1604971	13922003	20709700	3188351	392796	12959486
江 苏	100220581	4887403	49338173	94759880	4762296	698405	76599464
浙 江	72644171	5061488	41761598	64663223	6167859	1813089	40239566
安 徽	19775762	660781	3754516	17161896	1501196	1112670	11218433
福 建	19637883	595367	8005241	18062109	1352271	223503	12000809
江 西	10916993	518288	3342164	9180457	1019930	716607	6410279
山 东	39758521	2235852	6657019	33561589	5248227	948705	21820482
河 南	40303124	1390758	10668194	36379075	2828707	1095342	22665351
湖 北	37020974	1053224	12431476	33223201	2916449	881324	19447111
湖 南	22632923	825178	7509137	20199916	966086	1466920	14139666
广 东	28551127	5138025	7766859	24633911	2981483	935733	15191707
广 西	4225203	256437	343908	3669362	334658	221182	2309790
海 南	826378	45606	29599	699373	104042	22964	599283
重 庆	18334585	796241	4027688	16554762	1276937	502886	10402088
四 川	29183202	892672	7373678	25966572	2091681	1124949	14634520
贵 州	1210264	24027	18926	1050686	110924	48654	556285
云 南	8078648	94358	776851	7151251	621476	305920	4676763
西 藏	306276	9729		293391	9082	3803	135869
陕 西	16981524	446975	5568329	14869395	1384030	728099	6390685
甘 肃	6724352	168018	706697	6051292	453702	219358	3626459
青 海	688486	13063	28867	558329	97977	32180	377432
宁 夏	961145	42742	40849	866121	89510	5514	767980
新 疆	9434843	132589	399808	8521700	768853	144290	5723132

2-76 各地区股份制建筑业企业房屋建筑面积

地　区	房屋建筑施工面积(万平方米)	#本年新开工	#实行投标承包面积	#本年新开工	房屋建筑竣工面积(万平方米)	房屋建筑面积竣工率(%)
全国总计	**512501.3**	**221483.6**	**422357.3**	**190733.2**	**177553.1**	**34.6**
北　京	30852.8	10197.3	28270.6	9393.8	6127.7	19.9
天　津	4975.3	2045.0	4649.3	1946.2	1524.1	30.6
河　北	23902.3	10368.0	21275.2	9313.4	8004.1	33.5
山　西	3275.5	1278.3	2990.0	1159.9	763.2	23.3
内蒙古	6649.7	2455.5	3915.4	2208.3	2169.4	32.6
辽　宁	18676.5	9232.9	14070.5	7356.8	7229.3	38.7
吉　林	7190.8	3274.8	3601.0	2437.9	2782.0	38.7
黑龙江	4386.2	2394.2	3557.8	2045.8	2352.6	53.6
上　海	18363.9	5439.5	17243.1	5259.4	3462.0	18.9
江　苏	102116.3	43424.6	93448.6	40423.1	35839.6	35.1
浙　江	75713.5	30761.6	63810.6	27436.2	21299.3	28.1
安　徽	15417.7	7504.9	11623.7	6327.4	6342.8	41.1
福　建	19327.4	7429.9	13856.1	5494.2	6075.6	31.4
江　西	7803.4	4193.0	5810.6	3183.1	4051.0	51.9
山　东	33556.7	15621.9	27952.2	13735.4	11792.8	35.1
河　南	26569.9	13902.6	21098.3	11745.7	10872.1	40.9
湖　北	20793.8	12463.9	16516.9	10533.8	11310.9	54.4
湖　南	19458.0	7490.8	15156.9	6021.1	6760.7	34.7
广　东	15092.1	5752.3	8658.9	3684.9	5696.7	37.7
广　西	3964.7	1672.6	2886.4	1199.5	1304.1	32.9
海　南	709.8	271.8	652.7	241.2	243.5	34.3
重　庆	13316.9	5822.2	10552.8	4724.2	5501.7	41.3
四　川	16142.3	6644.0	11103.3	4817.5	6656.3	41.2
贵　州	751.3	389.1	470.0	285.4	349.4	46.5
云　南	4102.8	2176.5	3143.8	1768.8	1814.5	44.2
西　藏	64.2	41.1	56.7	35.4	42.5	66.3
陕　西	7449.0	3052.5	6060.9	2458.8	2363.2	31.7
甘　肃	4230.8	1939.7	3312.8	1611.0	1553.7	36.7
青　海	280.6	133.7	191.5	106.6	120.1	42.8
宁　夏	554.0	311.7	517.7	287.0	276.1	49.8
新　疆	6813.0	3797.8	5903.1	3491.4	2872.4	42.2

2-77 各地区按主要用途分的股份制建筑业企业房屋建筑竣工面积

单位：万平方米

地　区	总计	住宅房屋	商业及服务用房屋			
				商厦房屋(批发和零售用房)	宾馆用房屋(住宿用房)	餐饮用房屋(餐饮用房)
全国总计	**177553.1**	**118603.8**	**11090.0**	**4638.3**	**1826.6**	**517.7**
北　京	6127.7	4115.9	430.0	212.3	103.6	18.8
天　津	1524.1	651.2	94.2	59.3	20.2	0.1
河　北	8004.1	5806.9	409.1	135.7	60.7	11.1
山　西	763.2	474.0	41.7	6.8	2.4	0.1
内蒙古	2169.4	1626.2	164.4	42.6	25.0	4.1
辽　宁	7229.3	5314.9	324.8	141.2	22.4	7.7
吉　林	2782.0	2132.6	89.9	26.0	5.4	2.0
黑龙江	2352.6	1925.6	130.4	34.3	5.2	5.4
上　海	3462.0	1836.0	466.0	206.0	83.7	15.0
江　苏	35839.6	25876.2	1801.1	879.2	513.7	39.9
浙　江	21299.3	11570.0	1894.4	975.8	331.8	145.6
安　徽	6342.8	3712.0	261.2	72.4	45.3	6.3
福　建	6075.6	3745.4	450.5	217.1	67.8	22.8
江　西	4051.0	2348.7	206.2	110.5	19.0	9.2
山　东	11792.8	8057.5	737.4	274.0	78.7	30.7
河　南	10872.1	7315.5	691.4	125.1	88.1	24.4
湖　北	11310.9	7249.0	733.9	322.4	144.8	47.8
湖　南	6760.7	4632.8	468.7	177.4	46.9	13.2
广　东	5696.7	3701.5	310.8	141.8	16.3	47.0
广　西	1304.1	802.1	49.1	12.9	7.5	0.3
海　南	243.5	156.2	28.9	16.2	1.4	6.5
重　庆	5501.7	4197.5	249.8	100.7	22.2	14.4
四　川	6656.3	4797.8	470.4	188.5	51.5	20.5
贵　州	349.4	188.5	20.5	5.4	1.4	0.8
云　南	1814.5	1241.0	96.9	47.7	8.0	5.0
西　藏	42.5	14.7	7.4	0.1	2.2	0.0
陕　西	2363.2	1727.3	169.9	37.5	21.9	4.4
甘　肃	1553.7	1028.5	97.5	18.4	7.3	10.3
青　海	120.1	68.0	10.3	3.4	5.7	
宁　夏	276.1	199.7	14.7	2.8	4.9	0.9
新　疆	2872.4	2090.7	168.9	44.7	11.4	3.4

2-77 续表 1

单位：万平方米

地 区	商务会展用房屋	其他商业及服务用房屋(居民服务业用房)	办公用房屋	科研、教育和医疗用房屋	科学研究用房屋	教育用房屋
全国总计	**814.8**	**3292.7**	**11104.9**	**8164.6**	**909.8**	**5096.2**
北 京	4.5	90.7	450.7	274.6	44.0	148.8
天 津		14.6	65.2	68.8	27.5	38.6
河 北	69.0	132.7	385.9	376.8	42.5	261.4
山 西	5.5	26.9	60.9	47.1	2.9	40.3
内蒙古	5.0	87.6	127.8	119.2	1.7	111.8
辽 宁	14.5	139.0	356.3	159.4	11.3	124.0
吉 林	8.8	47.7	111.1	57.6	5.6	40.7
黑龙江	6.0	79.5	60.1	82.4	9.5	48.3
上 海	46.7	114.7	244.5	192.6	47.8	51.0
江 苏	37.1	331.1	1997.0	983.9	117.8	607.8
浙 江	177.5	263.8	2008.4	966.5	230.9	441.2
安 徽	6.9	130.2	515.3	400.0	21.3	312.6
福 建	29.6	113.2	298.4	233.1	26.4	158.9
江 西	2.8	64.6	382.4	255.1	8.0	176.1
山 东	72.7	281.3	611.9	533.9	60.4	291.9
河 南	174.3	279.4	838.1	663.0	30.6	505.3
湖 北	3.5	215.4	854.0	766.8	77.3	350.5
湖 南	48.3	182.8	367.1	455.1	27.0	306.5
广 东	20.9	84.7	244.6	273.7	33.9	190.9
广 西	3.8	24.7	124.8	150.9	7.8	103.2
海 南	2.0	2.7	18.5	25.7	0.3	18.7
重 庆	46.7	65.7	185.6	163.8	19.7	95.0
四 川	13.8	196.2	206.3	261.2	24.2	169.4
贵 州	0.0	12.9	18.8	61.4	0.6	49.9
云 南	1.1	35.0	147.3	144.5	2.5	124.9
西 藏	5.0		15.7	1.8		0.7
陕 西	0.5	105.6	139.7	97.5	14.1	61.2
甘 肃	7.5	54.0	92.9	111.3	10.3	79.6
青 海		1.2	15.8	17.5	0.7	14.9
宁 夏	0.1	5.9	15.5	27.1		22.8
新 疆	0.6	108.8	144.5	192.2	3.5	149.5

2-77 续表 2

单位：万平方米

地　区	医疗用房屋(卫生医疗用房)	文化、体育和娱乐用房屋	厂房及建筑物	#厂房	仓　库	其他未列明的房屋建筑物
全国总计	**2158.7**	**1753.4**	**21184.5**	**15215.2**	**1237.1**	**4414.7**
北　京	81.9	67.2	493.0	452.1	16.6	279.7
天　津	2.7	13.2	422.1	355.6	17.3	192.1
河　北	72.9	84.4	580.2	400.9	39.5	321.3
山　西	4.0	6.4	86.3	62.5	1.6	45.2
内蒙古	5.7	15.8	70.5	60.2	3.2	42.5
辽　宁	24.1	37.0	799.8	560.3	82.9	154.2
吉　林	11.3	12.6	317.5	136.4	10.8	49.9
黑龙江	24.6	8.3	108.5	60.0	3.9	33.4
上　海	93.8	58.3	603.2	539.8	9.9	51.5
江　苏	258.3	244.3	4130.6	3677.7	84.6	721.8
浙　江	294.4	370.5	3835.2	2767.9	242.2	412.1
安　徽	66.1	51.5	1104.2	684.4	95.7	203.0
福　建	47.8	62.1	1151.9	599.4	84.1	50.1
江　西	71.1	78.5	585.3	394.2	42.3	152.6
山　东	181.6	71.5	1414.1	960.6	94.9	271.8
河　南	127.2	100.6	973.5	592.1	111.0	179.0
湖　北	339.1	206.9	1153.1	689.6	73.6	273.5
湖　南	121.6	55.7	597.5	373.9	21.8	162.0
广　东	49.0	19.1	957.3	622.2	56.1	133.6
广　西	39.8	30.1	88.7	51.3	15.5	43.0
海　南	6.7	6.0	4.1	1.8		4.0
重　庆	49.1	31.6	527.9	369.2	7.8	137.7
四　川	67.6	57.2	648.1	411.7	74.6	140.7
贵　州	10.9	2.8	10.9	6.7	0.9	45.6
云　南	17.1	15.6	104.2	85.6	8.8	56.2
西　藏	1.1	0.9	0.4		0.1	1.4
陕　西	22.3	8.4	137.5	83.5	13.0	69.8
甘　肃	21.4	7.8	173.1	120.2	10.8	31.8
青　海	1.9	0.6	3.6	2.5		4.2
宁　夏	4.3	0.6	7.3	3.6	0.0	11.0
新　疆	39.1	28.2	94.7	89.3	13.3	139.9

2-78 各地区按主要用途分的股份制建筑业企业房屋建筑竣工价值

单位：万元

地 区	总计	住宅房屋	商业及服务用房屋	商厦房屋(批发和零售用房)	宾馆用房屋(住宿用房)	餐饮用房屋(餐饮用房)
全国总计	**249670841**	**160165528**	**17614341**	**7108430**	**3283384**	**763565**
北 京	12875461	6752027	962390	438123	227712	37123
天 津	3099435	1133901	242806	172097	40104	270
河 北	10037831	6687243	745079	357319	86814	23510
山 西	1215873	670348	73521	13537	3155	200
内蒙古	2872576	1895654	222331	57320	48074	6498
辽 宁	10527549	7393137	528735	218774	29574	12409
吉 林	3656110	2825639	96929	26376	4763	1822
黑龙江	3376848	2626767	252194	62482	13738	13631
上 海	6875312	3246100	1107484	401027	294185	32763
江 苏	55327330	38855209	3261994	1404421	1022819	59409
浙 江	30751849	17216317	3084965	1496935	627230	230461
安 徽	7341331	4126904	352608	113393	80924	5539
福 建	8260344	5295200	656023	301413	117521	25558
江 西	4076992	2248862	231490	124071	23301	13474
山 东	15161539	9728977	1140079	329134	103799	39247
河 南	11899138	7721620	710208	133578	93378	23498
湖 北	13616529	8398096	930992	424717	164654	60045
湖 南	8325384	5545526	613606	214479	61723	20514
广 东	8158773	5480526	428300	225027	18058	42326
广 西	1562786	965578	50933	13887	7108	409
海 南	436140	305503	35455	18190	417	11410
重 庆	7490533	5519484	389003	154995	33317	21383
四 川	9282656	6659594	643071	215127	82675	36487
贵 州	361079	214773	20427	4840	1519	803
云 南	2370820	1586302	124994	62756	10387	9241
西 藏	71788	26658	9465	235	7800	30
陕 西	3595744	2466564	263307	38592	33424	9688
甘 肃	2821053	1676962	163331	29807	14275	17130
青 海	185211	98583	12522	3531	6127	
宁 夏	380472	258935	22563	4270	6226	2213
新 疆	3656356	2538541	237536	47979	18586	6472

2-78 续表 1

单位：万元

地区	商务会展用房屋	其他商业及服务用房屋(居民服务业用房)	办公用房屋	科研、教育和医疗用房屋	科学研究用房屋	教育用房屋
全国总计	**1480355**	**4978607**	**17417738**	**12917598**	**1745891**	**7357336**
北京	21420	238011	1257884	802885	153876	395364
天津		30335	171221	232975	106143	116252
河北	98775	178661	582782	526483	95697	332625
山西	20816	35814	122922	80344	4247	66792
内蒙古	9337	101102	218906	191746	3047	178504
辽宁	25329	242651	582383	233941	25158	169682
吉林	14199	49770	155113	84778	9632	58154
黑龙江	10155	152188	122651	120945	9304	73131
上海	98767	280743	544808	611087	150714	128751
江苏	73579	701766	3541654	1798157	219821	1042060
浙江	301730	428608	3099382	1539125	353738	679604
安徽	6071	146682	540254	423760	26739	310797
福建	41692	169840	430856	321207	45670	199358
江西	2446	68197	398412	282825	7231	168749
山东	245441	422458	975037	981968	135094	425962
河南	262894	196860	927967	833069	32058	625469
湖北	3702	277874	1035844	982558	113464	434931
湖南	70406	246485	560791	621972	36769	416406
广东	27491	115398	432355	440655	91197	276513
广西	7295	22234	166197	191016	6930	140306
海南	2247	3191	28414	45441	403	29073
重庆	95061	84247	285539	254542	33861	140517
四川	25845	282938	283487	375508	33915	242594
贵州	25	13240	20663	70962	921	56775
云南	943	41667	204863	206293	3433	177044
西藏	1400		25276	3935		1436
陕西	1181	180421	214510	128879	21690	75100
甘肃	10746	91373	193234	191163	18585	132238
青海		2865	27107	27719	1272	23138
宁夏	315	9539	30792	39223		33050
新疆	1050	163450	236437	272437	5283	206964

2-78 续表 2 单位：万元

地区	医疗用房屋(卫生医疗用房)	文化、体育和娱乐用房屋	厂房及建筑物	#厂房	仓库	其他未列明的房屋建筑物
全国总计	**3814371**	**3422767**	**28095386**	**20818033**	**1565757**	**8471726**
北京	253645	401830	1166186	1053414	33400	1498859
天津	10581	63876	673256	605902	29036	552365
河北	98162	127581	795988	563840	62901	509775
山西	9305	25546	148715	100278	3904	90573
内蒙古	10195	56052	126208	107249	4951	156729
辽宁	39101	89598	1330116	994683	155077	214562
吉林	16992	36007	404329	175294	12890	40426
黑龙江	38510	11809	185403	102882	6798	50282
上海	331622	191159	1031011	906364	15853	127810
江苏	536277	534284	6164577	5380137	128882	1042574
浙江	505784	578506	4236184	3267706	270162	727208
安徽	86223	51795	1280875	874124	78588	486549
福建	76179	116632	1260071	671802	99839	80516
江西	106846	66734	600483	373984	29428	218759
山东	420912	264753	1610054	1081215	97196	363474
河南	175542	123995	1179158	667917	119097	284024
湖北	434163	240070	1478841	955697	82664	467465
湖南	168798	87774	647510	397143	50907	197297
广东	72946	63807	931314	579979	71212	310604
广西	43780	36694	93086	56675	18262	41020
海南	15965	10734	4809	1985		5786
重庆	80165	66308	782958	604390	14294	178404
四川	98999	66577	927982	563256	114309	212129
贵州	13266	3052	10809	6776	1015	19378
云南	25816	21450	140400	116528	9793	76725
西藏	2499	2939	666		411	2438
陕西	32090	13543	199841	121504	17729	291371
甘肃	40339	17233	514742	329135	14817	49572
青海	3309	1329	9503	7625		8447
宁夏	6173	3463	7511	3761	39	17946
新疆	60190	47639	152800	146789	22307	148659

2-79 各地区股份制建筑业企业施工机械设备情况

地区	年末自有施工机械设备总台数(台)	年末自有施工机械设备总功率(千瓦)	年末自有施工机械设备净值(万元)	技术装备率(元/人)	动力装备率(千瓦/人)
全国总计	**4757674**	**115730526**	**23667584**	**12116**	**5.9**
北京	73549	2641991	752443	25111	8.8
天津	45684	2028532	2562731	176934	14.0
河北	362069	10540647	1212132	14230	12.4
山西	57271	3683865	579099	21743	13.8
内蒙古	50091	1140924	311330	15807	5.8
辽宁	151480	4351961	902145	11277	5.4
吉林	32826	3679557	241784	9296	14.1
黑龙江	57701	1324531	362155	14760	5.4
上海	61217	1455251	583831	16896	4.2
江苏	901224	18863557	3184536	8030	4.8
浙江	293955	5726568	1339773	5858	2.5
安徽	217263	4116786	817535	10981	5.5
福建	128946	2640569	546073	6839	3.3
江西	66404	1888568	337177	7659	4.3
山东	346805	8451995	1548284	10839	5.9
河南	553833	11093654	1823411	12448	7.6
湖北	297556	9343094	1811851	21486	11.1
湖南	192816	4818115	671702	12321	8.8
广东	257323	4743163	1115786	15342	6.5
广西	38831	711628	118793	6596	4.0
海南	2034	40211	9443	4817	2.1
重庆	82681	1817309	376256	6437	3.1
四川	132674	3486872	881425	9598	3.8
贵州	9041	174075	37791	5241	2.4
云南	58117	1672690	384730	14338	6.2
西藏	1119	79062	15138	12887	6.7
陕西	96148	2246279	523649	15358	6.6
甘肃	128512	1386979	292250	10591	5.0
青海	5243	147768	43059	17393	6.0
宁夏	8109	208942	39311	14274	7.6
新疆	47152	1225383	241968	15630	7.9

2-80 各地区股份制建筑业企业主要生产效益指标

地 区	建筑业企业个数 (个)	计算建筑业劳动生产率的平均人数 (人)	按总产值计算的劳动生产率 (元/人)	人均竣工产值 (元/人)	人均施工面积 (平方米/人)	人均竣工面积 (平方米/人)
全国总计	**26693**	**21780286**	**312321**	**178491**	**235.3**	**81.5**
北 京	1150	574806	801576	374576	536.8	106.6
天 津	464	279328	618107	302407	178.1	54.6
河 北	1241	895548	333248	171775	266.9	89.4
山 西	338	381412	330292	119343	85.9	20.0
内蒙古	424	281630	268252	178531	236.1	77.0
辽 宁	1714	1047244	318153	178515	178.3	69.0
吉 林	724	289760	358733	223642	248.2	96.0
黑龙江	890	485500	215971	118438	90.3	48.5
上 海	546	515474	471233	251409	356.3	67.2
江 苏	2682	3606306	277904	212404	283.2	99.4
浙 江	1138	2402049	302426	167522	315.2	88.7
安 徽	1040	719349	274912	155953	214.3	88.2
福 建	807	834465	235335	143814	231.6	72.8
江 西	579	404719	269743	158388	192.8	100.1
山 东	2208	1758290	226120	124101	190.8	67.1
河 南	2310	1373537	293426	165014	193.4	79.2
湖 北	1134	891760	415145	218076	233.2	126.8
湖 南	862	824845	274390	171422	235.9	82.0
广 东	1692	718326	397468	211488	210.1	79.3
广 西	261	168510	250739	137071	235.3	77.4
海 南	49	19019	434501	315097	373.2	128.0
重 庆	777	672447	272655	154690	198.0	81.8
四 川	1236	1091335	267408	134097	147.9	61.0
贵 州	216	62067	194993	89627	121.0	56.3
云 南	554	308430	261928	151631	133.0	58.8
西 藏	43	8219	372644	165311	78.1	51.8
陕 西	572	459567	369511	139059	162.1	51.4
甘 肃	494	266558	252266	136048	158.7	58.3
青 海	94	30636	224731	123199	91.6	39.2
宁 夏	100	36644	262292	209579	151.2	75.3
新 疆	354	372506	253280	153639	182.9	77.1

2-81 各各地区股份制建筑业企业营业额

单位：万元

地 区	企业营业额	在境外完成的营业额	企业总产值	#建筑业总产值
全国总计	**807519979**	**14597445**	**792922534**	**680243345**
北 京	53283765	4987764	48296001	46075078
天 津	18680323	329209	18351115	17265465
河 北	31906646	219486	31687161	29843983
山 西	13524273	160087	13364186	12597747
内蒙古	8111088	36973	8074115	7554792
辽 宁	34022459	390832	33631627	33318427
吉 林	10587049	68528	10518521	10394639
黑龙江	10631226	51699	10579527	10485405
上 海	30511749	401315	30110434	24290847
江 苏	127425472	1946196	125479276	100220581
浙 江	74854069	396361	74457708	72644171
安 徽	21463523	764778	20698744	19775762
福 建	20082687	105604	19977083	19637883
江 西	11522564	237572	11284993	10916993
山 东	45120593	1007070	44113523	39758521
河 南	41389381	441758	40947624	40303124
湖 北	40094508	504908	39589600	37020974
湖 南	23352356	328666	23023690	22632923
广 东	29639109	184687	29454421	28551127
广 西	4407101	10076	4397025	4225203
海 南	856409		856409	826378
重 庆	19376313	256574	19119739	18334585
四 川	31714950	613921	31101030	29183202
贵 州	1229783	4626	1225157	1210264
云 南	8576842	155674	8421168	8078648
西 藏	313750	1890	311860	306276
陕 西	18719361	445721	18273640	16981524
甘 肃	63384327	29500	63354827	6724352
青 海	1138383	3331	1135052	688486
宁 夏	970095		970095	961145
新 疆	10629827	512642	10117185	9434843

2-82 各地区股份制建筑业企业资产构成

单位：万元

地 区	资产合计	#流动资产合计	#存货	#非流动资产合计	#固定资产合计
全国总计	**573157000**	**445901759**	**103173880**	**127255241**	**54322145**
北 京	89671597	63195235	12633825	26476362	2501631
天 津	20558230	15300486	3390204	5257744	2891453
河 北	19776429	15259052	3297509	4517377	2966227
山 西	15218628	12736143	1746629	2482486	1023013
内蒙古	6898530	5472742	703164	1425788	971034
辽 宁	22319837	18159059	3498543	4160778	2480304
吉 林	9783760	8156255	901939	1627505	914004
黑龙江	6896698	5295722	979152	1600975	1084836
上 海	34020858	27318854	6998131	6702005	1646878
江 苏	53016817	43548744	10959811	9468073	5351913
浙 江	35266528	28773950	6688914	6492578	3055425
安 徽	16952213	12833862	2483078	4118352	2088375
福 建	11329735	9346620	2277879	1983116	1193028
江 西	6235946	4829621	1021131	1406324	957922
山 东	38235567	31097069	8057312	7138499	4393025
河 南	27043763	20690973	5464069	6352790	4063319
湖 北	29872641	22156598	7671576	7716043	4040472
湖 南	12328166	9540244	2379951	2787922	1639970
广 东	34264389	25630123	5620701	8634265	2862411
广 西	2547409	2037619	385315	509790	320825
海 南	626471	545213	93806	81258	33297
重 庆	14710744	11692262	3061134	3018482	1239460
四 川	25994331	21311311	6350349	4683019	1913314
贵 州	1760230	1338355	250530	421875	182112
云 南	7856482	6036835	1190172	1819647	981112
西 藏	588843	403057	82893	185786	112612
陕 西	14752607	11831080	2716824	2921527	1410681
甘 肃	4969037	3662494	668809	1306543	952408
青 海	741507	562304	57524	179203	108539
宁 夏	1102075	937132	185014	164943	109302
新 疆	7816935	6202745	1357992	1614190	833244

2-83 各地区股份制建筑业企业固定资产情况

单位：万元

地区	固定资产合计	固定资产原价	固定资产折旧	#本年折旧	在建工程
全国总计	**54322145**	**72148987**	**27624950**	**5092278**	**5879607**
北京	2501631	4082409	1768356	367708	183909
天津	2891453	3738851	1382380	255828	514323
河北	2966227	3765883	1256140	238868	306247
山西	1023013	1599476	778226	149754	71000
内蒙古	971034	1435110	527786	146788	35557
辽宁	2480304	3702735	1493806	274344	182192
吉林	914004	1146855	458073	68819	158176
黑龙江	1084836	1426720	486058	77826	49541
上海	1646878	2744946	1285476	205443	128642
江苏	5351913	6919765	2550828	443240	640056
浙江	3055425	4015239	1462872	241654	310669
安徽	2088375	2264721	726725	118486	223313
福建	1193028	1549354	490408	92983	83071
江西	957922	1064552	293731	57743	100055
山东	4393025	5115345	1911379	306356	426938
河南	4063319	5403386	1962199	410533	347322
湖北	4040472	5701627	2182024	410781	355207
湖南	1639970	2025254	763040	149545	147827
广东	2862411	3618248	1547345	298444	610110
广西	320825	353509	116077	21473	31641
海南	33297	41856	20611	8194	5194
重庆	1239460	1495716	535900	114406	184067
四川	1913314	2705620	1184389	219304	254146
贵州	182112	254325	90974	9924	8466
云南	981112	1248124	487992	70812	139498
西藏	112612	190066	87820	6927	4307
陕西	1410681	1976233	846364	155989	203569
甘肃	952408	1069103	315417	54781	79045
青海	108539	157842	62522	13822	4488
宁夏	109302	152324	62407	9254	15395
新疆	833244	1183796	487628	92251	75638

2-84 各地区股份制建筑业企业负债及所有者权益

单位：万元

地 区	负债合计	#流动负债	#非流动负债	所有者权益	#实收资本
全国总计	**396194409**	**360218725**	**25741962**	**176871490**	**98483766**
北 京	62782548	55363081	7313493	26887282	12069383
天 津	15796779	14548142	1132104	4761154	3058253
河 北	13020741	11832397	767239	6755127	3745578
山 西	12685833	12260213	411075	2532738	1750277
内蒙古	4469667	3960020	306498	2423202	1126044
辽 宁	15515131	13528893	898528	6803926	4599531
吉 林	5265885	4622692	291516	4515078	2744674
黑龙江	4246827	3987971	89889	2648519	1851363
上 海	27500782	25750009	1649114	6513998	2755503
江 苏	33414885	31722485	819778	19591930	7753051
浙 江	23568793	22448296	994145	11691696	5310702
安 徽	11787707	10774696	255175	5157928	2833793
福 建	7091758	6795291	132752	4236765	3059394
江 西	3347785	2960539	84877	2888161	2820497
山 东	27477026	24318947	1145152	10750505	7708017
河 南	17735524	16394980	762995	9308239	5933657
湖 北	21152689	17637456	3232026	8714704	4292104
湖 南	7441171	6587423	453876	4886519	2698046
广 东	21771819	19697002	1694787	12492111	7806402
广 西	1633288	1474440	70680	914121	830882
海 南	379570	363052	7256	246900	141453
重 庆	10888615	9931657	590899	3816037	2226873
四 川	18637467	17500979	865976	7339614	3969479
贵 州	1264179	1076532	92389	496051	510239
云 南	5383716	5023813	287085	2472766	1462937
西 藏	332603	273399	32644	256240	134727
陕 西	11110577	10083065	639019	3632790	2623126
甘 肃	3087929	2783520	126938	1879986	1123068
青 海	468697	399179	34018	272810	219354
宁 夏	841428	815928	22869	260647	180071
新 疆	6092990	5302628	537172	1723946	1145291

2-85　各地区股份制建筑业企业实收资本

单位：万元

地　区	合计	国家资本	集体资本	法人资本	个人资本	港澳台资本	外商资本
全国总计	**98483766**	**10242310**	**5904446**	**43983309**	**38154422**	**83649**	**115631**
北　京	12069383	2799655	207090	7349121	1711732	1297	488
天　津	3058253	701429	124212	1630737	601874		
河　北	3745578	185936	231786	1364680	1963176		
山　西	1750277	714743	62191	768896	204447		
内蒙古	1126044	136390	116080	226434	646922	218	
辽　宁	4599531	338483	815131	1599881	1830900	1524	13612
吉　林	2744674	62942	88187	1913600	677725	1960	260
黑龙江	1851363	164431	170252	629080	885841	940	819
上　海	2755503	692254	290753	1188257	584239		
江　苏	7753051	284216	282842	2448480	4689757	7446	40309
浙　江	5310702	128469	219582	2025769	2922319	14060	503
安　徽	2833793	336092	127304	956702	1413696		
福　建	3059394	160468	99457	797821	1994718	6430	500
江　西	2820497	273859	102899	1168540	1273927	823	450
山　东	7708017	461105	525293	4229649	2462324	24783	4864
河　南	5933657	462852	393191	2252017	2825466	70	62
湖　北	4292104	279449	212781	1934787	1863485	858	745
湖　南	2698046	251503	177777	871568	1395518	1380	300
广　东	7806402	356038	847738	4519491	2070869	11854	413
广　西	830882	56529	40153	394768	338452		980
海　南	141453	2941		84787	53725		
重　庆	2226873	168307	77796	895032	1078964	6224	550
四　川	3969479	339366	149239	1602615	1827642	329	50288
贵　州	510239	120774	116720	95217	175459	2068	
云　南	1462937	93654	124220	588670	656394		
西　藏	134727	7078	7009	75158	45482		
陕　西	2623126	315357	77942	1359980	868727	1121	
甘　肃	1123068	89566	94857	420839	517052	265	489
青　海	219354	31907	26396	87992	73059		
宁　夏	180071	12952	17371	68009	81739		
新　疆	1145291	213564	78199	434735	418794		

2-86 各地区股份制建筑业企业收入情况

单位：万元

地区	主营业务收入	#主营业务成本	#主营业务税金及附加	#销售费用	其他业务收入	#其他业务利润
全国总计	**645153241**	**573093658**	**20614099**	**2182129**	**7142785**	**971633**
北京	57894958	53286225	1419090	88919	424250	126145
天津	18322365	16498798	503390	19191	129065	19326
河北	27329675	24258374	878057	89427	514980	32971
山西	12297639	11076341	347921	18333	339736	31391
内蒙古	7424960	5973613	261030	21706	55355	11324
辽宁	30356565	26633951	1000739	71702	194386	20095
吉林	9270705	8100883	308370	27521	89957	15269
黑龙江	9061420	8040820	318595	34485	82647	6844
上海	30827218	28287462	782304	48613	166068	33900
江苏	79077886	69467544	2796995	257174	1043059	94929
浙江	58256702	53007200	1926399	126271	497748	94741
安徽	18124440	15757266	565824	81674	327941	37834
福建	17519082	15684915	636689	76395	62790	13951
江西	10723533	9467080	361644	57573	61085	9677
山东	36384169	31806231	1147634	142302	680981	49752
河南	39388671	34712467	1281869	188514	281236	46513
湖北	37049227	32304964	1321023	224088	369465	39448
湖南	20915620	18108333	764121	90493	76910	12952
广东	30969963	27213593	969579	116227	337018	81474
广西	3898577	3468270	134923	13075	98124	7234
海南	920446	830587	29942	1590	617	261
重庆	17981117	16028914	552122	42040	86152	20139
四川	27344348	23846985	913591	156979	786332	93049
贵州	1192318	1009470	43606	3988	13636	2289
云南	7294885	6406833	235663	41334	60845	11562
西藏	339845	284735	10553	4577	407	344
陕西	17302950	15673927	523865	76050	70628	3459
甘肃	6320063	5507009	214980	39791	95688	5719
青海	643704	566755	21351	7591	7305	319
宁夏	1081060	964955	35133	537	7003	1918
新疆	9639131	8819159	307098	13973	181374	46803

2-87 各地区股份制建筑业企业费用情况

单位：万元

地 区	管理费用	#税金	#差旅费	#工会经费	财务费用	#利息收入	#利息支出
全国总计	**20292701**	**916364**	**975163**	**251461**	**4062246**	**1495837**	**4388960**
北 京	1933961	27996	93175	16911	326416	564638	812484
天 津	683938	14492	22225	4148	154034	46678	180797
河 北	753470	28520	29911	6897	147678	27193	118305
山 西	608397	10073	17129	5438	39983	64325	98470
内蒙古	309077	14425	6172	2074	39961	-168	18052
辽 宁	1008229	55220	46859	13635	161327	46078	185988
吉 林	277213	17845	19581	4815	37688	4554	18274
黑龙江	325304	16347	10991	2353	35147	3293	23068
上 海	970619	17799	39462	6590	124365	81591	190526
江 苏	2237065	115068	124573	39466	541981	69546	405078
浙 江	1081508	50862	56619	24656	417132	36285	416655
安 徽	554526	24272	30421	6239	87940	45175	105531
福 建	418284	22000	26172	4203	58806	23950	54181
江 西	294700	14332	24828	4501	39614	4164	25447
山 东	1256582	75025	53071	17206	290652	73055	274039
河 南	1315236	78242	83015	20359	229684	69812	223818
湖 北	1522414	42881	52028	18516	320690	69221	306461
湖 南	560767	31931	38296	10690	90453	40871	81423
广 东	1097989	37614	42126	8773	248317	23317	241198
广 西	136561	6305	6288	2262	18555	3380	11416
海 南	19601	712	1151	68	1330	-7	1248
重 庆	462431	20564	26182	3714	159495	21692	108028
四 川	961544	133123	58502	12199	222284	61387	193250
贵 州	97650	4058	1871	542	7249	5055	9423
云 南	234278	10030	14900	2266	79044	13020	69018
西 藏	18682	591	1053	52	2209	158	1908
陕 西	573593	18084	25834	6745	70300	59637	106488
甘 肃	226328	15328	10739	3148	56949	7101	32593
青 海	21999	1685	1350	129	4131	561	2883
宁 夏	44396	1412	1328	338	9203	264	8492
新 疆	286359	9528	9315	2530	39629	30013	64422

2-88 各地区股份制建筑业企业利润及税金情况

单位：万元

地 区	利润总额	#应交所得税	税金总额	主营业务税金及附加	管理费用中的税金
全国总计	**23690027**	**5093178**	**21530462**	**20614099**	**916364**
北 京	2034284	315083	1447086	1419090	27996
天 津	567674	121170	517882	503390	14492
河 北	931484	212826	906577	878057	28520
山 西	330921	33406	357994	347921	10073
内蒙古	305435	52806	275455	261030	14425
辽 宁	1001995	274663	1055960	1000739	55220
吉 林	344881	115108	326215	308370	17845
黑龙江	317151	74687	334942	318595	16347
上 海	811403	179505	800103	782304	17799
江 苏	3859197	841898	2912063	2796995	115068
浙 江	1784561	414184	1977260	1926399	50862
安 徽	817465	133876	590096	565824	24272
福 建	627010	211935	658688	636689	22000
江 西	365493	86116	375976	361644	14332
山 东	1551051	338055	1222659	1147634	75025
河 南	1437922	297066	1360111	1281869	78242
湖 北	1376792	295974	1363904	1321023	42881
湖 南	801949	157731	796051	764121	31931
广 东	1246466	308034	1007193	969579	37614
广 西	121821	32658	141228	134923	6305
海 南	33539	14429	30654	29942	712
重 庆	671235	136531	572686	552122	20564
四 川	1003965	187580	1046714	913591	133123
贵 州	24458	11422	47665	43606	4058
云 南	295633	51878	245693	235663	10030
西 藏	19040	2885	11144	10553	591
陕 西	470610	65489	541949	523865	18084
甘 肃	258915	47142	230309	214980	15328
青 海	18540	3157	23036	21351	1685
宁 夏	26722	8912	36544	35133	1412
新 疆	232417	66971	316626	307098	9528

2-89 各地区股份制建筑业企业应收工程款及企业亏损情况

地 区	应收工程款(万元)	#竣工工程	企业个数(个)	#亏损企业个数	亏损企业的比重(%)
全国总计	**112972058**	**40221282**	**26693**	**2963**	**11.1**
北 京	11903549	2826938	1150	220	19.1
天 津	4802963	1509591	464	69	14.9
河 北	4948668	2358390	1241	124	10.0
山 西	4007890	830966	338	59	17.5
内蒙古	1549492	610320	424	46	10.8
辽 宁	4880425	1686963	1714	196	11.4
吉 林	4653559	821997	724	104	14.4
黑龙江	1592256	544227	890	146	16.4
上 海	6461556	1463755	546	69	12.6
江 苏	14328366	6941174	2682	103	3.8
浙 江	5837108	2893073	1138	106	9.3
安 徽	3087436	1019636	1040	93	8.9
福 建	1507147	741030	807	105	13.0
江 西	939920	325609	579	47	8.1
山 东	9494270	3808154	2208	226	10.2
河 南	3835002	1120360	2310	168	7.3
湖 北	5456480	2016525	1134	91	8.0
湖 南	2812278	1061575	862	67	7.8
广 东	4971251	1904928	1692	251	14.8
广 西	521816	210545	261	49	18.8
海 南	90575	33292	49	7	14.3
重 庆	3152535	956091	777	115	14.8
四 川	3284769	1150849	1236	135	10.9
贵 州	381886	105447	216	41	19.0
云 南	1538700	685686	554	66	11.9
西 藏	88784	17001	43	11	25.6
陕 西	2982534	769718	572	76	13.3
甘 肃	1580400	674726	494	72	14.6
青 海	185725	77822	94	27	28.7
宁 夏	292316	129460	100	11	11.0
新 疆	1802402	925437	354	63	17.8

2-90 各地区股份制建筑业企业主要经济效益指标

地　区	产值利润率(%)	产值利税率(%)	资本利润率(%)	资本利税率(%)	人均利润(元/人)	人均利税(元/人)	资产负债率(%)
全国总计	**3.5**	**6.6**	**24.1**	**45.9**	**10877**	**20762**	**69.1**
北　京	4.4	7.6	16.9	28.8	35391	60566	70.0
天　津	3.3	6.3	18.6	35.5	20323	38863	76.8
河　北	3.1	6.2	24.9	49.1	10401	20524	65.8
山　西	2.6	5.5	18.9	39.4	8676	18062	83.4
内蒙古	4.0	7.7	27.1	51.6	10845	20626	64.8
辽　宁	3.0	6.2	21.8	44.7	9568	19651	69.5
吉　林	3.3	6.5	12.6	24.5	11902	23160	53.8
黑龙江	3.0	6.2	17.1	35.2	6532	13431	61.6
上　海	3.3	6.6	29.4	58.5	15741	31263	80.8
江　苏	3.9	6.8	49.8	87.3	10701	18776	63.0
浙　江	2.5	5.2	33.6	70.8	7429	15661	66.8
安　徽	4.1	7.1	28.8	49.7	11364	19567	69.5
福　建	3.2	6.5	20.5	42.0	7514	15407	62.6
江　西	3.3	6.8	13.0	26.3	9031	18321	53.7
山　东	3.9	7.0	20.1	36.0	8821	15775	71.9
河　南	3.6	6.9	24.2	47.2	10469	20371	65.6
湖　北	3.7	7.4	32.1	63.9	15439	30734	70.8
湖　南	3.5	7.1	29.7	59.2	9722	19373	60.4
广　东	4.4	7.9	16.0	28.9	17352	31374	63.5
广　西	2.9	6.2	14.7	31.7	7229	15610	64.1
海　南	4.1	7.8	23.7	45.4	17634	33752	60.6
重　庆	3.7	6.8	30.1	55.9	9982	18498	74.0
四　川	3.4	7.0	25.3	51.7	9199	18791	71.7
贵　州	2.0	6.0	4.8	14.1	3941	11620	71.8
云　南	3.7	6.7	20.2	37.0	9585	17551	68.5
西　藏	6.2	9.9	14.1	22.4	23166	36725	56.5
陕　西	2.8	6.0	17.9	38.6	10240	22033	75.3
甘　肃	3.9	7.3	23.1	43.6	9713	18353	62.1
青　海	2.7	6.0	8.5	19.0	6052	13571	63.2
宁　夏	2.8	6.6	14.8	35.1	7292	17265	76.3
新　疆	2.5	5.8	20.3	47.9	6239	14739	77.9

2-91 各地区外商投资建筑业企业签订合同情况

单位：万元

地 区	合同总额	上年结转合同额	本年新签合同额
全国总计	**8408514**	**3470441**	**4938072**
北 京	1618733	885736	732997
天 津	49469	13892	35576
河 北	34545	10575	23970
山 西	79245	19445	59801
内蒙古			
辽 宁	522094	167537	354556
吉 林			
黑龙江	28040	4155	23885
上 海	2985152	1281726	1703426
江 苏	754305	247049	507256
浙 江	495560	114922	380638
安 徽	73210	4694	68515
福 建	57871	12670	45201
江 西	580	300	280
山 东	88432	18863	69569
河 南	22397	1637	20759
湖 北	36666	3653	33013
湖 南	272908	137173	135735
广 东	644785	438536	206249
广 西	581349	98418	482931
海 南			
重 庆	15665	4268	11398
四 川	5879	1262	4618
贵 州			
云 南	8023	3931	4092
西 藏			
陕 西	10157		10157
甘 肃			
青 海	144		144
宁 夏	23280		23280
新 疆	27		27

2-92 各地区外商投资建筑业企业承包工程完成情况

单位：万元

地　区	直接从建设单位承揽工程完成的产值	自行完成施工产值	分包出去工程的产值	从建设单位以外承揽工程完成的产值
全国总计	**5115997**	**4453350**	**662647**	**316534**
北　京	653496	464091	189405	48961
天　津	16961	16961		
河　北	17115	17115		
山　西	55449	55449		
内蒙古				
辽　宁	359801	359772	29	
吉　林				
黑龙江	27068	27068		
上　海	1579928	1134718	445210	219008
江　苏	506343	481570	24773	42319
浙　江	343932	343132	800	1500
安　徽	55013	55013		481
福　建	40892	40892		1256
江　西	462	462		
山　东	69659	69629	30	3009
河　南	20455	20455		
湖　北	35685	35685		
湖　南	110984	110984		
广　东	789510	789510		
广　西	389079	389079		
海　南				
重　庆	6515	4115	2400	
四　川	3920	3920		
贵　州				
云　南	5122	5122		
西　藏				
陕　西	10157	10157		
甘　肃				
青　海	144	144		
宁　夏	18283	18283		
新　疆	27	27		

2-93 各地区外商投资建筑业总产值和竣工产值

单位：万元

地区	建筑业总产值	#装饰装修产值	#在外省完成的产值	按构成分组			竣工产值
				建筑工程产值	安装工程产值	其他产值	
全国总计	**4769884**	**915226**	**1771802**	**3699296**	**797033**	**273555**	**2847232**
北京	513051	56383	246167	452121	37666	23265	238699
天津	16961	2563	6915	461	11086	5414	2846
河北	17115	1644	6919		15471	1644	1871
山西	55449		5221	33663	6900	14885	8516
内蒙古							
辽宁	359772	98684	60184	257748	92665	9359	201174
吉林							
黑龙江	27068	467	210	25974	1094		4852
上海	1353727	410679	746700	944703	284342	124682	986304
江苏	523889	53268	229570	370405	148365	5119	365438
浙江	344632	55767	265361	319403	24990	240	273677
安徽	55494	922	12980	39215	14753	1526	41045
福建	42148	1566	1560	31190	3457	7501	91322
江西	462				462		322
山东	72638	5441	4307	33916	12018	26705	22236
河南	20455	6717	808	4132	16257	66	17176
湖北	35685	33188	607	35078		607	29603
湖南	110984	63563	65677	95918	15066		15331
广东	789510	110667	61268	725115	62532	1863	335535
广西	389079		27615	307642	31455	49982	175658
海南							
重庆	4115	3012		3428		687	5007
四川	3920	677	695	437	3482		3285
贵州							
云南	5122		1048		5122		927
西藏							
陕西	10157	9863	9863	295	9853	10	7981
甘肃							
青海	144			144			144
宁夏	18283	156	18127	18283			18283
新疆	27			27			

2-94 各地区外商投资建筑业企业房屋建筑面积

地　区	房屋建筑施工面积(万平方米)				房屋建筑竣工面积(万平方米)	房屋建筑面积竣工率(%)
		#本年新开工	#实行投标承包面积	#本年新开工		
全国总计	**1692.1**	**650.1**	**936.9**	**504.2**	**821.2**	**48.5**
北　京	110.4	37.8	105.2	36.8	17.1	15.5
天　津						
河　北						
山　西	26.4	13.1	26.4	13.1	1.2	4.4
内蒙古						
辽　宁	25.3	13.3	14.4	11.3	19.7	78.2
吉　林						
黑龙江	1.8	1.8	1.8	1.8		
上　海	211.1	97.0	166.8	65.3	108.4	51.3
江　苏	193.1	73.6	146.5	48.9	50.9	26.4
浙　江	294.0	177.1	271.9	158.7	225.8	76.8
安　徽	35.7	18.6	18.6	18.6	26.4	74.0
福　建	47.5	33.3	33.3	33.3	45.8	96.3
江　西						
山　东	29.0	12.8	2.1	2.1	3.6	12.4
河　南						
湖　北						
湖　南	35.2		35.2			
广　东	425.9	57.3			165.2	38.8
广　西	256.4	114.4	114.4	114.4	157.2	61.3
海　南						
重　庆	0.4		0.4			
四　川						
贵　州						
云　南						
西　藏						
陕　西						
甘　肃						
青　海						
宁　夏						
新　疆						

2-95 各地区按主要用途分的外商投资建筑业企业房屋建筑竣工面积

单位：万平方米

地区	总计	住宅房屋	商业及服务用房屋	商厦房屋(批发和零售用房)	宾馆用房屋(住宿用房)	餐饮用房屋(餐饮用房)
全国总计	**821.2**	**385.8**	**61.1**	**21.2**		
北京	17.1	4.1				
天津						
河北						
山西	1.2	1.2				
内蒙古						
辽宁	19.7	1.2				
吉林						
黑龙江						
上海	108.4					
江苏	50.9	11.9				
浙江	225.8	71.0	25.9	0.5		
安徽	26.4	15.7	0.3			
福建	45.8					
江西						
山东	3.6					
河南						
湖北						
湖南						
广东	165.2	165.2				
广西	157.2	115.5	34.8	20.8		
海南						
重庆						
四川						
贵州						
云南						
西藏						
陕西						
甘肃						
青海						
宁夏						
新疆						

2-95 续表 1

单位：万平方米

地区	商务会展用房屋	其他商业及服务用房屋(居民服务业用房)	办公用房屋	科研、教育和医疗用房屋	科学研究用房屋	教育用房屋
全国总计		**39.8**	**10.6**	**20.7**		**18.1**
北京			0.8	1.8		1.7
天津						
河北						
山西						
内蒙古						
辽宁						
吉林						
黑龙江						
上海						
江苏			7.3			
浙江		25.5		13.0		13.0
安徽		0.3	0.7	2.1		1.5
福建						
江西						
山东						
河南						
湖北						
湖南						
广东						
广西		14.1	1.8	3.8		2.0
海南						
重庆						
四川						
贵州						
云南						
西藏						
陕西						
甘肃						
青海						
宁夏						
新疆						

2-95 续表 2　　单位：万平方米

地　区	医疗用房屋(卫生医疗用房)	文化、体育和娱乐用房屋	厂房及建筑物	#厂房	仓　库	其他未列明的房屋建筑物
全国总计	**2.6**	**11.1**	**318.6**	**182.4**	**7.8**	**5.5**
北　京	0.1		8.7	8.7	1.8	
天　津						
河　北						
山　西						
内蒙古						
辽　宁			18.5	17.9		
吉　林						
黑龙江						
上　海			105.8	43.8	2.6	
江　苏			26.3	25.4	0.7	4.6
浙　江		9.9	105.4	35.2	0.1	0.5
安　徽	0.6	0.5	4.1	3.7	2.6	0.4
福　建			45.8	45.8		
江　西						
山　东			3.6	1.5		
河　南						
湖　北						
湖　南						
广　东						
广　西	1.8	0.7	0.4	0.4		
海　南						
重　庆						
四　川						
贵　州						
云　南						
西　藏						
陕　西						
甘　肃						
青　海						
宁　夏						
新　疆						

2-96 各地区按主要用途分的外商投资建筑业企业房屋建筑竣工价值

单位：万元

地　区	总计	住宅房屋	商业及服务用房屋	商厦房屋(批发和零售用房)	宾馆用房屋(住宿用房)	餐饮用房屋(餐饮用房)
全国总计	**1372221**	**533685**	**65234**	**25081**		
北　京	40262	7801				
天　津						
河　北						
山　西	1616	1616				
内蒙古						
辽　宁	36753	3443				
吉　林						
黑龙江						
上　海	338215					
江　苏	162086	32068				
浙　江	247145	88650	25237	166		
安　徽	18500	10956	268			
福　建	87013					
江　西						
山　东	1384					
河　南						
湖　北						
湖　南						
广　东	263589	263589				
广　西	175658	125561	39728	24915		
海　南						
重　庆						
四　川						
贵　州						
云　南						
西　藏						
陕　西						
甘　肃						
青　海						
宁　夏						
新　疆						

2-96 续表 1

单位：万元

地　区	商务会展用房屋	其他商业及服务用房屋(居民服务业用房)	办公用房　屋	科研、教育和医疗用房屋	科学研究用房屋	教育用房　屋
全国总计		**40153**	**23085**	**25599**		**22089**
北　京			741	3745		3263
天　津						
河　北						
山　西						
内蒙古						
辽　宁						
吉　林						
黑龙江						
上　海						
江　苏			18580			
浙　江		25071		14524		14524
安　徽		268	499	1582		1093
福　建						
江　西						
山　东						
河　南						
湖　北						
湖　南						
广　东						
广　西		14814	3266	5748		3210
海　南						
重　庆						
四　川						
贵　州						
云　南						
西　藏						
陕　西						
甘　肃						
青　海						
宁　夏						
新　疆						

2-96 续表 2

单位：万元

地 区	医疗用房屋(卫生医疗用房)	文化、体育和娱乐用房屋	厂房及建筑物	#厂房	仓 库	其他未列明的房屋建筑物
全国总计	**3510**	**12668**	**674959**	**329994**	**10280**	**26711**
北 京	483		25286	25286	2689	
天 津						
河 北						
山 西						
内蒙古						
辽 宁			33310	31677		
吉 林						
黑龙江						
上 海			334016	96876	4199	
江 苏			83793	70318	1387	26258
浙 江		11472	106946	15708	129	188
安 徽	489	317	2738	2521	1876	265
福 建			87013	87013		
江 西						
山 东			1384	122		
河 南						
湖 北						
湖 南						
广 东						
广 西	2538	880	475	475		
海 南						
重 庆						
四 川						
贵 州						
云 南						
西 藏						
陕 西						
甘 肃						
青 海						
宁 夏						
新 疆						

2-97 各地区外商投资建筑业企业施工机械设备情况

地 区	年末自有施工机械设备总台数(台)	年末自有施工机械设备总功率(千瓦)	年末自有施工机械设备净值(万元)	技术装备率(元/人)	动力装备率(千瓦/人)
全国总计	**17892**	**570978**	**56736**	**5518**	**5.6**
北 京	770	33910	3417	5469	5.4
天 津	144	82	128	2543	0.2
河 北	107	18	52	1496	0.1
山 西	730	10642	3199	11545	3.8
内蒙古					
辽 宁	1785	36311	7462	8485	4.1
吉 林					
黑龙江	151	5665	909	20753	12.9
上 海	3654	29703	3935	2502	1.9
江 苏	5063	328259	10150	9167	29.6
浙 江	1032	15088	4114	4526	1.7
安 徽	334	4199	533	4197	3.3
福 建	112	2978	659	6945	3.1
江 西					
山 东	622	14443	5017	36249	10.4
河 南	44	2203	2095	17388	1.8
湖 北	572	10310	2426	39893	17.0
湖 南	462	8803	3019	17260	5.0
广 东	870	27178	4253	5794	3.7
广 西	273	949	4043	1259	0.0
海 南					
重 庆	807	6138	85	6879	49.5
四 川	10	15	25	1977	0.1
贵 州					
云 南	350	34084	1216	74134	207.8
西 藏					
陕 西					
甘 肃					
青 海					
宁 夏					
新 疆					

2-98 各地区外商投资建筑业企业主要生产效益指标

地　区	建筑业企业个数（个）	计算建筑业劳动生产率的平均人数（人）	按总产值计算的劳动生产率（元/人）	人均竣工产值（元/人）	人均施工面积（平方米/人）	人均竣工面积（平方米/人）
全国总计	**295**	**125929**	**378776**	**226098**	**134.4**	**65.2**
北　京	38	11528	445048	207060	95.8	14.8
天　津	10	454	373590	62681		
河　北	2	295	580176	63420		
山　西	5	3105	178578	27428	84.9	3.7
内蒙古						
辽　宁	38	9186	391652	219000	27.5	21.5
吉　林		2				
黑龙江	5	2110	128282	22996	8.8	
上　海	57	24409	554601	404074	86.5	44.4
江　苏	57	18096	289506	201944	106.7	28.1
浙　江	10	9002	382839	304018	326.6	250.8
安　徽	5	1610	344684	254936	221.4	163.9
福　建	6	1666	252987	548151	285.4	274.9
江　西	1	16	288750	201125		
山　东	18	1327	547386	167566	218.2	27.1
河　南	10	1002	204138	171414		
湖　北	4	565	631589	523952		
湖　南	4	3184	348569	48151	110.7	
广　东	9	4871	1620837	688842	874.3	339.2
广　西	1	32130	121095	54671	79.8	48.9
海　南						
重　庆	4	145	283779	345297	30.7	
四　川	4	92	426033	357098		
贵　州						
云　南	1	181	283006	51221		
西　藏						
陕　西	2	265	383283	301181		
甘　肃						
青　海	1	17	84765	84765		
宁　夏	2	665	274925	274925		
新　疆	1	6	44333			

2-99 各地区外商投资建筑业企业营业额

单位：万元

地 区	企业营业额	在境外完成的营业额	企业总产值	#建筑业总产值
全国总计	**5173416**	**31621**	**5141795**	**4769884**
北 京	631831	8262	623569	513051
天 津	34290		34290	16961
河 北	17115		17115	17115
山 西	55849		55849	55449
内蒙古				
辽 宁	435851	1259	434592	359772
吉 林				
黑龙江	27188	120	27068	27068
上 海	1415505	75	1415430	1353727
江 苏	580044		580044	523889
浙 江	345822		345822	344632
安 徽	55494		55494	55494
福 建	42148		42148	42148
江 西	462		462	462
山 东	72676		72676	72638
河 南	20456		20456	20455
湖 北	35925		35925	35685
湖 南	132484	21500	110984	110984
广 东	830918		830918	789510
广 西	389079		389079	389079
海 南				
重 庆	4115		4115	4115
四 川	3920		3920	3920
贵 州				
云 南	11727	405	11322	5122
西 藏				
陕 西	10157		10157	10157
甘 肃				
青 海	144		144	144
宁 夏	20165		20165	18283
新 疆	53		53	27

2-100 各地区外商投资建筑业企业资产构成

单位：万元

地 区	资产合计	#流动资产合计	#存货	#非流动资产合计	#固定资产合计
全国总计	**5908955**	**5143609**	**800708**	**765346**	**372671**
北 京	807364	757512	85294	49852	22996
天 津	78477	66922	17741	11555	5055
河 北	24190	23562	4585	628	281
山 西	37637	30810	346	6828	5809
内蒙古					
辽 宁	594082	446479	42466	147603	82200
吉 林					
黑龙江	48542	45436	8617	3106	1744
上 海	1579910	1496544	170531	83366	53523
江 苏	872115	623058	93044	249057	59013
浙 江	88986	77365	19392	11621	8449
安 徽	52058	32039	1013	20019	17727
福 建	43610	35817	3172	7793	7010
江 西	953	870	35	82	82
山 东	101231	73365	6770	27866	25164
河 南	69386	34335	2629	35051	25880
湖 北	16302	10558	4662	5744	5230
湖 南	106788	66590	20299	40198	10028
广 东	1283785	1248679	313274	35106	18049
广 西	19009	14653	51	4356	4356
海 南					
重 庆	9174	7180	1906	1993	304
四 川	8347	7569	289	778	550
贵 州					
云 南	11691	8747	554	2944	1982
西 藏					
陕 西	8966	7606	2809	1360	645
甘 肃					
青 海	331	321	38	10	10
宁 夏	45721	27356	1120	18365	16529
新 疆	302	237	72	65	56

2-101 各地区外商投资建筑业企业固定资产情况

单位：万元

地区	固定资产合计	固定资产原价	固定资产折旧	#本年折旧	在建工程
全国总计	**372671**	**525617**	**225102**	**45871**	**50872**
北京	22996	45912	25689	3102	1659
天津	5055	10301	5246	600	
河北	281	623	341	27	
山西	5809	9092	3283	652	
内蒙古					
辽宁	82200	89463	36711	5699	17445
吉林					
黑龙江	1744	3964	2231	132	
上海	53523	89135	36443	15391	591
江苏	59013	76079	26247	3662	8991
浙江	8449	15601	7617	625	158
安徽	17727	15062	2264	374	4168
福建	7010	11999	6926	801	
江西	82	148	66	9	
山东	25164	41380	17470	1577	1192
河南	25880	36114	13830	3687	3218
湖北	5230	5686	1315	105	859
湖南	10028	10613	6701	678	6117
广东	18049	31194.	19578	2777	5873
广西	4356	5128	772	168	
海南					
重庆	304	960	657	10	
四川	550	379	212	46	337
贵州					
云南	1982	3683	1967	193	265
西藏					
陕西	645	986	509	183	
甘肃					
青海	10	118	108	10	
宁夏	16529	21893	8872	5364	
新疆	56	104	48		

2-102 各地区外商投资建筑业企业负债及所有者权益

单位：万元

地 区	负债合计	#流动负债	#非流动负债	所有者权益	#实收资本
全国总计	**4082867**	**3626356**	**333549**	**1826088**	**824998**
北 京	602777	595097	7679	204587	109410
天 津	62754	56653	5050	15724	13946
河 北	13208	13012	197	10981	5220
山 西	20555	20555		17083	18914
内蒙古					
辽 宁	448732	442503	5177	145350	65438
吉 林					
黑龙江	35378	30279	5098	13165	13252
上 海	1312110	1175785	38952	267800	140094
江 苏	489935	454079	26572	382180	190874
浙 江	54814	54804	9	34172	21690
安 徽	42629	41540	1089	9429	4508
福 建	31907	18804	571	11703	10453
江 西	448	448		505	505
山 东	59528	54327	3548	41703	18644
河 南	44085	28202	15867	25300	10821
湖 北	5944	5944		10358	3242
湖 南	63961	63890	71	42827	22745
广 东	754123	530454	223670	529662	139006
广 西	1774	1774		17236	10561
海 南					
重 庆	5376	5376		3798	2359
四 川	1812	1812		6534	2900
贵 州					
云 南	7934	7934		3757	3339
西 藏					
陕 西	7173	7173		1793	1010
甘 肃					
青 海	76	76		256	300
宁 夏	15703	15703		30018	15600
新 疆	133	133		169	169

2-103 各地区外商投资建筑业企业实收资本

单位：万元

地 区	合计	国家资本	集体资本	法人资本	个人资本	港澳台资本	外商资本
全国总计	**824998**	**16155**	**4437**	**212420**	**40116**	**18006**	**533863**
北 京	109410	1791	573	26711	3590	412	76333
天 津	13946	750	972	2313	104		9807
河 北	5220			5180			40
山 西	18914	4814		13385	500		215
内蒙古							
辽 宁	65438	3518	143	19835	3833	288	37822
吉 林							
黑龙江	13252	1052		740			11461
上 海	140094	3900	2026	24946	4492		104730
江 苏	190874	300		59738	8765	1497	120573
浙 江	21690			8102	5208	869	7512
安 徽	4508			1321			3187
福 建	10453			3858	1375		5220
江 西	505			505			
山 东	18644	32	723	8276	1126		8487
河 南	10821			4892	100	2500	3330
湖 北	3242			1274	738		1230
湖 南	22745			8313	8270	108	6054
广 东	139006			1223		12302	125481
广 西	10561			8343			2218
海 南							
重 庆	2359				904		1455
四 川	2900			1945	300		655
贵 州							
云 南	3339			1961		30	1348
西 藏							
陕 西	1010				512		498
甘 肃							
青 海	300				300		
宁 夏	15600			9450			6150
新 疆	169			110			59

2-104 各地区外商投资建筑业企业收入情况

单位：万元

地区	主营业务收入	#主营业务成本	#主营业务税金及附加	#销售费用	其他业务收入	#其他业务利润
全国总计	**5331519**	**4605699**	**135469**	**39898**	**126874**	**13360**
北京	940236	819593	24077	16361	25337	4263
天津	56794	48147	797	4224	3872	415
河北	25902	21290	857	462	548	266
山西	54807	49852	1818	11	824	8
内蒙古						
辽宁	356142	297249	8384	3255	65899	804
吉林						
黑龙江	27480	23738	666	70		
上海	1663714	1472428	33920	6645	9600	2521
江苏	601162	495929	16157	5011	12341	3115
浙江	242443	223192	7589	725	504	266
安徽	48104	41766	1631	70	774	720
福建	46406	41085	739	154	72	10
江西	462			0		
山东	71957	54792	1374	817	94	81
河南	31027	25038	953	559		
湖北	36565	32933	1419	0		
湖南	103354	78215	4539	3		
广东	791082	665926	23871	981	5141	-32
广西	181439	170944	5332			
海南						
重庆	8522	6658	130	89	265	74
四川	4135	2288	138	280		
贵州						
云南	10453	8990	183	181	6	6
西藏						
陕西	8355	7297	259			
甘肃						
青海	144	88	4	0		
宁夏	20806	18261	631	0	1597	843
新疆	30	2	1			

2-105 各地区外商投资建筑业企业费用情况

单位：万元

地区	管理费用	#税金	#差旅费	#工会经费	财务费用	#利息收入	#利息支出
全国总计	**263814**	**5036**	**13694**	**2094**	**37151**	**4852**	**40704**
北京	50530	785	2295	312	-20	2046	2628
天津	4743	197	65		408	77	10
河北	1452	11	59	7	6	51	25
山西	4557	48	92	132	17	3	20
内蒙古							
辽宁	21382	1234	847	199	6309	244	7293
吉林							
黑龙江	1999	18	124	21	604	119	565
上海	89476	632	5115	723	876	902	3117
江苏	34299	799	1920	420	4494	1485	3802
浙江	5018	243	396	18	1473	126	1554
安徽	1307	33	121	10	75	4	77
福建	3326	66	147	33	184	18	181
江西	38	1	2				
山东	4514	155	173	13	820	42	758
河南	3688	34	361	15	-3	1	
湖北	705	136	29	4	32		
湖南	12531	41	564	133	728	24	697
广东	17260	535	674	46	20602	-313	19435
广西	476	2	474		-8	-8	
海南							
重庆	785	5	16	1	206	11	218
四川	527	8	22	8	5	-17	
贵州							
云南	743	33	28	1	183	14	188
西藏							
陕西	659	9	37		25	-4	28
甘肃							
青海	52	0	3				
宁夏	3722	13	130	0	135	27	108
新疆	27		2	0			

2-106 各地区外商投资建筑业企业利润及税金情况

单位：万元

地区	利润总额	#应交所得税	税金总额	主营业务税金及附加	管理费用中的税金
全国总计	**265613**	**69153**	**140505**	**135469**	**5036**
北京	39390	8342	24861	24077	785
天津	-39	791	994	797	197
河北	1965	459	868	857	11
山西	-1447	41	1866	1818	48
内蒙古					
辽宁	16736	3988	9618	8384	1234
吉林					
黑龙江	-131	32	684	666	18
上海	59616	16538	34552	33920	632
江苏	53127	11017	16956	16157	799
浙江	4509	979	7832	7589	243
安徽	3940	967	1664	1631	33
福建	931	226	805	739	66
江西	-1		1		1
山东	9355	2330	1529	1374	155
河南	1083	1208	987	953	34
湖北	1478	395	1555	1419	136
湖南	7456	1963	4580	4539	41
广东	62712	16005	24406	23871	535
广西	4660	3629	5334	5332	2
海南					
重庆	232	30	135	130	5
四川	890	163	145	138	8
贵州					
云南	142	36	216	183	33
西藏					
陕西	115	4	267	259	9
甘肃					
青海	0	0	4	4	0
宁夏	-1104	14	645	631	13
新疆	-1		1	1	

2-107 各地区外商投资建筑业企业应收工程款及企业亏损情况

地　区	应收工程款(万元)	#竣工工程	企业个数(个)	#亏损企业个数	亏损企业的比重(%)
全国总计	**1302735**	**615642**	**295**	**63**	**21.4**
北　京	108694	40838	38	13	34.2
天　津	22782	1680	10	4	40.0
河　北	12611		2		
山　西	25842	14871	5	2	40.0
内蒙古					
辽　宁	133833	39169	38	9	23.7
吉　林					
黑龙江	31012	15394	5	2	40.0
上　海	235790	51345	57	15	26.3
江　苏	175195	75941	57	7	12.3
浙　江	11667	8250	10	1	10.0
安　徽	6518	2429	5		
福　建	10665	6927	6		
江　西	21		1	1	100.0
山　东	22708	12913	18		
河　南	4620	3975	10	2	20.0
湖　北	3885	1260	4	1	25.0
湖　南	29742	13636	4		
广　东	440045	305433	9	1	11.1
广　西	21	18	1		
海　南					
重　庆	1280	89	4	1	25.0
四　川	1488	256	4		
贵　州					
云　南	3598	1908	1		
西　藏					
陕　西	1318	78	2	1	50.0
甘　肃					
青　海	96		1		
宁　夏	19241	19165	2	2	100.0
新　疆	68	68	1	1	100.0

2-108 各地区外商投资建筑业企业主要经济效益指标

地 区	产值利润率(%)	产值利税率(%)	资本利润率(%)	资本利税率(%)	人均利润(元/人)	人均利税(元/人)	资产负债率(%)
全国总计	**5.6**	**8.5**	**32.2**	**49.2**	**21092**	**32250**	**69.1**
北 京	7.7	12.5	36.0	58.7	34169	55735	74.7
天 津	-0.2	5.6	-0.3	6.8	-861	21022	80.0
河 北	11.5	16.6	37.7	54.3	66624	96054	54.6
山 西	-2.6	0.8	-7.6	2.2	-4659	1349	54.6
内蒙古							
辽 宁	4.7	7.3	25.6	40.3	18219	28689	75.5
吉 林							
黑龙江	-0.5	2.0	-1.0	4.2	-619	2621	72.9
上 海	4.4	7.0	42.6	67.2	24424	38579	83.0
江 苏	10.1	13.4	27.8	36.7	29358	38728	56.2
浙 江	1.3	3.6	20.8	56.9	5009	13709	61.6
安 徽	7.1	10.1	87.4	124.3	24471	34804	81.9
福 建	2.2	4.1	8.9	16.6	5590	10424	73.2
江 西	-0.3	0.0	-0.2	0.0	-750	125	47.0
山 东	12.9	15.0	50.2	58.4	70494	82018	58.8
河 南	5.3	10.1	10.0	19.1	10806	20657	63.5
湖 北	4.1	8.5	45.6	93.6	26154	53683	36.5
湖 南	6.7	10.8	32.8	52.9	23416	37799	59.9
广 东	7.9	11.0	45.1	62.7	128745	178850	58.7
广 西	1.2	2.6	44.1	94.6	1450	3110	9.3
海 南							
重 庆	5.6	8.9	9.9	15.6	16028	25345	58.6
四 川	22.7	26.4	30.7	35.7	96685	112489	21.7
贵 州							
云 南	2.8	7.0	4.3	10.7	7840	19751	67.9
西 藏							
陕 西	1.1	3.8	11.4	37.8	4328	14411	80.0
甘 肃							
青 海	0.1	3.1	0.1	1.5	118	2588	22.9
宁 夏	-6.0	-2.5	-7.1	-2.9	-16598	-6907	34.3
新 疆	-2.6	1.1	-0.4	0.2	-1167	500	44.0

2-109 各地区港澳台商投资建筑业企业签订合同情况

单位：万元

地 区	合同总额	上年结转合同额	本年新签合同额
全国总计	**13958991**	**5237969**	**8721022**
北 京	1891938	698485	1193453
天 津	61151	21775	39376
河 北	33074	54	33020
山 西	56126	9804	46321
内蒙古			
辽 宁	292974	79301	213673
吉 林	301149	102908	198241
黑龙江	647		647
上 海	3653456	863423	2790033
江 苏	645106	201688	443418
浙 江	1582751	901487	681264
安 徽	42256	5665	36591
福 建	874858	287775	587083
江 西	1154650	530196	624454
山 东	1081850	640283	441568
河 南	50637	411	50225
湖 北	58280	3201	55079
湖 南	225900	110206	115694
广 东	1518623	759359	759265
广 西	17159	12018	5140
海 南	2808	908	1900
重 庆	319291		319291
四 川	12708	811	11897
贵 州			
云 南	31227	3425	27802
西 藏			
陕 西	613	93	520
甘 肃	846	581	265
青 海			
宁 夏	48831	4113	44719
新 疆	85		85

2-110 各地区港澳台商投资建筑业企业承包工程完成情况

单位：万元

地 区	直接从建设单位承揽工程完成的产值			从建设单位以外承揽工程完成的产值
		自行完成施工产值	分包出去工程的产值	
全国总计	**6764360**	**6253070**	**511290**	**244350**
北 京	1068702	955064	113638	35866
天 津	58782	49392	9390	1954
河 北	36371	36371		
山 西	39833	39211	622	
内蒙古				
辽 宁	171744	170241	1503	1503
吉 林	173601	173601		
黑龙江	647	647		
上 海	1366154	1189557	176597	105690
江 苏	440028	439911	117	31047
浙 江	642863	638609	4253	25741
安 徽	29020	27020	2000	
福 建	633012	530838	102174	168
江 西	406546	406546		297
山 东	327966	327966		
河 南	143806	85355	58451	25744
湖 北	51562	51511	51	16
湖 南	180267	178058	2209	
广 东	820325	780041	40285	16325
广 西	11344	11344		
海 南	1224	1224		
重 庆	79720	79720		
四 川	12890	12890		
贵 州				
云 南	27543	27543		
西 藏				
陕 西	479	479		
甘 肃	378	378		
青 海	86	86		
宁 夏	39385	39385		
新 疆	85	85		

2-111 各地区港澳台商投资建筑业总产值和竣工产值

单位：万元

地 区	建筑业总产值	#装饰装修产值	#在外省完成的产值	按构成分组			竣工产值
				建筑工程产值	安装工程产值	其他产值	
全国总计	**6497420**	**2013246**	**3379090**	**5358357**	**864258**	**274806**	**3765680**
北 京	990930	491719	665451	972778	12257	5895	797953
天 津	51346	4811	195	46009	5259	78	31811
河 北	36371	31473		31473	1310	3588	35061
山 西	39211	9171	1593	34200	5011		28773
内蒙古							
辽 宁	171744	93569	17826	61357	36778	73609	142514
吉 林	173601	8649	139145	165919	7681		170720
黑龙江	647	507		647			647
上 海	1295247	583474	746101	783954	445095	66198	402256
江 苏	470957	72100	150585	388324	77637	4997	318714
浙 江	664350	130153	452002	598566	55244	10540	471581
安 徽	27020	218	3157	13517	10787	2716	17796
福 建	531005	93647	306567	476691	40539	13776	339680
江 西	406843	6340	159267	401259	5584		190520
山 东	327966	5987	129483	316688	1486	9793	70351
河 南	111099	453	453	88266	22381	453	393
湖 北	51527	28760	1610	41318	8777	1431	18273
湖 南	178058	30566	88988	137787	40270		120494
广 东	796366	406166	443089	708369	80354	7642	526912
广 西	11344	3532		11344			6660
海 南	1224			532	183	509	453
重 庆	79720		73580		6140	73580	
四 川	12890	11009		11442	1448		11899
贵 州							
云 南	27543			27543			25761
西 藏							
陕 西	479	479		441	38		474
甘 肃	378	378		378			378
青 海	86			86			86
宁 夏	39385			39385			35434
新 疆	85	85		85			85

2-112 各地区港澳台商投资建筑业企业房屋建筑面积

地　区	房屋建筑施工面积(万平方米)	#本年新开工	#实行投标承包面积	#本年新开工	房屋建筑竣工面积(万平方米)	房屋建筑面积竣工率(%)
全国总计	**3711.0**	**1362.0**	**2506.0**	**1180.4**	**932.6**	**25.1**
北　京	1308.4	307.8	494.2	307.8	209.9	16.0
天　津						
河　北						
山　西	33.7	25.2	33.7	25.2	12.9	38.4
内蒙古						
辽　宁						
吉　林	9.6	0.5	0.5		3.1	32.1
黑龙江						
上　海	79.3		6.0			
江　苏	225.7	105.4	176.1	69.3	75.0	33.2
浙　江	500.4	342.5	405.6	295.3	247.3	49.4
安　徽	12.5	9.3	7.3	7.3	5.9	47.4
福　建	583.3	210.8	490.9	162.6	122.8	21.1
江　西	576.4	275.7	576.4	275.7	86.6	15.0
山　东	31.3	10.6	26.0	10.1	13.8	44.0
河　南	25.7	25.7	25.7	25.7		
湖　北	3.1	3.1			1.8	58.4
湖　南	188.2	1.0	183.5		40.1	21.3
广　东	97.0	23.2	72.3	1.2	84.7	87.3
广　西	10.8		7.3		7.3	67.4
海　南	0.5	0.1	0.5	0.1	0.3	53.9
重　庆						
四　川	0.5					
贵　州						
云　南	0.8	0.0			0.8	100.0
西　藏						
陕　西						
甘　肃	1.6	1.2			1.6	100.0
青　海						
宁　夏	22.4	19.8			18.8	83.7
新　疆						

2-113 各地区按主要用途分的港澳台商投资建筑业企业房屋建筑竣工面积

单位：万平方米

地区	总计	住宅房屋	商业及服务用房屋	商厦房屋(批发和零售用房)	宾馆用房屋(住宿用房)	餐饮用房屋(餐饮用房)
全国总计	**932.6**	**589.5**	**83.2**	**20.0**	**34.3**	**4.0**
北京	209.9	209.9				
天津						
河北						
山西	12.9	11.6	0.3	0.3		
内蒙古						
辽宁						
吉林	3.1	3.1				
黑龙江						
上海						
江苏	75.0	27.3				
浙江	247.3	77.0	16.8	16.8		
安徽	5.9	1.3	0.3			
福建	122.8	120.0	0.1			
江西	86.6	46.4	2.9	2.2	0.7	
山东	13.8	10.2				
河南						
湖北	1.8					
湖南	40.1	40.1				
广东	84.7	21.6	58.6	0.3	33.6	4.0
广西	7.3	7.3				
海南	0.3					
重庆						
四川						
贵州						
云南	0.8	0.7				
西藏						
陕西						
甘肃	1.6	1.2	0.4	0.4		
青海						
宁夏	18.8	11.9	3.8			
新疆						

2-113 续表 1

单位：万平方米

地　区	商务会展用房屋	其他商业及服务用房屋(居民服务业用房)	办公用房屋	科研、教育和医疗用房屋	科学研究用房屋	教育用房屋
全国总计	**2.0**	**22.9**	**16.9**	**19.9**		**11.4**
北　京						
天　津						
河　北						
山　西				1.0		
内蒙古						
辽　宁						
吉　林						
黑龙江						
上　海						
江　苏			0.9	0.5		0.5
浙　江			0.2	1.2		1.2
安　徽		0.3	1.0	3.3		3.0
福　建		0.1	0.9	1.0		1.0
江　西			13.5	9.7		2.9
山　东						
河　南						
湖　北						
湖　南						
广　东	2.0	18.7				
广　西						
海　南				0.3		0.3
重　庆						
四　川						
贵　州						
云　南			0.0			
西　藏						
陕　西						
甘　肃						
青　海						
宁　夏		3.8	0.3	2.8		2.4
新　疆						

2-113 续表 2

单位：万平方米

地区	医疗用房屋(卫生医疗用房)	文化、体育和娱乐用房屋	厂房及建筑物	#厂房	仓库	其他未列明的房屋建筑物
全国总计	**8.5**	**16.1**	**201.7**	**146.8**	**4.1**	**1.3**
北京						
天津						
河北						
山西	1.0					
内蒙古						
辽宁						
吉林						
黑龙江						
上海						
江苏			45.7	45.7		0.5
浙江		14.6	137.5	95.6		
安徽	0.3					
福建						0.8
江西	6.8	1.2	8.7		4.1	
山东			3.6	3.6		
河南						
湖北			1.8	1.8		
湖南						
广东		0.3	4.3			
广西						
海南						
重庆						
四川						
贵州						
云南			0.0			
西藏						
陕西						
甘肃						
青海						
宁夏	0.4					
新疆						

2-114　各地区按主要用途分的港澳台商投资建筑业企业房屋建筑竣工价值

单位：万元

地　区	总计	住宅房屋	商业及服务用房屋	商厦房屋(批发和零售用房)	宾馆用房屋(住宿用房)	餐饮用房屋(餐饮用房)
全国总计	**1681830**	**1059499**	**247039**	**48740**	**118494**	**9000**
北　京	488661	488661				
天　津						
河　北						
山　西	15660	14100	360	360		
内蒙古						
辽　宁						
吉　林	3688	3688				
黑龙江						
上　海						
江　苏	103332	60057				
浙　江	381397	98910	46710	46710		
安　徽	7610	1813	414			
福　建	231036	225657	83			
江　西	122251	47128	2002	1068	934	
山　东	17294	16264				
河　南						
湖　北	3612					
湖　南	36975	36975				
广　东	239463	40577	196634	509	117561	9000
广　西	6526	6526				
海　南	366					
重　庆						
四　川						
贵　州						
云　南	207	193				
西　藏						
陕　西						
甘　肃	378	285	93	93		
青　海						
宁　夏	23376	18666	743			
新　疆						

2-114 续表 1

单位：万元

地 区	商务会展用房屋	其他商业及服务用房屋(居民服务业用房)	办公用房 屋	科研、教育和医疗用房屋	科学研究用房屋	教育用房 屋
全国总计	**7000**	**63804**	**24636**	**33987**		**20181**
北 京						
天 津						
河 北						
山 西				1200		
内蒙古						
辽 宁						
吉 林						
黑龙江						
上 海						
江 苏			1879	1097		1097
浙 江			340	3020		3020
安 徽		414	1545	3838		3404
福 建		83	1725	2206		2206
江 西			18745	18690		7086
山 东						
河 南						
湖 北						
湖 南						
广 东	7000	62565				
广 西						
海 南				366		366
重 庆						
四 川						
贵 州						
云 南			6			
西 藏						
陕 西						
甘 肃						
青 海						
宁 夏		743	396	3570		3002
新 疆						

2-114 续表 2

单位：万元

地　　区	医疗用房屋(卫生医疗用房)	文化、体育和娱乐用房屋	厂房及建筑物	#厂房	仓　库	其他未列明的房屋建筑物
全国总计	**13806**	**16700**	**291852**	**174735**	**5277**	**2840**
北　京						
天　津						
河　北						
山　西	1200					
内蒙古						
辽　宁						
吉　林						
黑龙江						
上　海						
江　苏			38825	38825		1475
浙　江		13171	219246	131268		
安　徽	434					
福　建						1365
江　西	11604	3000	27409		5277	
山　东			1030	1030		
河　南						
湖　北			3612	3612		
湖　南						
广　东		529	1723			
广　西						
海　南						
重　庆						
四　川						
贵　州						
云　南			8			
西　藏						
陕　西						
甘　肃						
青　海						
宁　夏	568					
新　疆						

2-115 各地区港澳台商投资建筑业企业施工机械设备情况

地 区	年末自有施工机械设备总台数(台)	年末自有施工机械设备总功率(千瓦)	年末自有施工机械设备净值(万元)	技术装备率(元/人)	动力装备率(千瓦/人)
全国总计	**27667**	**543217**	**102801**	**7927**	**4.2**
北 京	1064	16583	7325	6176	1.4
天 津	347	67565	797	11241	95.3
河 北	12	276	13	181	0.4
山 西	1393	16361	4086	21841	8.7
内蒙古					
辽 宁	2598	65115	2853	6022	13.7
吉 林	610	31774	4281	5141	3.8
黑龙江	10	40	905	232103	1.0
上 海	2962	35772	4521	4175	3.3
江 苏	3900	105050	18734	13856	7.8
浙 江	3661	53783	15430	7992	2.8
安 徽	458	10057	1323	8649	6.6
福 建	2028	15817	3610	6963	3.1
江 西	380	902	463	209	0.0
山 东	905	30078	23092	37621	4.9
河 南					
湖 北	1217	13359	632	4543	9.6
湖 南	1199	7425	431	1121	1.9
广 东	4267	54065	8811	6642	4.1
广 西	24	270	189	4510	0.6
海 南					
重 庆	40	1200	420	3675	1.0
四 川	100	800	59	496	0.7
贵 州					
云 南	470	14924	4737	53465	16.8
西 藏					
陕 西	1	1	0	23	0.0
甘 肃					
青 海	21	2000	90	150000	333.3
宁 夏					
新 疆					

2-116 各地区港澳台商投资建筑业企业主要生产效益指标

地 区	建筑业企业个数 (个)	计算建筑业劳动生产率的平均人数 (人)	按总产值计算的劳动生产率 (元/人)	人均竣工产值 (元/人)	人均施工面积 (平方米/人)	人均竣工面积 (平方米/人)
全国总计	**385**	**144548**	**449499**	**260514**	**256.7**	**64.5**
北 京	41	13234	748776	602956	988.7	158.6
天 津	14	1030	498502	308845		
河 北	5	447	813669	784362		
山 西	7	1690	232016	170252	199.2	76.5
内蒙古						
辽 宁	21	3835	447834	371615		
吉 林	5	6430	269985	265505	14.9	4.8
黑龙江	2	40	161625	161625		
上 海	74	13718	944195	293233	57.8	
江 苏	48	17325	271837	183962	130.3	43.3
浙 江	20	19925	333425	236678	251.1	124.1
安 徽	6	1504	179652	118325	83.1	39.4
福 建	27	16900	314204	200994	345.1	72.7
江 西	8	19860	204855	95932	290.2	43.6
山 东	11	6186	530175	113726	50.5	22.2
河 南	4	88	12624898	44648	2925.4	
湖 北	15	1209	426192	151144	26.0	15.2
湖 南	6	6043	294651	199394	311.5	66.4
广 东	50	10300	773171	511565	94.1	82.2
广 西	3	419	270730	158959	256.6	173.0
海 南	1	33	370758	137182	148.8	80.2
重 庆	2	940	848085			
四 川	6	982	131264	121166	4.8	
贵 州		3				
云 南	3	746	369212	345327	10.2	10.2
西 藏						
陕 西	2	46	104152	103109		
甘 肃	1	4	945500	945500	4000.0	4000.0
青 海	1	8	107250	107250		
宁 夏	1	1600	246159	221463	140.1	117.3
新 疆	1	3	283333	283333		

2-117 各地区港澳台商投资建筑业企业营业额

单位：万元

地 区	企业营业额	在境外完成的营业额	企业总产值	#建筑业总产值
全国总计	**7301181**	**3576**	**7297605**	**6497420**
北 京	1020690	525	1020164	990930
天 津	51398		51398	51346
河 北	36784		36784	36371
山 西	40217		40217	39211
内蒙古				
辽 宁	171744		171744	171744
吉 林	176601		176601	173601
黑龙江	647		647	647
上 海	1454754	794	1453959	1295247
江 苏	859150	3	859147	470957
浙 江	668705	2254	666451	664350
安 徽	45304		45304	27020
福 建	532930		532930	531005
江 西	410749		410749	406843
山 东	334056		334056	327966
河 南	111099		111099	111099
湖 北	52082		52082	51527
湖 南	178058		178058	178058
广 东	978069		978069	796366
广 西	11344		11344	11344
海 南	1224		1224	1224
重 庆	79720		79720	79720
四 川	11475		11475	12890
贵 州				
云 南	27543		27543	27543
西 藏				
陕 西	509		509	479
甘 肃	378		378	378
青 海	86		86	86
宁 夏	45783		45783	39385
新 疆	85		85	85

2-118 各地区港澳台商投资建筑业企业资产构成

单位：万元

地区	资产合计	#流动资产合计	#存货	#非流动资产合计	#固定资产合计
全国总计	**6869029**	**5655988**	**1028024**	**1213041**	**423456**
北京	1014540	943372	211479	71169	29869
天津	118567	109502	5069	9066	3399
河北	20594	17615	2269	2979	2204
山西	58400	46559	6878	11840	10990
内蒙古					
辽宁	143827	126864	17813	16963	10869
吉林	150621	133758	64056	16863	9050
黑龙江	3524	2235		1289	905
上海	1426233	1229059	141335	197174	126431
江苏	670269	585848	81755	84421	47451
浙江	547572	456009	227806	91563	57906
安徽	85653	66491	29751	19162	15479
福建	252684	175491	39460	77194	9941
江西	445415	344619	27029	100795	11097
山东	411058	347982	49375	63076	31588
河南	112736	107027	216	5709	625
湖北	57493	21969	3296	35524	3526
湖南	88116	71018	5192	17098	7371
广东	925348	763360	111212	161988	29620
广西	5716	5188	1	528	477
海南	2531	2034	5	497	497
重庆	271084	53998	181	217086	6368
四川	8839	4897	621	3942	732
贵州					
云南	27933	22064	50	5869	5869
西藏					
陕西	1546	1152	4	394	340
甘肃	1182	1170	753	12	12
青海	1375	1135	262	240	240
宁夏	15934	15338	2145	596	593
新疆	241	236	14	6	6

2-119 各地区港澳台商投资建筑业企业固定资产情况

单位：万元

地 区	固定资产合计	固定资产原价	固定资产折旧	#本年折旧	在建工程
全国总计	**423456**	**554789**	**242560**	**54969**	**98432**
北 京	29869	51823	22597	6097	21
天 津	3399	11211	8033	443	220
河 北	2204	4241	2037	324	
山 西	10990	15708	9781	799	4997
内蒙古					
辽 宁	10869	20351	10282	2735	288
吉 林	9050	14263	5224	1231	12
黑龙江	905	1348	443		
上 海	126431	98188	34110	3679	62144
江 苏	47451	64297	27658	4621	6197
浙 江	57906	94443	44849	23877	8308
安 徽	15479	9699	2771	1257	8547
福 建	9941	17330	8397	660	920
江 西	11097	11396	1764	394	1464
山 东	31588	56320	24811	3731	9
河 南	625	934	309	35	
湖 北	3526	5958	2800	368	
湖 南	7371	11325	5423	748	1441
广 东	29620	51090	24014	3462	1631
广 西	477	1619	1143	95	
海 南	497	185	53	21	365
重 庆	6368	181	112	19	1054
四 川	732	1560	839	47	
贵 州					
云 南	5869	7610	2592	77	814
西 藏					
陕 西	340	990	649	31	
甘 肃	12	82	70	17	
青 海	240	478	238		
宁 夏	593	2082	1489	203	
新 疆	6	79	74		

2-120 各地区港澳台商投资建筑业企业负债及所有者权益

单位：万元

地区	负债合计	#流动负债	#非流动负债	所有者权益	#实收资本
全国总计	**5154044**	**4864538**	**266819**	**1714207**	**1055628**
北京	787288	783107	4103	227253	118146
天津	92963	92507	456	25604	36260
河北	13337	13336		7257	3934
山西	39504	39504		18895	16227
内蒙古					
辽宁	105894	79241	24681	37933	32759
吉林	110526	103299	500	40095	13436
黑龙江	533	530		2991	2260
上海	1088908	1043237	44738	337054	181800
江苏	418105	398831	14045	252164	141196
浙江	430048	429002		117524	85605
安徽	60584	60584		25070	11835
福建	165317	164301	979	87368	55743
江西	361517	359404	761	83898	68237
山东	331521	327074	4447	79537	57898
河南	108593	108593		4144	2142
湖北	46588	46281	-33	10906	20209
湖南	52855	52294	91	35261	18407
广东	688404	667971	19228	236944	113356
广西	1620	1620		4096	3500
海南	522	522		2009	2000
重庆	213657	59940	150850	57427	53500
四川	3006	1806	775	5324	3975
贵州					
云南	19050	19050		8883	5579
西藏					
陕西	439	439		1106	1868
甘肃	856	856		327	300
青海	1048	1048		327	610
宁夏	11116	9916	1200	4818	4787
新疆	246	246		-4	60

2-121 各地区港澳台商投资建筑业企业实收资本

单位：万元

地　区	合计	国家资本	集体资本	法人资本	个人资本	港澳台资本	外商资本
全国总计	**1055628**	**84642**	**35051**	**288046**	**77025**	**538623**	**32242**
北　京	118146	2597	664	27489	1352	85624	420
天　津	36260			13785	14581	7647	247
河　北	3934		77	1803		2053	
山　西	16227	2034		8335		5759	100
内蒙古							
辽　宁	32759	5125		12437	3400	10597	1200
吉　林	13436			4848	52	8536	
黑龙江	2260				1114	1146	
上　海	181800	2892	9670	40040	3941	119141	6116
江　苏	141196	1275	2621	27789	24138	78372	7001
浙　江	85605		530	48660	7691	28725	
安　徽	11835	8548		2335		952	
福　建	55743	2475	2130	20166	5012	22278	3684
江　西	68237	32013	10435	7500		7949	10340
山　东	57898	5750	1737	33232	1224	15906	50
河　南	2142				1092	1050	
湖　北	20209	720	550	8091	250	9403	1195
湖　南	18407	1275		2008	3468	11656	
广　东	113356	19938	4486	18785	7551	62335	261
广　西	3500			3000	255	245	
海　南	2000			887	966	147	
重　庆	53500					53500	
四　川	3975			375	140	3460	
贵　州							
云　南	5579		1951		800	1200	1628
西　藏							
陕　西	1868			1085		782	
甘　肃	300		200			100	
青　海	610			610			
宁　夏	4787			4787			
新　疆	60					60	

2-122 各地区港澳台商投资建筑业企业收入情况

单位：万元

地区	主营业务收入	#主营业务成本	#主营业务税金及附加	#销售费用	其他业务收入	#其他业务利润
全国总计	**6848191**	**6040495**	**173739**	**50751**	**41019**	**15283**
北京	1138131	1034899	27994	7916	11053	2219
天津	53587	31082	1718	1078	881	298
河北	36784	29395	1028	1384		
山西	36834	33680	985	47		
内蒙古						
辽宁	184233	150033	5908	1747		
吉林	166246	151078	5556	40		
黑龙江	647	579	23			
上海	1577186	1348591	30682	7729	5315	4164
江苏	477185	414628	9977	6149	274	122
浙江	613089	542861	12752	8621	8443	1531
安徽	44523	32823	912	4119	317	218
福建	637619	589905	19808	295	1260	1221
江西	376258	347168	12384	22	1627	1233
山东	262470	239209	7715	968	38	38
河南	13516	13151	222	0	1044	110
湖北	53445	46293	1928	389	253	204
湖南	166758	151731	6695	1219	77	44
广东	886051	778351	23540	8011	9522	3016
广西	8525	7595	235	5		
海南	1724	1368	56			
重庆	33844	24162	887	573	16	11
四川	4727	3968	148	82	45	38
贵州						
云南	27543	23804	994	358		
西藏						
陕西	972	753	33		37	35
甘肃	343	196	12		35	
青海	86	86	0			
宁夏	45783	43049	1547		781	781
新疆	85	58	3			

2-123 各地区港澳台商投资建筑业企业费用情况

单位：万元

地　区	管理费用	#税金	#差旅费	#工会经费	财务费用	#利息收入	#利息支出
全国总计	**271444**	**9477**	**15423**	**1159**	**136174**	**7033**	**57776**
北　京	47946	480	3001	180	-350	4476	4007
天　津	2428	170	93	10	38	20	56
河　北	3638	53	220	65	96	19	115
山　西	1840	62	235	16	35	5	7
内蒙古							
辽　宁	20084	1315	240	139	4568	6	4602
吉　林	2957	239	115	9	1931	25	1833
黑龙江	53	1	0				
上　海	76738	1085	3957	55	10229	-1924	13243
江　苏	20562	844	1561	185	5326	832	4589
浙　江	18529	794	1701	195	9490	1677	8970
安　徽	2506	54	198	1	115	-139	214
福　建	8652	294	322	9	-106	530	342
江　西	6465	1704	619	21	3138	512	2689
山　东	7512	360	133	24	5853	4	4272
河　南	460	31	1	2	83	22	17
湖　北	2800	158	119	71	52	-1	65
湖　南	3731	322	104	59	676	20	237
广　东	36808	1025	2659	104	92402	751	6405
广　西	280	3	1	0	-1	-1	0
海　南	110	1	4		0	1	
重　庆	4376	429	42	4	1604	196	5726
四　川	483	16	26	1	29		18
贵　州							
云　南	536	10	12		600		
西　藏							
陕　西	265	8	6	0	0	0	
甘　肃	114	12	10	1	0		
青　海	8				0	0	
宁　夏	1539	9	44	9	369	2	371
新　疆	24	0	4	0			

2-124 各地区港澳台商投资建筑业企业利润及税金情况

单位：万元

地区	利润总额	#应交所得税	税金总额	主营业务税金及附加	管理费用中的税金
全国总计	**317553**	**56501**	**183216**	**173739**	**9477**
北京	41529	7575	28473	27994	480
天津	151	222	1888	1718	170
河北	1511	631	1081	1028	53
山西	230	55	1047	985	62
内蒙古					
辽宁	1857	1628	7223	5908	1315
吉林	4692	1338	5795	5556	239
黑龙江	-7		23	23	1
上海	106371	18187	31767	30682	1085
江苏	24459	4406	10820	9977	844
浙江	19872	3970	13546	12752	794
安徽	4037	722	966	912	54
福建	18878	4868	20102	19808	294
江西	21269	1936	14088	12384	1704
山东	3326	729	8075	7715	360
河南	645	134	253	222	31
湖北	2091	608	2086	1928	158
湖南	2798	752	7017	6695	322
广东	38437	7944	24565	23540	1025
广西	410	181	238	235	3
海南	191	3	57	56	1
重庆	23414	254	1316	887	429
四川	119	5	164	148	16
贵州					
云南	1250	336	1004	994	10
西藏					
陕西	-45		41	33	8
甘肃	27	7	23	12	12
青海	-9		0	0	
宁夏	54	14	1556	1547	9
新疆	0	0	3	3	0

2-125 各地区港澳台商投资建筑业应收工程款及企业亏损情况

地 区	应收工程款(万元)	#竣工工程	企业个数(个)	#亏损企业个数	亏损企业的比重(%)
全国总计	**1814861**	**500826**	**385**	**91**	**23.6**
北 京	219967	46002	41	13	31.7
天 津	35316	9456	14	4	28.6
河 北	9343	9281	5	2	40.0
山 西	18828	3855	7	3	42.9
内蒙古					
辽 宁	19334	11500	21	5	23.8
吉 林	34942	9608	5	3	60.0
黑龙江	920	920	2	2	100.0
上 海	573542	63822	74	17	23.0
江 苏	245241	71928	48	5	10.4
浙 江	104567	78650	20	7	35.0
安 徽	14120	10253	6	2	33.3
福 建	54495	35659	27	4	14.8
江 西	98169	2848	8	1	12.5
山 东	61974	42815	11	1	9.1
河 南	706	124	4		
湖 北	5018	4368	15	4	26.7
湖 南	27123	10672	6	2	33.3
广 东	230394	53708	50	11	22.0
广 西	1646	437	3	2	66.7
海 南	527	358	1		
重 庆	51128	29580	2		
四 川	1153	961	6	1	16.7
贵 州					
云 南	1614	1364	3		
西 藏					
陕 西	230	230	2	1	50.0
甘 肃	282	209	1		
青 海	86	86	1	1	100.0
宁 夏	4051	2132	1		
新 疆	147		1		

2-126 各地区港澳台商投资建筑业企业主要经济效益指标

地 区	产值利润率 (%)	产值利税率 (%)	资本利润率 (%)	资本利税率 (%)	人均利润 (元/人)	人均利税 (元/人)	资产负债率 (%)
全国总计	**4.9**	**7.7**	**30.1**	**47.4**	**21969**	**34644**	**75.0**
北 京	4.2	7.1	35.2	59.3	31380	52895	77.6
天 津	0.3	4.0	0.4	5.6	1463	19791	78.4
河 北	4.2	7.1	38.4	65.9	33799	57978	64.8
山 西	0.6	3.3	1.4	7.9	1360	7553	67.6
内蒙古							
辽 宁	1.1	5.3	5.7	27.7	4841	23675	73.6
吉 林	2.7	6.0	34.9	78.0	7297	16309	73.4
黑龙江	-1.1	2.4	-0.3	0.7	-1850	3950	15.1
上 海	8.2	10.7	58.5	76.0	77541	100699	76.3
江 苏	5.2	7.5	17.3	25.0	14118	20363	62.4
浙 江	3.0	5.0	23.2	39.0	9973	16772	78.5
安 徽	14.9	18.5	34.1	42.3	26839	33265	70.7
福 建	3.6	7.3	33.9	69.9	11171	23065	65.4
江 西	5.2	8.7	31.2	51.8	10709	17803	81.2
山 东	1.0	3.5	5.7	19.7	5377	18430	80.7
河 南	0.6	0.8	30.1	41.9	73261	102011	96.3
湖 北	4.1	8.1	10.3	20.7	17291	34545	81.0
湖 南	1.6	5.5	15.2	53.3	4631	16242	60.0
广 东	4.8	7.9	33.9	55.6	37317	61166	74.4
广 西	3.6	5.7	11.7	18.5	9792	15463	28.3
海 南	15.6	20.2	9.5	12.4	57758	74939	20.6
重 庆	29.4	31.0	43.8	46.2	249083	263083	78.8
四 川	0.9	2.2	3.0	7.1	1207	2878	34.0
贵 州							
云 南	4.5	8.2	22.4	40.4	16752	30212	68.2
西 藏							
陕 西	-9.4	-0.8	-2.4	-0.2	-9739	-804	28.4
甘 肃	7.1	13.2	8.9	16.6	66750	124750	72.4
青 海	-10.3	-9.9	-1.4	-1.4	-11000	-10625	76.2
宁 夏	0.1	4.1	1.1	33.6	337	10064	69.8
新 疆	0.2	3.3	0.3	4.7	667	9333	101.8

三、中央和地方建筑业企业

3-1 各地区中央建筑业企业签订合同情况

单位：万元

地 区	合同总额	上年结转合同额	本年新签合同额
全国总计	**627034497**	**320256290**	**306778207**
北 京	103716985	52923790	50793195
天 津	38206736	19971220	18235517
河 北	16915821	9106496	7809325
山 西	25580834	14968610	10612224
内蒙古	2327023	1185080	1141943
辽 宁	21289017	10692792	10596225
吉 林	7504634	5825283	1679351
黑龙江	10255052	5426470	4828582
上 海	42366520	17683251	24683270
江 苏	16470243	9502522	6967722
浙 江	3867440	1874736	1992703
安 徽	15732200	9700199	6032000
福 建	5805851	3461639	2344213
江 西	4111156	2749039	1362118
山 东	28636138	15179533	13456605
河 南	33481655	15860125	17621530
湖 北	68968159	29287261	39680898
湖 南	29952558	15326990	14625568
广 东	46736394	20237690	26498704
广 西	2404294	1055691	1348603
海 南	12643	1122	11521
重 庆	9035842	5458576	3577267
四 川	35009610	21044730	13964881
贵 州	6040056	3020316	3019740
云 南	6548288	4467012	2081276
西 藏			
陕 西	29237280	16256003	12981277
甘 肃	2684863	1640709	1044154
青 海	3585349	2235611	1349737
宁 夏	750177	287981	462196
新 疆	9801678	3825816	5975862

3-2 各地区中央建筑业企业承包工程完成情况

单位：万元

地　区	直接从建设单位承揽工程完成的产值			从建设单位以外承揽工程完成的产值
		自行完成施工产值	分包出去工程的产值	
全国总计	**238115260**	**223589310**	**14525950**	**13370659**
北　京	34494407	28822734	5671674	5852497
天　津	16316931	14646064	1670867	1109989
河　北	6720759	6663722	57037	531032
山　西	9756491	9738789	17702	77863
内蒙古	870530	870509	20	50178
辽　宁	9159084	9092213	66871	100141
吉　林	2487589	2460350	27239	45591
黑龙江	3479838	3266421	213417	
上　海	16078827	15233120	845707	725209
江　苏	6654877	6137883	516994	297639
浙　江	1844985	1604344	240641	5159
安　徽	6295987	6245774	50212	71862
福　建	2265312	2209542	55770	20060
江　西	2045532	1946886	98646	18595
山　东	10248165	9834445	413720	91010
河　南	15674229	15549496	124733	239258
湖　北	27561287	27366544	194743	638506
湖　南	8840975	8840975		582300
广　东	14233496	12746883	1486613	739154
广　西	1129346	1031152	98195	361884
海　南	8579	7645	933	
重　庆	3639498	3559861	79638	51351
四　川	13028658	12614783	413875	881458
贵　州	2771118	2763921	7197	5616
云　南	1965730	1965730		
西　藏				
陕　西	12419593	10541822	1877770	711297
甘　肃	1348329	1329023	19306	22986
青　海	1319071	1266778	52293	58340
宁　夏	339940	339940		
新　疆	5116099	4891962	224137	81685

3-3 各地区中央建筑业总产值和竣工产值

单位：万元

地区	建筑业总产值	#装饰装修产值	#在外省完成的产值	按构成分组			竣工产值
				建筑工程产值	安装工程产值	其他产值	
全国总计	**236959969**	**4876928**	**148118484**	**211604992**	**21389553**	**3965423**	**86296600**
北京	34675231	2529178	28771640	33160101	1335243	179887	14974295
天津	15756053	94985	8740743	14334978	1213438	207637	5181314
河北	7194754	78503	5018577	5772545	1082501	339708	3220087
山西	9816652	58532	6557284	9072497	687346	56809	3284273
内蒙古	920687	24960	312684	859930	47714	13044	436622
辽宁	9192355	100562	3592662	7553854	1358954	279546	3849078
吉林	2505941	2700	782965	1867328	510067	128547	630973
黑龙江	3266421	5397	696170	2141268	1096844	28309	1523664
上海	15958328	432240	13563371	14339354	1348331	270644	6090208
江苏	6435521	4466	4404185	5172201	1136781	126539	2943725
浙江	1609503	2103	770557	1090038	325728	193737	533397
安徽	6317636	50936	3816154	5695513	563016	59107	2029299
福建	2229602	17308	919827	2018600	204463	6539	1018296
江西	1965481	4192	1168594	1357469	586870	21143	554539
山东	9925455	96031	6491256	8477979	1278942	168533	3416278
河南	15788754	95940	8770740	13743404	1874005	171346	4837153
湖北	28005050	111069	18876310	25849537	1632931	522582	7938319
湖南	9423274	187861	6976786	8543180	706573	173522	4024271
广东	13486037	414964	6005523	12938438	453705	93893	5744408
广西	1393035	15553	817162	831992	505471	55572	869774
海南	7645			7355	291		
重庆	3611211	139196	2301284	3352841	238699	19671	1768529
四川	13496241	310021	7318896	11903465	1181053	411724	3832248
贵州	2769537	9369	1147213	2324277	368394	76867	787690
云南	1965730		798480	1828667	127194	9869	617226
西藏							
陕西	11253119	59176	7516931	10595765	580356	76999	2695724
甘肃	1352010	9327	810193	1078967	239500	33542	346725
青海	1325118		679105	1058825	61492	204802	327047
宁夏	339940		63249	287239	46264	6437	210736
新疆	4973648	22359	429945	4347388	597389	28871	2610704

3-4 各地区中央建筑业企业房屋建筑面积

地　区	房屋建筑施工面积(万平方米)	#本年新开工	#实行投标承包面积	#本年新开工	房屋建筑竣工面积(万平方米)	房屋建筑面积竣工率(%)
全国总计	**95799.6**	**30074.7**	**82413.5**	**26279.4**	**16612.7**	**17.3**
北　京	25826.3	8611.3	23006.3	7965.5	4351.7	16.8
天　津	4467.4	1583.5	4348.4	1549.8	648.3	14.5
河　北	2858.1	706.3	2833.9	693.9	328.2	11.5
山　西	1361.9	425.7	1338.1	424.5	207.2	15.2
内蒙古	295.4	45.2	275.5	25.3	75.9	25.7
辽　宁	3069.7	1012.1	2705.3	816.6	456.4	14.9
吉　林	192.7	80.0	123.9	35.4	66.2	34.3
黑龙江	90.4	55.8	73.2	51.4	55.4	61.3
上　海	9435.1	2625.7	9175.6	2570.3	1202.7	12.7
江　苏	1724.9	468.3	1681.9	468.3	248.6	14.4
浙　江	43.5	14.8	40.1	13.8	7.1	16.4
安　徽	3217.6	968.8	3214.1	966.3	558.4	17.4
福　建	334.9	158.4	327.1	154.5	62.9	18.8
江　西	49.4	33.2	45.4	30.8	22.6	45.8
山　东	2925.5	903.2	2311.5	894.6	645.5	22.1
河　南	4811.0	1680.9	2878.1	935.0	449.7	9.3
湖　北	9085.4	3013.0	5408.2	1753.1	1288.3	14.2
湖　南	6551.4	1563.8	4751.6	1092.6	801.6	12.2
广　东	7431.4	2410.0	6525.1	2309.5	2050.9	27.6
广　西	115.0	46.8	72.2	46.8	15.8	13.8
海　南						
重　庆	1406.5	288.8	1406.5	288.8	610.2	43.4
四　川	3304.0	627.7	3083.6	587.5	660.2	20.0
贵　州	2125.1	555.5	1983.3	490.6	306.9	14.4
云　南	156.4	103.2	122.6	88.7	102.0	65.2
西　藏						
陕　西	1558.4	366.7	1438.1	342.8	292.0	18.7
甘　肃	230.8	81.4	225.2	74.4	29.2	12.6
青　海	108.9	43.9	108.9	43.9	2.3	2.1
宁　夏	190.1	75.7	186.4	72.1	64.4	33.9
新　疆	2832.3	1524.9	2723.5	1492.7	1002.3	35.4

3-5 各地区按主要用途分的中央建筑业企业房屋建筑竣工面积

单位：万平方米

地　区	总计	住宅房屋	商业及服务用房屋	商厦房屋(批发和零售用房)	宾馆用房屋(住宿用房)	餐饮用房屋(餐饮用房)
全国总计	**16612.7**	**10220.2**	**1382.4**	**612.3**	**147.8**	**48.8**
北　京	4351.7	2948.9	306.2	145.8	86.2	15.9
天　津	648.3	228.6	53.4	35.3	6.8	
河　北	328.2	161.3	66.3	37.7		13.2
山　西	207.2	86.9	3.6			
内蒙古	75.9	22.8	0.2			
辽　宁	456.4	227.6	67.6	38.5		
吉　林	66.2	36.0				
黑龙江	55.4	19.7	3.2	0.9	1.3	
上　海	1202.7	498.5	91.1	33.0		
江　苏	248.6	111.8	6.1	6.1		
浙　江	7.1	1.2				
安　徽	558.4	389.5	70.7	70.0		
福　建	62.9	31.8	4.9			1.0
江　西	22.6	19.9				
山　东	645.5	311.4	43.9	16.7	9.8	0.5
河　南	449.7	183.9	137.5		1.5	
湖　北	1288.3	703.2	183.2	104.3	17.5	4.5
湖　南	801.6	532.0	72.5	12.5		
广　东	2050.9	1705.5	73.7	65.9	7.3	
广　西	15.8	3.2	3.1	3.1		
海　南						
重　庆	610.2	366.9	18.8			
四　川	660.2	398.3	41.1	1.6	4.4	1.9
贵　州	306.9	137.3	88.2	17.8	9.7	7.4
云　南	102.0	64.4				
西　藏						
陕　西	292.0	190.4	7.1	3.0	0.3	0.2
甘　肃	29.2	13.8	8.4	8.4		
青　海	2.3	1.9				
宁　夏	64.4	30.9	3.0			3.0
新　疆	1002.3	792.4	28.7	11.7	2.9	1.3

3-5 续表 1 单位：万平方米

地　区	商务会展用房屋	其他商业及服务用房屋(居民服务业用房)	办公用房　屋	科研、教育和医疗用房屋	科学研究用房屋	教育用房　屋
全国总计	**317.3**	**256.3**	**1108.0**	**549.8**	**175.8**	**192.7**
北　京		58.3	321.4	162.6	41.1	68.5
天　津	4.0	7.3	31.9	30.1	17.8	0.8
河　北	11.8	3.6	8.9	10.3	2.2	5.7
山　西		3.6	6.4	0.2		0.2
内蒙古		0.2	7.0			
辽　宁		29.1	35.4	9.0	3.8	4.5
吉　林			1.7	1.5	1.5	
黑龙江		1.0		2.3		2.3
上　海	24.8	33.4	159.3	49.1	17.5	13.9
江　苏			9.6	11.6		7.6
浙　江						
安　徽		0.7	3.2	13.1	9.8	3.3
福　建		3.9	2.9	10.1		1.9
江　西						
山　东	12.0	4.8	136.0	32.6	9.0	0.7
河　南	130.6	5.4	13.6	1.7	1.7	
湖　北	49.1	7.9	40.4	64.9	50.9	7.0
湖　南	34.6	25.4	69.5	31.1		9.6
广　东	0.2	0.3	145.2	14.4	0.1	4.7
广　西			1.5			
海　南						
重　庆		18.8	9.7	17.6	3.7	1.1
四　川	3.1	30.0	8.9	20.7	5.8	14.9
贵　州	47.1	6.2	18.2	26.6	10.8	15.8
云　南			18.1			
西　藏						
陕　西		3.7	19.9	0.0		
甘　肃				1.8		
青　海						
宁　夏			3.9	2.3		0.8
新　疆		12.8	35.4	36.1	0.1	29.3

3-5 续表 2

单位：万平方米

地　区	医疗用房屋(卫生医疗用房)	文化、体育和娱乐用房屋	厂房及建筑物	#厂房	仓　库	其他未列明的房屋建筑物
全国总计	**181.3**	**221.1**	**2490.5**	**2108.0**	**95.8**	**544.9**
北　京	53.1	46.4	371.6	339.0	9.0	185.6
天　津	11.4	8.7	258.9	247.8	6.4	30.3
河　北	2.4	1.1	74.1	54.8	2.4	3.9
山　西		5.0	74.8	41.3	0.7	29.5
内蒙古		2.9	42.1	42.1		0.8
辽　宁	0.7	1.2	98.5	72.2		17.1
吉　林			26.3	16.0		0.7
黑龙江			10.2	8.7		19.9
上　海	17.7	35.8	366.3	361.4	2.1	0.6
江　苏	4.0		76.5	75.6	0.4	32.7
浙　江			5.9	0.5		
安　徽			79.6	75.4	2.3	
福　建	8.2	0.9	9.6	3.6	0.8	2.0
江　西			2.6	2.6		0.2
山　东	22.8	25.3	57.1	47.6	0.5	38.7
河　南		6.8	87.7	33.0	0.3	18.0
湖　北	7.0	39.8	207.0	201.7	17.6	32.0
湖　南	21.5	5.2	72.9	59.7	6.2	12.2
广　东	9.7	20.1	81.1	30.3		10.8
广　西			3.5	3.0		4.5
海　南						
重　庆	12.8	8.6	188.3	186.2		0.4
四　川		2.3	153.0	97.3	32.8	3.1
贵　州		4.9	30.0	28.1		1.7
云　南			16.4	5.2		3.1
西　藏						
陕　西	0.0		33.9	17.9		40.6
甘　肃	1.8		3.3	1.5		1.8
青　海			0.4			
宁　夏	1.6	2.7	12.5	12.5	6.4	2.7
新　疆	6.7	3.4	46.6	43.1	7.7	51.9

3-6 各地区按主要用途分的中央建筑业企业房屋建筑竣工价值

单位：万元

地　区	总计	住宅房屋	商业及服务用房屋	商厦房屋(批发和零售用房)	宾馆用房屋(住宿用房)	餐饮用房屋(餐饮用房)
全国总计	**31052952**	**15800793**	**2619867**	**1148144**	**304285**	**94419**
北　京	9219581	4653969	673652	319183	189706	30420
天　津	1366585	397820	101254	72316	8995	
河　北	704632	235795	237590	195477		18875
山　西	426117	153745	7198			
内蒙古	120101	33826	400			
辽　宁	848191	268744	101776	35378		
吉　林	52142	18588				
黑龙江	133534	27948	34705	3094	4585	
上　海	2420907	956508	174318	55158		
江　苏	519599	182225	26604	26604		
浙　江	14999	3609				
安　徽	878448	488541	50971	50074		
福　建	91443	42693	8973			1040
江　西	29902	20431				
山　东	1415572	481611	85708	23536	11143	836
河　南	704182	254218	227658		2195	
湖　北	2297468	1035637	369625	190575	41529	18031
湖　南	1218910	778343	97463	16727		
广　东	3560152	2824725	120887	105836	14164	
广　西	25539	5417	2625	2625		
海　南						
重　庆	1048518	584052	23170			
四　川	1206693	694496	81066	2717	8781	3738
贵　州	491355	182523	129526	28857	18798	11800
云　南	91193	63537				
西　藏						
陕　西	662737	304176	8405	2490	530	195
甘　肃	35265	18222	1729	1729		
青　海	5668	3941				
宁　夏	119160	47477	5549			5549
新　疆	1344362	1037974	49017	15770	3859	3936

3-6 续表 1

单位：万元

地 区	商务会展用房屋	其他商业及服务用房屋(居民服务业用房)	办公用房屋	科研、教育和医疗用房屋	科学研究用房屋	教育用房屋
全国总计	**528086**	**544933**	**2813436**	**1301534**	**488707**	**404719**
北 京		134343	958626	463599	142010	170407
天 津	6904	13039	38542	121553	85379	2163
河 北	17102	6136	10951	11415	2897	6697
山 西		7198	35728	387		387
内蒙古		400	18181			
辽 宁		66398	54397	26106	11886	11590
吉 林			4636	373	373	
黑龙江		27026		5857		5857
上 海	44889	74271	431362	123385	37836	34490
江 苏			36503	24954		19056
浙 江						
安 徽		897	7485	17021	13596	3425
福 建		7933	6925	17014		2478
江 西						
山 东	33700	16493	388926	71866	19251	620
河 南	214041	11422	37053	4570	4570	
湖 北	100502	18989	76139	134129	119494	11992
湖 南	50150	30586	176650	54581		18887
广 东	547	340	347377	31691	1476	5915
广 西			2444			
海 南						
重 庆		23170	17170	24833	6667	5993
四 川	6209	59622	17447	39479	9255	30224
贵 州	54043	16028	24528	64701	33827	30874
云 南			14501			
西 藏						
陕 西		5190	39812	90		
甘 肃				2416		
青 海						
宁 夏			8570	4226		1784
新 疆		25452	59485	57288	190	41879

3-6 续表 2

单位：万元

地 区	医疗用房屋(卫生医疗用房)	文化、体育和娱乐用房屋	厂房及建筑物	#厂房	仓 库	其他未列明的房屋建筑物
全国总计	**408109**	**989720**	**5035335**	**4352384**	**136563**	**2355704**
北 京	151182	339286	845988	762759	16430	1268031
天 津	34011	24265	482647	439949	3804	196700
河 北	1821	2900	156189	103292	1559	48233
山 西		22439	145618	89747	1389	59614
内蒙古		4200	60344	60344		3150
辽 宁	2630	2024	390231	312314		4914
吉 林			28425	25091		120
黑龙江			25516	20216		39507
上 海	51059	136696	594408	588313	3491	740
江 苏	5898		162406	162099	681	86227
浙 江			11389	880		
安 徽			313093	304800	1337	
福 建	14536	1156	11163	4002	652	2867
江 西			9253	9253		218
山 东	51995	209370	144794	135106	789	32508
河 南		29691	116045	56202	435	34512
湖 北	2643	96751	406829	395499	16632	161727
湖 南	35694	7063	83929	52524	5491	15391
广 东	24300	46277	121147	58582		68047
广 西			9579	8563		5473
海 南						
重 庆	12174	36209	363048	359622		36
四 川		12009	289419	179061	62235	10542
贵 州		7731	60534	57158		21813
云 南			10207	8139		2948
西 藏						
陕 西	90		59703	37693		250550
甘 肃	2416		10782	2886		2116
青 海			1727			
宁 夏	2442	5392	30372	30372	12511	5063
新 疆	15219	6262	90551	87919	9127	34659

3-7 各地区中央建筑业企业施工机械设备情况

地 区	年末自有施工机械设备总台数(台)	年末自有施工机械设备总功率(千瓦)	年末自有施工机械设备净值(万元)	技术装备率(元/人)	动力装备率(千瓦/人)
全国总计	**866247**	**40033885**	**19055936**	**68876**	**14.5**
北 京	35351	1670678	540413	30167	9.3
天 津	32689	1844383	1009786	149421	27.3
河 北	42070	2130455	374527	40162	22.8
山 西	28393	2539539	449237	24311	13.7
内蒙古	5730	143692	45832	32107	10.1
辽 宁	48015	1765170	336251	24784	13.0
吉 林	12912	307594	59313	8158	4.2
黑龙江	25517	663653	144799	33911	15.5
上 海	35591	1474735	843039	50912	8.9
江 苏	46675	1165247	903847	121315	15.6
浙 江	18636	389439	141093	75318	20.8
安 徽	20201	771695	208813	22118	8.2
福 建	11338	305408	67159	20569	9.4
江 西	6567	178862	58477	21920	6.7
山 东	33596	1556563	397085	20542	8.1
河 南	65737	3884794	806737	39889	19.2
湖 北	138008	7003183	1708547	55366	22.7
湖 南	48169	2179785	102891	16067	34.0
广 东	21889	1286537	757593	36824	6.3
广 西	14203	315464	59672	18225	9.6
海 南					
重 庆	12083	925843	232262	66431	26.5
四 川	68961	3249643	762215	52878	22.5
贵 州	12348	255875	52540	9579	4.7
云 南	12044	819687	170788	61204	29.4
西 藏					
陕 西	30336	1783473	381610	23075	10.8
甘 肃	7364	270995	54829	27391	13.5
青 海	9277	410097	91044	38932	17.5
宁 夏	3734	66324	4367	10472	15.9
新 疆	18813	675072	156549	19018	8.2

3-8 各地区中央建筑业企业主要生产效益指标

地　区	建筑业企业个数 (个)	计算建筑业劳动生产率的平均人数 (人)	按总产值计算的劳动生产率 (元/人)	人均竣工产值 (元/人)	人均施工面积 (平方米/人)	人均竣工面积 (平方米/人)
全国总计	**1277**	**4212120**	**562567**	**204877**	**227.4**	**39.4**
北　京	188	376827	920190	397378	685.4	115.5
天　津	56	185881	847642	278744	240.3	34.9
河　北	46	92309	779421	348838	309.6	35.6
山　西	52	247728	396267	132576	55.0	8.4
内蒙古	9	14136	651307	308873	209.0	53.7
辽　宁	110	206931	444223	186008	148.3	22.1
吉　林	31	73728	339890	85581	26.1	9.0
黑龙江	28	92284	353953	165106	9.8	6.0
上　海	61	218261	731158	279033	432.3	55.1
江　苏	31	104935	613286	280528	164.4	23.7
浙　江	19	21850	736615	244118	19.9	3.3
安　徽	25	106606	592615	190355	301.8	52.4
福　建	24	46760	476818	217771	71.6	13.5
江　西	19	19956	984907	277881	24.7	11.3
山　东	63	217093	457198	157365	134.8	29.7
河　南	69	280541	562797	172422	171.5	16.0
湖　北	54	373167	750470	212728	243.5	34.5
湖　南	33	223998	420686	179657	292.5	35.8
广　东	77	197309	683498	291138	376.6	103.9
广　西	11	38387	362892	226580	30.0	4.1
海　南	1	189	404513			
重　庆	23	113147	319161	156304	124.3	53.9
四　川	52	337264	400168	113628	98.0	19.6
贵　州	20	50623	547091	155599	419.8	60.6
云　南	10	47849	410819	128995	32.7	21.3
西　藏						
陕　西	60	238176	472471	113182	65.4	12.3
甘　肃	23	16744	807459	207074	137.8	17.4
青　海	9	22650	585041	144391	48.1	1.0
宁　夏	6	8733	389259	241310	217.7	73.7
新　疆	67	238058	208926	109667	119.0	42.1

3-9 各地区中央建筑业企业营业额

单位：万元

地区	企业营业额	在境外完成的营业额	企业总产值	#建筑业总产值
全国总计	**275941365**	**20381811**	**255559554**	**236959969**
北京	42979203	6690306	36288897	34675231
天津	17389062	916175	16472887	15756053
河北	7705575	116894	7588681	7194754
山西	10115031	166159	9948872	9816652
内蒙古	1070769	34521	1036248	920687
辽宁	9658718	252127	9406591	9192355
吉林	2744333	121802	2622531	2505941
黑龙江	4690101	659667	4030434	3266421
上海	19040257	865989	18174268	15958328
江苏	7527450	763271	6764179	6435521
浙江	2214583	76261	2138322	1609503
安徽	7089803	540492	6549311	6317636
福建	2380099	134840	2245259	2229602
江西	2115267	85939	2029328	1965481
山东	13228461	1599178	11629283	9925455
河南	17175655	882831	16292824	15788754
湖北	34470011	2120105	32349906	28005050
湖南	10183248	708876	9474372	9423274
广东	14904420	668131	14236289	13486037
广西	1687298	109376	1577921	1393035
海南	7645		7645	7645
重庆	3946535	10109	3936426	3611211
四川	15702745	935731	14767014	13496241
贵州	2843435	28330	2815105	2769537
云南	2460969	482196	1978773	1965730
西藏				
陕西	13208133	703394	12504738	11253119
甘肃	1390944	2200	1388744	1352010
青海	1591450	200639	1390812	1325118
宁夏	344945		344945	339940
新疆	6075221	506273	5568948	4973648

3-10 各地区中央建筑业企业资产构成

单位：万元

地 区	资产合计	#流动资产合计	#存货	#非流动资产合计	#固定资产合计
全国总计	**289656416**	**219134527**	**56006324**	**70521889**	**21811373**
北 京	78579648	52687373	9676996	25892275	2029061
天 津	18086188	13056134	3018804	5030054	2683781
河 北	7079748	5635179	1743127	1444569	738016
山 西	11974333	10075027	1585825	1899306	679762
内蒙古	916402	736990	209054	179412	115564
辽 宁	8277318	6945095	1988744	1332223	636623
吉 林	1463538	1096960	256313	366578	192913
黑龙江	2975729	2673256	744946	302472	251059
上 海	18582894	13305606	3534916	5277288	1427605
江 苏	6118171	5132857	1265909	985315	515241
浙 江	1907273	1494067	446172	413206	245840
安 徽	6398349	5393212	1514620	1005137	444671
福 建	1879539	1593566	348066	285974	140132
江 西	1499441	1311861	409367	187580	159424
山 东	11209481	9293071	2223332	1916410	1252579
河 南	14344235	12154855	3415809	2189380	1244416
湖 北	33935683	24073327	9763515	9862356	3629090
湖 南	7265997	5856339	1578772	1409659	563316
广 东	14677795	11431640	2687660	3246155	1189778
广 西	1298565	1079546	337696	219019	135448
海 南	12267	11667		600	349
重 庆	3052762	2585233	641947	467529	349137
四 川	13797851	11695897	4032016	2101954	1030149
贵 州	1973707	1794556	482262	179151	102053
云 南	1909993	1539969	464703	370025	245490
西 藏					
陕 西	12229662	10119437	2338021	2110225	761924
甘 肃	2412511	2042591	234480	369920	145461
青 海	1262738	790051	220679	472687	329159
宁 夏	301366	260935	100871	40432	33363
新 疆	4233232	3268232	741702	965000	539969

3-11 各地区中央建筑业企业固定资产情况

单位：万元

地 区	固定资产合计	固定资产原价	固定资产折旧	#本年折旧	在建工程
全国总计	**21811373**	**35003736**	**16243298**	**3230718**	**1837287**
北 京	2029061	3090475	1352217	319672	270159
天 津	2683781	3553220	1344276	253256	428415
河 北	738016	1274507	627229	145059	79598
山 西	679762	1187226	640477	134886	27803
内蒙古	115564	179761	65037	9656	677
辽 宁	636623	1329912	723905	125426	22740
吉 林	192913	364972	188729	21174	8232
黑龙江	251059	540492	301491	39375	10713
上 海	1427605	2495814	1241922	175715	123238
江 苏	515241	869884	396502	89728	39537
浙 江	245840	474457	243741	47503	7043
安 徽	444671	705471	282832	58178	9149
福 建	140132	269407	133949	20216	4151
江 西	159424	270583	128716	24953	1008
山 东	1252579	1743919	882609	160331	69380
河 南	1244416	2168992	1023883	231357	76109
湖 北	3629090	5665668	2373994	473814	312140
湖 南	563316	774384	414690	99505	39684
广 东	1189778	1732281	701576	170282	97255
广 西	135448	290379	183331	20390	23301
海 南	349	504	155	94	
重 庆	349137	466874	236430	63971	45959
四 川	1030149	1983206	997689	196658	33218
贵 州	102053	218641	119097	16326	1406
云 南	245490	424276	186432	46137	7344
西 藏					
陕 西	761924	1616878	885715	170844	19673
甘 肃	145461	251404	118736	20955	372
青 海	329159	262243	129023	29646	2908
宁 夏	33363	54135	25918	3523	5135
新 疆	539969	743771	292994	62091	70942

3-12 各地区中央建筑业企业负债及所有者权益

单位：万元

地 区	负债合计	#流动负债	#非流动负债	所有者权益	#实收资本
全国总计	**228432319**	**205981460**	**21957350**	**61222393**	**31505675**
北 京	54505107	46741392	7757435	24074541	10133049
天 津	14178790	12918260	1214161	3907398	2480562
河 北	5716467	5212233	503756	1363281	917523
山 西	10357885	10035149	322726	1616448	1196538
内蒙古	773732	751331	22366	142670	106622
辽 宁	6776886	6482402	279070	1500432	989057
吉 林	1135943	957158	42862	327595	351393
黑龙江	2723594	2635892	81327	252134	349245
上 海	14839339	13676934	1156209	3743509	2032080
江 苏	5110019	5024151	85866	1008152	589874
浙 江	1380967	1343087	37785	526306	280734
安 徽	5434392	5338068	91045	963957	543232
福 建	1568481	1541020	26802	311059	230888
江 西	1321431	1137078	14736	178010	143811
山 东	9640843	9234762	392003	1568638	1042801
河 南	12034655	11443001	585987	2309580	1437592
湖 北	27580635	22165853	5414110	6355048	1978448
湖 南	6082410	5677956	404454	1183587	587710
广 东	11843410	10528381	1259765	2834386	1741126
广 西	1093675	1021957	71718	204890	159316
海 南	6327	6327		5941	3000
重 庆	2494187	2359738	134448	558575	386927
四 川	11532892	10866924	661599	2264959	1205717
贵 州	1627106	1574042	49157	346601	192647
云 南	1575226	1469966	105260	334767	138376
西 藏					
陕 西	10238316	9681224	546117	1989687	1427288
甘 肃	2088025	1963694	124328	324486	265091
青 海	1007501	857340	150161	255237	123084
宁 夏	271255	264979	1700	30112	24406
新 疆	3492825	3071164	420395	740407	447538

3-13 各地区中央建筑业企业实收资本

单位：万元

地 区	合计	国家资本	集体资本	法人资本	个人资本	港澳台资本	外商资本
全国总计	**31505675**	**10329795**	**135407**	**19255411**	**1741913**	**36053**	**7097**
北 京	10133049	3024868	8808	6198431	889860	4848	6234
天 津	2480562	996808	2480	1309820	171454		
河 北	917523	233126	9453	639539	35405		
山 西	1196538	529636	1013	665541	348		
内蒙古	106622	19363	656	81766	4837		
辽 宁	989057	442333	23373	476511	46399	440	
吉 林	351393	64535	5332	271186	10340		
黑龙江	349245	52196	2222	293027	1800		
上 海	2032080	565690	4130	1434728	27033		500
江 苏	589874	300607		280261	9006		
浙 江	280734	71399	12010	194776		2549	
安 徽	543232	295455	1220	246031	527		
福 建	230888	94746	32	133918	1567	625	
江 西	143811	97537	10699	33916	1660		
山 东	1042801	484230	9240	538229	11103		
河 南	1437592	275851	15125	1146611	5		
湖 北	1978448	460825	1212	1157186	359225		
湖 南	587710	143710		443137	500		362
广 东	1741126	494299		1204598	14640	27590	
广 西	159316	93414	2500	62903	500		
海 南	3000			3000			
重 庆	386927	149706	51	230001	7170		
四 川	1205717	390297	14782	694785	105853		
贵 州	192647	60627	609	130739	672		
云 南	138376	97132	411	40696	137		
西 藏							
陕 西	1427288	532323	1965	891336	1664		
甘 肃	265091	71980		193111			
青 海	123084	23564		99520			
宁 夏	24406	19334	4159	913			
新 疆	447538	244204	3928	159196	40210		

3-14 各地区中央建筑业企业收入情况

单位：万元

地区	主营业务收入	#主营业务成本	#主营业务税金及附加	#销售费用	其他业务收入	#其他业务利润
全国总计	**265570842**	**241145875**	**7208378**	**319965**	**2005520**	**336745**
北京	45855216	42491785	1037596	23612	285966	78736
天津	16617532	15026837	492120	8754	41666	4593
河北	7773885	7001509	197473	18962	46231	3289
山西	9706936	8763949	277541	4399	41218	3678
内蒙古	1021234	800687	26510	168	3350	-465
辽宁	9294461	8478705	271621	3036	58476	4308
吉林	1804614	1680257	40052	1501	190686	6555
黑龙江	3551542	3343609	59823	6102	10990	6069
上海	18248065	16283805	475447	36398	90181	10585
江苏	7579612	6859673	203330	3841	26293	3842
浙江	1883685	1623866	49420	4577	11734	2202
安徽	6407241	5851140	183581	2783	44771	4439
福建	2308976	2122251	70351	820	28805	1602
江西	1974085	1814985	57044	2093	2796	267
山东	11778352	10802493	294496	11126	89662	10735
河南	18251592	16714871	478001	13631	35836	3391
湖北	30582282	27188477	980724	110602	226427	24954
湖南	9344363	8018394	222934	1690	42534	14459
广东	14964122	13739141	413274	7251	61262	20732
广西	1319218	1205494	36667	1396	16990	3790
海南	13579	10810	478			
重庆	3969593	3622001	118711	10127	4872	689
四川	14806608	13334437	445984	23950	388949	76248
贵州	2646760	2416256	88385	766	14319	1425
云南	1980894	1816232	44832	1407	8351	2506
西藏						
陕西	13273450	12214935	393404	9963	48793	6371
甘肃	1492906	1360418	44515	1942	22359	-1937
青海	1559285	1408220	47918	372	39029	8857
宁夏	356056	329443	11619	39	3060	284
新疆	5204704	4821197	144529	8660	119914	34541

3-15 各地区中央建筑业企业费用情况

单位：万元

地 区	管理费用	#税金	#差旅费	#工会经费	财务费用	#利息收入	#利息支出
全国总计	**9194275**	**261580**	**404942**	**92675**	**1552253**	**1366972**	**2595657**
北 京	1360402	15791	72387	12329	214585	569797	720083
天 津	606460	8892	23585	3642	127655	41304	144319
河 北	321724	6508	11474	2669	63445	6337	65862
山 西	483463	3703	13792	3161	29478	63010	92188
内蒙古	31349	1142	1542	265	15853	294	15461
辽 宁	352446	12402	12656	3851	35362	26254	71422
吉 林	65678	1242	2598	475	9828	1386	8480
黑龙江	119775	13875	3121	1068	5317	2734	7919
上 海	586430	9009	34505	5025	125294	90967	194142
江 苏	262036	3175	15069	3091	30322	13652	36828
浙 江	125506	1681	3335	1252	4727	2695	5408
安 徽	236466	3409	12651	2389	-24136	39198	11486
福 建	69757	1448	4279	675	13273	1330	10531
江 西	68481	1707	2442	816	4905	3656	6795
山 东	404493	12245	15721	4070	27240	72735	101426
河 南	635710	8019	23537	3933	81684	70457	139560
湖 北	1219876	15643	44869	15161	351225	99631	405870
湖 南	280889	2747	14496	2534	42421	44944	69978
广 东	338474	6194	18473	6389	125340	32805	130398
广 西	62406	1683	2592	571	22564	1506	15210
海 南	1317	6	182		-6	7	
重 庆	105000	2750	5651	1179	16963	6996	15921
四 川	560701	104612	31573	6481	101199	55034	107606
贵 州	70567	4120	3416	1134	17550	1526	13367
云 南	51103	1003	2962	1393	7757	1796	12322
西 藏							
陕 西	445318	11023	17004	6559	57741	64220	106517
甘 肃	82452	1990	2724	879	7326	31685	34375
青 海	73203	953	2850	235	5297	3701	5678
宁 夏	14071	619	286	19	397	98	470
新 疆	158724	3987	5172	1432	31651	17220	46035

3-16 各地区中央建筑业企业利润及税金情况

单位：万元

地 区	利润总额	#应交所得税	税金总额	主营业务税金及附加	管理费用中的税金
全国总计	**7335140**	**1261932**	**7469958**	**7208378**	**261580**
北 京	1802707	246118	1053387	1037596	15791
天 津	454694	91870	501012	492120	8892
河 北	161646	47259	203981	197473	6508
山 西	253568	17874	281244	277541	3703
内蒙古	11415	4195	27652	26510	1142
辽 宁	147231	28731	284023	271621	12402
吉 林	12042	8401	41294	40052	1242
黑龙江	63997	5323	73698	59823	13875
上 海	523902	116617	484457	475447	9009
江 苏	222164	45826	206506	203330	3175
浙 江	80151	18537	51101	49420	1681
安 徽	179499	18936	186990	183581	3409
福 建	35582	9661	71799	70351	1448
江 西	20550	4813	58751	57044	1707
山 东	285356	88814	306741	294496	12245
河 南	365580	71179	486020	478001	8019
湖 北	844490	162255	996367	980724	15643
湖 南	335487	56134	225681	222934	2747
广 东	457531	80397	419468	413274	6194
广 西	416	5416	38350	36667	1683
海 南	980	250	484	478	6
重 庆	90046	16134	121461	118711	2750
四 川	438366	36380	550596	445984	104612
贵 州	60937	14112	92505	88385	4120
云 南	67780	9123	45835	44832	1003
西 藏					
陕 西	262616	29573	404427	393404	11023
甘 肃	18043	3887	46504	44515	1990
青 海	45930	4567	48871	47918	953
宁 夏	1769	324	12238	11619	619
新 疆	90670	19229	148516	144529	3987

3-17 各地区中央建筑业企业应收工程款及企业亏损情况

地　区	应收工程款(万元)	#竣工工程	企业个数(个)	#亏损企业个数	亏损企业的比重(%)
全国总计	**50209249**	**10082724**	**1277**	**120**	**9.4**
北　京	9260289	1297086	188	22	11.7
天　津	4120369	1103853	56	5	8.9
河　北	1371673	447786	46	5	10.9
山　西	2599437	362239	52	5	9.6
内蒙古	216993	60244	9		
辽　宁	2130510	501544	110	10	9.1
吉　林	494006	98814	31	6	19.4
黑龙江	341370	169235	28	9	32.1
上　海	3941604	886774	61	8	13.1
江　苏	1628982	400462	31	1	3.2
浙　江	290961	105045	19		
安　徽	1211780	147389	25	1	4.0
福　建	363132	87622	24	1	4.2
江　西	225147	69822	19		
山　东	2512066	517628	63	8	12.7
河　南	2166463	403877	69	2	2.9
湖　北	4952226	934807	54	6	11.1
湖　南	1531924	241984	33	2	6.1
广　东	3008332	449720	77	2	2.6
广　西	203979	48696	11	3	27.3
海　南			1		
重　庆	617844	81228	23		
四　川	1647171	551758	52	6	11.5
贵　州	610503	109774	20	3	15.0
云　南	459277	39281	10	1	10.0
西　藏					
陕　西	2433531	326414	60	2	3.3
甘　肃	497674	81410	23	5	21.7
青　海	264829	89811	9	2	22.2
宁　夏	124591	102180	6		
新　疆	982586	366243	67	5	7.5

3-18 各地区中央建筑业企业主要经济效益指标

地　区	产值利润率(%)	产值利税率(%)	资本利润率(%)	资本利税率(%)	人均利润(元/人)	人均利税(元/人)	资产负债率(%)
全国总计	**3.1**	**6.2**	**23.3**	**47.0**	**17414**	**35149**	**78.9**
北　京	5.2	8.2	17.8	28.2	47839	75793	69.4
天　津	2.9	6.1	18.3	38.5	24462	51415	78.4
河　北	2.2	5.1	17.6	39.8	17511	39609	80.7
山　西	2.6	5.4	21.2	44.7	10236	21589	86.5
内蒙古	1.2	4.2	10.7	36.6	8075	27636	84.4
辽　宁	1.6	4.7	14.9	43.6	7115	20840	81.9
吉　林	0.5	2.1	3.4	15.2	1633	7234	77.6
黑龙江	2.0	4.2	18.3	39.4	6935	14921	91.5
上　海	3.3	6.3	25.8	49.6	24003	46200	79.9
江　苏	3.5	6.7	37.7	72.7	21172	40851	83.5
浙　江	5.0	8.2	28.6	46.8	36682	60069	72.4
安　徽	2.8	5.8	33.0	67.5	16838	34378	84.9
福　建	1.6	4.8	15.4	46.5	7609	22964	83.5
江　西	1.0	4.0	14.3	55.1	10297	39738	88.1
山　东	2.9	6.0	27.4	56.8	13144	27274	86.0
河　南	2.3	5.4	25.4	59.2	13031	30356	83.9
湖　北	3.0	6.6	42.7	93.0	22630	49331	81.3
湖　南	3.6	6.0	57.1	95.5	14977	25052	83.7
广　东	3.4	6.5	26.3	50.4	23189	44448	80.7
广　西	0.0	2.8	0.3	24.3	108	10099	84.2
海　南	12.8	19.2	32.7	48.8	51852	77466	51.6
重　庆	2.5	5.9	23.3	54.7	7958	18693	81.7
四　川	3.2	7.3	36.4	82.0	12998	29323	83.6
贵　州	2.2	5.5	31.6	79.6	12037	30311	82.4
云　南	3.4	5.8	49.0	82.1	14165	23744	82.5
西　藏							
陕　西	2.3	5.9	18.4	46.7	11026	28006	83.7
甘　肃	1.3	4.8	6.8	24.3	10776	38549	86.5
青　海	3.5	7.2	37.3	77.0	20278	41855	79.8
宁　夏	0.5	4.1	7.2	57.4	2025	16038	90.0
新　疆	1.8	4.8	20.3	53.4	3809	10047	82.5

3-19 各地区地方建筑业企业签订合同情况

单位：万元

地　区	合同总额	上年结转合同额	本年新签合同额
全国总计	**1846360665**	**685290185**	**1161070480**
北　京	58268469	25862551	32405918
天　津	27284392	10283052	17001340
河　北	65110222	21570091	43540131
山　西	26825445	8531126	18294320
内蒙古	21911336	9587302	12324034
辽　宁	87552476	24907001	62645476
吉　林	23743694	6626180	17117513
黑龙江	24207880	8476036	15731845
上　海	69414928	32447346	36967582
江　苏	261656935	90152290	171504645
浙　江	297922947	120871758	177051189
安　徽	54589986	18942345	35647641
福　建	74997284	30588971	44408313
江　西	43300145	13943246	29356899
山　东	89486874	28128106	61358768
河　南	64401662	20164576	44237086
湖　北	64273619	17736498	46537121
湖　南	61962671	25724432	36238239
广　东	114134700	56337017	57797683
广　西	35512308	13926838	21585470
海　南	5302370	2794693	2507677
重　庆	60136408	21936061	38200347
四　川	78539848	30161198	48378651
贵　州	17234504	7178507	10055996
云　南	33902458	10341719	23560739
西　藏	1148441	612048	536393
陕　西	36022138	11809121	24213017
甘　肃	20555746	6262305	14293440
青　海	2958397	1361266	1597130
宁　夏	6537320	1886617	4650703
新　疆	17465063	6139888	11325175

3-20 各地区地方建筑业企业承包工程完成情况

单位：万元

地 区	直接从建设单位承揽工程完成的产值	自行完成施工产值	分包出去工程的产值	从建设单位以外承揽工程完成的产值
全国总计	**1119151997**	**1097865882**	**21286115**	**37352729**
北 京	30362534	28540484	1822050	2667238
天 津	16833649	16128526	705123	701123
河 北	41076947	40939085	137862	517069
山 西	16786555	16695767	90788	169260
内蒙古	13350606	13336649	13958	152633
辽 宁	66061638	65542593	519045	738951
吉 林	17313931	17228814	85117	169496
黑龙江	20454718	20429692	25026	43493
上 海	35029615	28663310	6366305	3812758
江 苏	167295456	167011981	283476	10788010
浙 江	168811179	166966528	1844651	4751418
安 徽	35339076	34976585	362491	1010191
福 建	41045901	40772858	273043	1242980
江 西	25545927	25341991	203936	588236
山 东	62125726	61691587	434139	1196280
河 南	43829377	43644451	184926	657560
湖 北	42079127	41528314	550813	900856
湖 南	34145455	33979672	165783	676251
广 东	54147769	49502685	4645084	2155571
广 西	17013015	16934009	79006	343536
海 南	2811169	2808320	2849	15122
重 庆	35953777	34777606	1176171	1367879
四 川	48171737	47703700	468037	1203358
贵 州	7580633	7552287	28346	70351
云 南	21624887	21499598	125290	371279
西 藏	863164	852704	10460	11340
陕 西	23909306	23519085	390221	521682
甘 肃	12204908	12078217	126691	216057
青 海	1921595	1908429	13166	24029
宁 夏	4277569	4267435	10135	62152
新 疆	11185053	11042925	142128	206572

3-21 各地区地方建筑业总产值和竣工产值

单位：万元

地 区	建筑业总产值	#装饰装修产值	#在外省完成的产值	按构成分组 建筑工程产值	安装工程产值	其他产值	竣工产值
全国总计	**1135218612**	**76629627**	**282253620**	**1005594222**	**91776392**	**37847997**	**709588146**
北 京	31207722	7514768	11094452	29809376	1120101	278245	17852106
天 津	16829648	745839	1583938	13354064	2281079	1194505	9531766
河 北	41456153	1689954	10380659	35242801	3532136	2681216	22250243
山 西	16865027	695922	642346	14277507	1836929	750592	8005963
内蒙古	13489282	309188	315993	11830972	885684	772626	8541713
辽 宁	66281544	6689884	3910332	55677484	8012558	2591502	41819881
吉 林	17398310	749620	861838	15379604	1424855	593850	12214368
黑龙江	20473186	726813	1132761	17313331	2353684	806171	10736700
上 海	32476068	4712592	9174020	25873077	5458667	1144325	19366429
江 苏	177799991	9883980	69400635	167815956	8694876	1289159	135627467
浙 江	171717946	10693456	86297041	156019306	11480517	4218123	103270988
安 徽	35986776	1623496	4989463	30684428	2756090	2546258	21546871
福 建	42015837	1840106	16135452	38810801	2689006	516030	24952521
江 西	25930226	1487593	7523051	22956272	1546099	1427856	15962577
山 东	62887866	4239620	5980740	53058677	7890915	1938274	36977277
河 南	44302011	2202939	6337898	38949861	3804110	1548041	29354938
湖 北	42429169	2531583	7420726	36798208	3868406	1762556	29685946
湖 南	34655923	1319961	7625490	29758809	2186114	2711000	25637228
广 东	51658256	10281573	10096634	43914819	5904228	1839209	29629325
广 西	17277545	777547	2006496	14944629	1188484	1144432	9363041
海 南	2823442	123204	113647	2499705	148912	174825	1812051
重 庆	36145485	1505376	6027030	32551005	2309110	1285370	20056327
四 川	48907057	1853920	6564038	43548614	3757510	1600934	29482774
贵 州	7622637	154339	852804	6778991	538015	305631	2711240
云 南	21870876	611017	764550	19533006	1522560	815310	12991674
西 藏	864044	26263	105593	814845	31304	17896	410015
陕 西	24040767	832066	3120885	20711864	2283783	1045120	10994121
甘 肃	12294274	421186	963004	10948223	1004537	341514	7269599
青 海	1932458	41745	104474	1565263	266507	100689	963670
宁 夏	4329587	109437	156783	4082771	176380	70436	3384976
新 疆	11249497	234643	570850	10089957	823239	336302	7184350

3-22 各地区地方建筑业企业房屋建筑面积

地　区	房屋建筑施工面积(万平方米)	#本年新开工	#实行投标承包面积	#本年新开工	房屋建筑竣工面积(万平方米)	房屋建筑面积竣工率(%)
全国总计	**890627.8**	**417749.8**	**706778.3**	**344828.0**	**342123.5**	**38.4**
北　京	15834.0	5138.1	14325.4	4666.1	4054.6	25.6
天　津	8017.5	3812.2	7206.2	3461.7	2228.4	27.8
河　北	32412.3	15511.0	27309.8	13478.5	12091.6	37.3
山　西	9629.2	4240.0	7804.1	3423.2	2954.5	30.7
内蒙古	10255.3	4253.9	6978.8	3747.2	3583.1	34.9
辽　宁	36980.1	22103.9	26075.1	16478.1	17008.9	46.0
吉　林	12940.4	6828.2	7711.7	5337.0	5960.5	46.1
黑龙江	8473.1	4484.6	6355.8	3522.5	4285.5	50.6
上　海	18526.4	6217.2	15326.3	5098.0	5273.4	28.5
江　苏	165054.2	74652.6	147615.0	66821.6	60993.1	37.0
浙　江	166925.7	72324.7	136542.1	61504.6	55460.7	33.2
安　徽	30118.1	14771.6	22164.9	12141.1	12787.8	42.5
福　建	41486.9	16318.0	30802.8	12383.8	12280.8	29.6
江　西	18840.0	10823.9	13782.8	8438.2	10126.2	53.7
山　东	53976.6	26936.8	43381.9	22672.1	20881.5	38.7
河　南	33517.7	18818.3	28258.9	16594.8	15947.9	47.6
湖　北	30028.5	19376.9	22564.2	15791.4	19109.0	63.6
湖　南	29860.7	13612.1	24084.6	11025.9	12597.2	42.2
广　东	35000.3	13708.2	18998.3	8161.8	11434.5	32.7
广　西	14961.6	6583.6	12119.2	5572.8	5012.9	33.5
海　南	2281.2	840.6	1855.9	706.1	811.8	35.6
重　庆	24863.2	12327.7	16865.8	9112.7	10991.6	44.2
四　川	35246.9	16466.4	24090.9	12031.7	15089.7	42.8
贵　州	6132.6	2548.2	4630.1	1862.6	1556.4	25.4
云　南	13217.6	7291.6	9664.5	5391.8	5817.4	44.0
西　藏	198.8	141.4	150.0	107.7	138.2	69.5
陕　西	15507.3	6736.4	13320.7	5832.2	5094.7	32.9
甘　肃	7935.1	4014.4	6232.0	3325.4	3198.2	40.3
青　海	665.6	340.5	450.2	268.2	341.8	51.4
宁　夏	3546.7	1804.3	3270.0	1683.6	1459.8	41.2
新　疆	8194.1	4722.4	6840.2	4185.5	3551.7	43.3

3-23 各地区按主要用途分的地方建筑业企业房屋建筑竣工面积

单位：万平方米

地区	总计	住宅房屋	商业及服务用房屋			
				商厦房屋(批发和零售用房)	宾馆用房屋(住宿用房)	餐饮用房屋(餐饮用房)
全国总计	**342123.5**	**224002.0**	**20436.5**	**8557.2**	**3044.4**	**923.2**
北京	4054.6	2680.5	253.2	110.2	54.3	3.2
天津	2228.4	1297.5	120.5	53.1	26.8	3.7
河北	12091.6	8677.3	531.9	153.5	75.8	14.1
山西	2954.5	2018.6	177.2	36.2	46.3	6.0
内蒙古	3583.1	2538.2	288.0	56.4	37.8	5.2
辽宁	17008.9	12195.0	708.4	311.0	79.2	35.2
吉林	5960.5	4315.0	246.4	57.7	18.0	5.7
黑龙江	4285.5	3535.2	205.6	46.8	19.0	7.1
上海	5273.4	2873.2	558.1	221.0	90.7	22.4
江苏	60993.1	42923.1	2765.3	1351.8	741.6	80.8
浙江	55460.7	28351.8	4214.2	2153.1	588.6	244.7
安徽	12787.8	7991.0	569.3	218.3	71.0	20.4
福建	12280.8	7375.3	1005.5	517.7	110.3	39.1
江西	10126.2	6138.1	727.5	328.1	77.7	27.8
山东	20881.5	14727.0	1161.6	413.8	105.1	51.8
河南	15947.9	11028.8	803.6	201.5	116.4	55.0
湖北	19109.0	12837.5	1026.9	432.8	169.7	57.1
湖南	12597.2	8548.1	851.5	447.5	102.1	23.4
广东	11434.5	6489.3	821.4	233.3	108.0	68.0
广西	5012.9	3151.3	235.8	97.4	37.1	5.9
海南	811.8	490.3	108.1	63.3	11.8	7.6
重庆	10991.6	8395.3	516.1	187.6	34.1	25.3
四川	15089.7	11137.7	922.6	377.8	133.3	42.7
贵州	1556.4	993.0	80.4	36.2	6.1	1.7
云南	5817.4	3778.4	549.4	206.1	63.4	11.1
西藏	138.2	52.1	18.7	3.1	4.8	0.2
陕西	5094.7	3594.8	365.9	83.0	52.6	22.8
甘肃	3198.2	2135.5	229.9	60.8	20.9	26.3
青海	341.8	200.7	16.2	3.6	6.2	0.3
宁夏	1459.8	973.2	138.4	36.1	13.7	1.4
新疆	3551.7	2559.3	219.2	58.3	22.0	7.3

3-23 续表 1

单位：万平方米

地区	商务会展用房屋	其他商业及服务用房屋(居民服务业用房)	办公用房屋	科研、教育和医疗用房屋	科学研究用房屋	教育用房屋
全国总计	**1025.7**	**6886.3**	**20496.2**	**14862.3**	**1382.0**	**10084.8**
北京	12.7	72.9	318.7	262.3	21.1	143.8
天津	3.7	33.2	120.1	69.6	14.4	50.7
河北	70.1	218.3	619.5	549.9	50.1	381.9
山西	24.6	64.1	148.9	231.0	9.7	191.9
内蒙古	6.2	182.5	274.2	262.5	18.9	232.3
辽宁	19.2	263.8	790.4	365.2	34.5	284.8
吉林	20.2	144.9	315.5	116.0	10.6	78.7
黑龙江	6.9	125.7	137.3	127.8	12.0	67.7
上海	27.8	196.2	260.1	222.2	42.3	87.8
江苏	74.7	516.4	3188.1	1631.7	178.6	1062.7
浙江	319.3	908.5	4219.4	1806.4	319.3	1078.1
安徽	9.4	250.1	949.3	710.1	33.6	577.3
福建	49.5	288.9	720.0	513.9	44.3	381.8
江西	16.3	277.5	781.8	549.6	58.2	377.3
山东	65.2	525.7	933.7	751.4	78.4	474.5
河南	49.6	381.1	1265.8	915.2	50.6	694.7
湖北	13.2	354.0	1347.9	1009.6	84.0	517.8
湖南	25.8	252.6	790.5	853.1	61.9	572.6
广东	38.9	373.1	601.1	634.8	61.3	464.1
广西	9.5	85.8	391.2	553.8	16.5	401.3
海南	2.0	23.3	37.9	114.6	13.9	79.1
重庆	60.9	208.1	384.3	307.3	20.3	226.2
四川	41.5	327.5	618.5	603.9	49.6	381.4
贵州	0.1	36.2	105.2	193.6	3.7	150.2
云南	8.1	260.7	313.8	530.8	15.3	427.1
西藏	5.4	5.3	38.9	17.0	3.3	7.4
陕西	3.5	204.0	313.5	306.6	43.0	200.5
甘肃	21.0	100.9	200.6	259.4	17.2	184.3
青海	1.2	4.9	43.1	48.3	2.9	41.3
宁夏	18.2	69.0	60.7	109.7	3.0	94.4
新疆	0.6	130.9	206.1	234.9	9.8	171.1

3-23 续表 2

单位：万平方米

地区	医疗用房屋(卫生医疗用房)	文化、体育和娱乐用房屋	厂房及建筑物	#厂房	仓库	其他未列明的房屋建筑物
全国总计	**3395.5**	**3024.2**	**48858.7**	**33545.7**	**2391.6**	**8051.8**
北京	97.5	52.6	324.0	278.7	24.5	138.8
天津	4.5	22.0	342.1	214.5	23.8	232.9
河北	117.8	99.8	1103.2	715.7	51.5	458.5
山西	29.4	25.0	272.8	197.9	17.6	63.4
内蒙古	11.2	38.2	80.3	60.9	7.2	94.6
辽宁	45.9	88.2	2296.3	1487.6	146.6	418.8
吉林	26.7	68.2	653.5	257.2	21.2	224.8
黑龙江	48.1	29.9	190.7	121.4	9.0	49.9
上海	92.2	36.6	1102.4	782.3	76.6	144.1
江苏	390.5	396.5	8828.6	7818.7	188.6	1071.0
浙江	409.1	670.4	14543.4	9963.7	558.5	1096.6
安徽	99.2	100.7	2018.5	1088.6	148.2	300.7
福建	87.8	100.8	2357.3	1490.8	122.3	85.7
江西	114.1	170.3	1290.0	743.5	107.5	361.5
山东	198.5	112.0	2675.6	1648.4	173.8	346.4
河南	169.8	121.6	1364.1	738.7	134.1	314.7
湖北	407.8	267.6	2155.8	1203.2	101.2	362.6
湖南	218.6	84.5	1063.9	633.2	75.5	329.9
广东	109.4	81.7	2347.2	1577.9	97.6	361.4
广西	136.1	84.2	385.3	284.0	36.3	174.9
海南	21.7	8.9	17.9	12.8	1.3	32.7
重庆	60.8	62.8	945.9	512.2	36.0	343.9
四川	172.9	108.5	1251.7	816.0	112.3	334.5
贵州	39.8	8.5	90.3	67.1	11.9	73.5
云南	88.4	39.0	408.2	302.0	42.4	155.4
西藏	6.3	5.8	0.7		0.7	4.4
陕西	63.2	61.0	279.7	188.4	21.9	151.4
甘肃	57.9	29.4	245.9	163.4	18.2	79.3
青海	4.1	3.6	14.8	7.6	0.9	14.2
宁夏	12.3	15.5	67.5	54.7	8.5	86.3
新疆	54.0	30.6	140.8	114.3	15.8	145.0

3-24 各地区按主要用途分的地方建筑业企业房屋建筑竣工价值

单位：万元

地 区	总计	住宅房屋	商业及服务用房屋	商厦房屋(批发和零售用房)	宾馆用房屋(住宿用房)	餐饮用房屋(餐饮用房)
全国总计	**453176074**	**293190675**	**30572046**	**12425116**	**5166304**	**1323319**
北 京	8308274	4794046	622787	214665	100680	7323
天 津	4256626	2366073	291164	154273	66935	3439
河 北	15232189	10231822	788614	251812	112111	30331
山 西	4084312	2630461	277524	47689	71350	11950
内蒙古	4894764	3096503	458139	86311	72579	8776
辽 宁	23005792	16268134	1030212	462299	90674	50576
吉 林	7804079	5635637	358836	95834	29288	7447
黑龙江	6088348	4850357	323022	83012	25518	17157
上 海	9533605	4776195	1275734	420790	315636	46129
江 苏	89532808	61983833	4796866	2150217	1431644	112237
浙 江	74520315	40835101	6567373	3270134	1085578	355992
安 徽	13917813	8737497	686946	274182	109987	21474
福 建	16760733	10642159	1544984	813687	189412	52006
江 西	10313850	6109953	755989	315655	107938	37081
山 东	24587330	16915174	1583152	479806	131214	66723
河 南	16967345	11438024	753415	219957	122491	54778
湖 北	22407985	14812272	1253510	521380	189706	69853
湖 南	14737529	9798343	1084281	551142	125983	34048
广 东	15849891	8911432	1361034	358005	208460	70374
广 西	6021382	3538222	289024	134257	42152	9373
海 南	1333015	842204	167258	108285	14544	11650
重 庆	13563606	10245936	697960	267300	45899	30314
四 川	19883223	14629658	1276820	487145	186727	75596
贵 州	1892925	1137871	99483	49220	6028	1986
云 南	7721857	4941951	683224	256329	88333	19979
西 藏	254122	85704	38683	7680	12068	359
陕 西	7420704	5048774	585105	116591	90579	57730
甘 肃	5414154	3336547	411719	110850	35852	42111
青 海	538730	301342	28227	3896	7040	362
宁 夏	1940314	1240788	179354	47780	16897	3046
新 疆	4388458	3008661	301607	64935	33000	13123

3-24 续表 1

单位：万元

地 区	商务会展用房屋	其他商业及服务用房屋（居民服务业用房）	办公用房屋	科研、教育和医疗用房屋	科学研究用房屋	教育用房屋
全国总计	**1774828**	**9882592**	**29459376**	**22305362**	**2286212**	**14337057**
北 京	36930	263188	807772	772056	64748	369333
天 津	5230	61287	246121	188473	32065	146256
河 北	96095	298266	855753	746099	114831	475149
山 西	60548	85987	230690	378028	15843	305300
内蒙古	11872	278602	497891	407703	31619	353340
辽 宁	33668	392995	1125959	502728	50694	378741
吉 林	41649	184618	381846	180539	21239	122383
黑龙江	12353	184982	244223	211929	14215	106683
上 海	65778	427402	551358	633178	137369	184750
江 苏	123646	979122	5435076	2902216	302468	1827524
浙 江	492578	1363090	6280295	2781159	481263	1637617
安 徽	9621	271683	998653	743540	36242	582707
福 建	71556	418323	932901	717183	66778	528829
江 西	24210	271105	835181	634177	75677	399837
山 东	218413	686996	1247223	1262086	160289	674825
河 南	55445	300745	1385936	1097369	45565	829100
湖 北	32174	440398	1628935	1316020	98745	685259
湖 南	35799	337309	939926	1126203	99141	729571
广 东	53591	670605	895668	1010282	134712	715093
广 西	15504	87738	519642	671420	20057	469705
海 南	2427	30353	57770	176342	20436	109142
重 庆	112317	242130	530845	411902	31884	282055
四 川	70025	457440	829939	857763	76613	516921
贵 州	76	42174	114362	314686	4407	261458
云 南	13593	304989	445157	761424	21410	610103
西 藏	3169	15408	68498	38557	8773	12651
陕 西	6465	313739	483720	432958	57617	276021
甘 肃	43668	179239	392092	455565	35131	314874
青 海	6006	10923	71587	76078	5084	63176
宁 夏	19374	92258	104598	164489	5821	138246
新 疆	1050	189500	319758	333210	15477	230411

3-24 续表 2

单位：万元

地　区	医疗用房屋(卫生医疗用房)	文化、体育和娱乐用房屋	厂房及建筑物	#厂房	仓　库	其他未列明的房屋建筑物
全国总计	**5682093**	**5341506**	**57210083**	**39605418**	**2871384**	**12225643**
北　京	337975	167409	728573	635887	58192	357439
天　津	10151	92760	518202	352984	43721	510112
河　北	156119	146928	1631557	1143459	80014	751403
山　西	56886	70872	357767	256407	20386	118584
内蒙古	22744	75533	141610	107759	12651	204734
辽　宁	73293	176131	2992308	1885143	254516	655804
吉　林	36918	168263	781528	336978	30102	267328
黑龙江	91031	40993	330499	208723	12976	74348
上　海	311059	106389	1826818	1186519	120185	243747
江　苏	772224	899714	11659001	10227179	255210	1600892
浙　江	662280	1106833	14734773	10351133	576641	1638139
安　徽	124591	104911	1923762	1037401	127505	595000
福　建	121576	192850	2451749	1545731	133008	145900
江　西	158663	158480	1305251	704169	94090	420729
山　东	426972	182734	2757213	1698240	172568	467180
河　南	222705	141422	1606841	786064	142508	401830
湖　北	532016	354946	2428557	1389930	121101	492644
湖　南	297490	129113	1179255	741370	99902	380506
广　东	160477	163977	2738430	1573476	111025	658042
广　西	181658	140945	479072	364135	56853	326204
海　南	46765	14713	26846	17050	2071	45810
重　庆	97963	98462	1003213	606213	45770	529519
四　川	264230	162226	1527125	972701	148862	450829
贵　州	48822	10044	122373	96045	16419	77686
云　南	129911	63593	579241	435588	45671	201596
西　藏	17133	13522	1266		1341	6551
陕　西	99321	163558	480991	325944	29162	196436
甘　肃	105560	74829	603382	387248	24631	115389
青　海	7818	7456	26097	14912	1186	26757
宁　夏	20422	59065	82066	63658	8566	101389
新　疆	87321	52838	184716	153372	24551	163118

3-25 各地区地方建筑业企业施工机械设备情况

地 区	年末自有施工机械设备总台数(台)	年末自有施工机械设备总功率(千瓦)	年末自有施工机械设备净值(万元)	技术装备率(元/人)	动力装备率(千瓦/人)
全国总计	**9291033**	**202719192**	**38014868**	**9526**	**5.1**
北 京	87918	2066437	472647	15466	6.8
天 津	77841	3170234	1931953	75802	12.4
河 北	503487	12577823	1497532	11960	10.0
山 西	180100	4039736	761892	15941	8.5
内蒙古	104219	2297571	561468	15935	6.5
辽 宁	388109	11394726	1988414	10700	6.1
吉 林	62332	4575118	639830	13951	10.0
黑龙江	109062	2461546	659916	14674	5.5
上 海	124291	2234544	688082	9668	3.1
江 苏	1616351	38898900	6491026	8869	5.3
浙 江	951058	17969726	4194285	6565	2.8
安 徽	426519	8359867	1467553	9163	5.2
福 建	282251	6060002	1278591	7022	3.3
江 西	155286	3802143	707506	6764	3.6
山 东	700724	14954661	2734854	10597	5.8
河 南	753114	12715088	1864978	9030	6.2
湖 北	418970	7568679	1658297	11880	5.4
湖 南	401510	7817968	1299460	11570	7.0
广 东	645036	12780232	2055258	12095	7.5
广 西	137361	2243260	396480	6219	3.5
海 南	7065	150726	34466	5870	2.6
重 庆	170448	3684164	719498	5237	2.7
四 川	241167	4494488	990545	4844	2.2
贵 州	55284	1178146	193392	6440	3.9
云 南	170453	6422204	936924	13001	8.9
西 藏	3607	452236	41712	11632	12.6
陕 西	190676	3137555	709693	11249	5.0
甘 肃	208230	2429380	535025	9890	4.5
青 海	15265	333551	98295	10455	3.5
宁 夏	30416	702934	131493	15372	8.2
新 疆	72883	1745547	273804	12406	7.9

3-26 各地区地方建筑业企业主要生产效益指标

地　区	建筑业企业个数（个）	计算建筑业劳动生产率的平均人数（人）	按总产值计算的劳动生产率（元/人）	人均竣工产值（元/人）	人均施工面积（平方米/人）	人均竣工面积（平方米/人）
全国总计	**74003**	**42078889**	**269783**	**168633**	**211.7**	**81.3**
北　京	2990	513064	608262	347951	308.6	79.0
天　津	1479	404135	416436	235856	198.4	55.1
河　北	2301	1292927	320638	172092	250.7	93.5
山　西	1964	697933	241642	114710	138.0	42.3
内蒙古	819	533348	252917	160153	192.3	67.2
辽　宁	5437	2307024	287303	181272	160.3	73.7
吉　林	1622	568348	306121	214910	227.7	104.9
黑龙江	2010	911189	224686	117832	93.0	47.0
上　海	2902	920795	352696	210323	201.2	57.3
江　苏	8712	6904652	257508	196429	239.0	88.3
浙　江	5531	6289914	273005	164185	265.4	88.2
安　徽	2514	1496917	240406	143942	201.2	85.4
福　建	2363	1953678	215060	127721	212.4	62.9
江　西	1488	973063	266480	164045	193.6	104.1
山　东	5598	2867824	219288	128938	188.2	72.8
河　南	4263	1807858	245052	162374	185.4	88.2
湖　北	2720	1342912	315949	221057	223.6	142.3
湖　南	1873	1349383	256828	189992	221.3	93.4
广　东	4067	1629044	317108	181882	214.9	70.2
广　西	1042	625768	276101	149625	239.1	80.1
海　南	119	63742	442948	284279	357.9	127.4
重　庆	2311	1404461	257362	142804	177.0	78.3
四　川	3141	2091713	233813	140950	168.5	72.1
贵　州	538	274901	277287	98626	223.1	56.6
云　南	2070	864847	252887	150219	152.8	67.3
西　藏	175	32914	262516	124572	60.4	42.0
陕　西	1189	753532	319041	145901	205.8	67.6
甘　肃	1085	508056	241987	143087	156.2	63.0
青　海	358	106210	181947	90733	62.7	32.2
宁　夏	502	177235	244285	190988	200.1	82.4
新　疆	820	411502	273376	174588	199.1	86.3

3-27 各地区地方建筑业企业营业额

单位：万元

地　区	企业营业额	在境外完成的营业额	企业总产值	#建筑业总产值
全国总计	**1269229259**	**10889181**	**1258340078**	**1135218612**
北　京	34235493	744393	33491100	31207722
天　津	17904137	109152	17794985	16829648
河　北	43776462	172775	43603687	41456153
山　西	17843005	78431	17764574	16865027
内蒙古	14107069	62110	14044960	13489282
辽　宁	67609992	622768	66987224	66281544
吉　林	17818885	91501	17727384	17398310
黑龙江	20569464	94527	20474937	20473186
上　海	38799770	309608	38490162	32476068
江　苏	211364762	2923404	208441359	177799991
浙　江	175248265	685896	174562370	171717946
安　徽	37480848	500272	36980576	35986776
福　建	42615196	113415	42501781	42015837
江　西	27129099	385104	26743995	25930226
山　东	69977931	849399	69128532	62887866
河　南	46179924	277461	45902462	44302011
湖　北	44091026	572596	43518431	42429169
湖　南	35606406	307399	35299008	34655923
广　东	53815404	245326	53570078	51658256
广　西	17739373	30585	17708788	17277545
海　南	2870615		2870615	2823442
重　庆	37505989	429655	37076334	36145485
四　川	50982269	694186	50288083	48907057
贵　州	7711401	17944	7693457	7622637
云　南	22959691	262566	22697125	21870876
西　藏	925659	5200	920459	864044
陕　西	24855526	192549	24662977	24040767
甘　肃	69112738	83472	69029265	12294274
青　海	2419735	6577	2413158	1932458
宁　夏	4415551		4415551	4329587
新　疆	11557573	20912	11536662	11249497

3-28 各地区地方建筑业企业资产构成

单位：万元

地 区	资产合计	#流动资产合计	#存货	#非流动资产合计	#固定资产合计
全国总计	**827265104**	**650458324**	**142983799**	**176806779**	**96040805**
北 京	39020704	32399362	7410012	6621342	2137498
天 津	21162414	16508159	3162130	4654256	1644854
河 北	25356258	19744831	3838217	5611427	3917821
山 西	17787304	13705890	2636378	4081414	1998106
内蒙古	15259179	11435296	1548002	3823883	1876306
辽 宁	42768576	33171826	5777139	9596750	5574260
吉 林	15316036	12463687	1449197	2852349	1801015
黑龙江	13422600	10550203	1908094	2872397	2089455
上 海	46950732	39436600	8786505	7514132	2681801
江 苏	109443003	88366986	21857018	21076017	12031060
浙 江	84696468	68716788	17491904	15979680	9065791
安 徽	25297793	19006011	3748878	6291782	3678409
福 建	23600688	18599809	4162491	5000879	3130018
江 西	13970307	10391049	2036288	3579258	2237705
山 东	58273671	46038975	11570741	12234696	7535458
河 南	27095899	19576645	4689519	7519255	5074457
湖 北	24589660	18767346	4206582	5822314	4162758
湖 南	17913117	12907335	2631733	5005782	3131658
广 东	58267530	44647383	9894800	13620147	5118089
广 西	9942831	7620608	1426277	2322223	1344045
海 南	1674505	1299811	155692	374693	151092
重 庆	28880386	22806137	6159493	6074249	2918762
四 川	38606242	30829680	7271527	7776561	3349334
贵 州	8227823	6343771	1202738	1884052	623280
云 南	19056431	14081752	2278476	4974679	2741294
西 藏	1282889	832621	133822	450268	259308
陕 西	15256670	11657138	2241357	3599532	2251536
甘 肃	8906529	6362404	1359666	2544125	1846535
青 海	2369033	1790060	204125	578974	320308
宁 夏	4107223	3381100	627397	726123	437560
新 疆	8762604	7019062	1117604	1743542	911232

3-29 各地区地方建筑业企业固定资产情况

单位：万元

地 区	固定资产合计	固定资产原价	固定资产折旧	#本年折旧	在建工程
全国总计	**96040805**	**119765602**	**42700284**	**7424000**	**11313320**
北 京	2137498	3407938	1518906	219635	254798
天 津	1644854	2284045	872585	157851	161664
河 北	3917821	4839376	1575273	254984	412954
山 西	1998106	2707079	1008368	155870	198960
内蒙古	1876306	2512464	846402	218894	95412
辽 宁	5574260	7437896	2756001	470914	466905
吉 林	1801015	1954353	696687	113780	324121
黑龙江	2089455	2677184	920833	137984	170109
上 海	2681801	4047217	1737826	279452	333787
江 苏	12031060	15403159	5469266	1063866	1346352
浙 江	9065791	11917339	4174788	767985	841847
安 徽	3678409	3967243	1292946	228414	518718
福 建	3130018	3988581	1222439	229380	237668
江 西	2237705	2442482	716238	143304	312376
山 东	7535458	9051130	3210584	534012	814757
河 南	5074457	6110226	1982834	365338	523432
湖 北	4162758	5102124	1647309	258441	427485
湖 南	3131658	4009578	1455049	222430	337285
广 东	5118089	6436473	2684249	407823	1019382
广 西	1344045	1448310	483809	77607	120930
海 南	151092	112984	45436	13207	55638
重 庆	2918762	2832015	995025	172521	526228
四 川	3349334	3880958	1465660	254496	566177
贵 州	623280	773415	270498	51082	72670
云 南	2741294	3154055	1173600	181611	470950
西 藏	259308	365470	150952	16457	18560
陕 西	2251536	2519369	795632	167991	330877
甘 肃	1846535	2037270	569471	94314	196291
青 海	320308	447848	181787	31712	20145
宁 夏	437560	625301	244659	44592	36596
新 疆	911232	1272725	535173	88059	100251

3-30 各地区地方建筑业企业负债及所有者权益

单位：万元

地 区	负债合计	#流动负债	#非流动负债	所有者权益	#实收资本
全国总计	**526864851**	**479409103**	**24691039**	**300012128**	**186496398**
北 京	29717665	28215644	1331180	9301272	6407659
天 津	15023963	14215094	455651	6136504	4947765
河 北	15948749	14237052	735836	9400373	5462392
山 西	12597965	11868402	487564	5188495	3597777
内蒙古	9567347	8353218	517649	5686172	2360704
辽 宁	26787787	22487809	1327138	15977774	10035655
吉 林	8577929	7638877	500455	6735309	6555924
黑龙江	8356007	7772951	157653	5041830	3661546
上 海	34664323	32467854	1633911	12263929	6469901
江 苏	65924904	61809098	2483295	43489232	21333210
浙 江	52338127	50028123	1683875	32347087	17240736
安 徽	15818462	13934103	629892	9472328	5387022
福 建	13242776	12463882	392340	10352396	7274005
江 西	7451977	6491877	289276	6518325	4937977
山 东	38705121	34401562	1245800	19540632	15371260
河 南	14549116	13031799	411667	12546784	8410155
湖 北	13490754	11719854	992941	11092282	6831676
湖 南	9347233	7641520	757917	8560818	4965651
广 东	36641730	32175704	2968885	21622181	12932436
广 西	6517710	5538057	687916	3425121	2548295
海 南	1098023	1029200	8720	576432	345150
重 庆	19880808	17689436	1258107	8989473	6087842
四 川	25964527	23775421	1294665	12553425	7521477
贵 州	6340620	5684155	495044	1887203	1607555
云 南	12191354	10988130	878586	6863960	4400666
西 藏	655361	558776	48553	627529	355110
陕 西	9597125	8723977	333090	5652096	4084111
甘 肃	5342832	4773107	240427	3562575	2163080
青 海	1492859	1359603	61494	876174	684036
宁 夏	2791525	2668320	95583	1312971	843508
新 疆	6240175	5666501	285933	2411448	1672116

3-31 各地区地方建筑业企业实收资本

单位：万元

地 区	合计	国家资本	集体资本	法人资本	个人资本	港澳台资本	外商资本
全国总计	**186496398**	**16794936**	**11861264**	**58718481**	**97568210**	**861661**	**691846**
北 京	6407659	766409	364748	2759813	2363198	82485	71007
天 津	4947765	391048	283553	1102470	3145790	7647	17256
河 北	5462392	669908	354644	1404107	3025074	8620	40
山 西	3597777	692741	186168	1011048	1701747	5759	315
内蒙古	2360704	181891	133462	522480	1522654	218	
辽 宁	10035655	806169	1090386	2691033	5162638	232713	52715
吉 林	6555924	240880	158480	2176761	3968648	10696	460
黑龙江	3661546	509401	347462	1096622	1693695	2086	12280
上 海	6469901	701547	464174	1982925	3089662	121247	110347
江 苏	21333210	850946	651370	5524424	14040808	96043	169619
浙 江	17240736	421002	411463	4411121	11942397	46722	8030
安 徽	5387022	563405	281375	1562972	2974582	1482	3207
福 建	7274005	389844	245005	1651389	4949544	28783	9439
江 西	4937977	717659	424511	1673713	2102428	8791	10875
山 东	15371260	994623	1107406	7399648	5811684	44201	13698
河 南	8410155	754828	658387	2090397	4898965	3737	3841
湖 北	6831676	741279	392834	2205631	3477618	10663	3652
湖 南	4965651	843395	554863	1241532	2306726	13144	5991
广 东	12932436	1089284	1364170	6093661	4196490	62615	126217
广 西	2548295	343865	228091	1029230	942713	722	3675
海 南	345150	97254	17413	144947	85389	147	
重 庆	6087842	458518	229959	1600523	3734913	61819	2111
四 川	7521477	801585	401189	2304398	3958093	5210	51002
贵 州	1607555	812292	209054	275369	308773	2068	
云 南	4400666	614747	369440	1469781	1942164	1295	3239
西 藏	355110	47033	28499	164874	114704		
陕 西	4084111	486009	496048	1402172	1692246	1903	5732
甘 肃	2163080	335543	212238	743898	870531	381	489
青 海	684036	131624	63694	268042	219870	403	403
宁 夏	843508	132829	28450	173961	502117		6150
新 疆	1672116	207379	102728	539540	822349	60	59

3-32 各地区地方建筑业企业收入情况

单位：万元

地　区	主营业务收　入	#主营业务成　本	#主营业务税金及附加	#销售费用	其他业务收　入	#其他业务利润
全国总计	**1022046234**	**896373922**	**34696418**	**5061809**	**12206718**	**1584557**
北　京	34659228	31067960	1002535	301260	394620	116052
天　津	17437693	15554803	466262	64607	215379	53223
河　北	35303629	31265850	1204207	121017	637536	45064
山　西	15717891	13886955	510255	84053	487186	45328
内蒙古	13203592	10609889	473824	34125	80286	18385
辽　宁	59247410	50773680	2040605	243479	545655	76532
吉　林	16569486	14081252	592509	61036	92402	14600
黑龙江	17447844	15524734	613652	63860	126848	11796
上　海	40543029	36698601	1046799	111134	401963	83208
江　苏	144571959	126118949	5103007	692541	2627030	175482
浙　江	139349408	125754670	4698100	454834	934741	162633
安　徽	31010701	26745972	996148	183030	501247	59987
福　建	38516319	34233659	1421759	169400	146235	29429
江　西	23381109	20528251	844179	117271	140431	23336
山　东	56178560	48260542	1857526	288815	1034905	70775
河　南	40140107	34411317	1447290	324769	414092	65152
湖　北	39533534	33888963	1465128	312595	486113	44363
湖　南	31424397	27534233	1290481	188970	177686	27733
广　东	57068897	49882299	1822042	305364	628234	140281
广　西	15138777	13418074	524101	43439	268655	21587
海　南	2651120	2357395	84324	5987	20522	550
重　庆	34337146	30106996	1132910	123245	192903	43881
四　川	41370595	35434333	1445797	343022	743348	96947
贵　州	7382626	6694990	257839	9798	86773	11505
云　南	18906800	16461704	662388	167630	358140	73500
西　藏	855441	712903	30583	11601	7844	1199
陕　西	20277825	17885549	654317	116235	81515	7269
甘　肃	11571104	10009449	394559	72538	163350	21447
青　海	2093416	1860654	65001	18515	24917	1184
宁　夏	4415196	3954248	141862	11423	38902	12318
新　疆	11741394	10655051	406431	16219	147261	29812

3-33 各地区地方建筑业企业费用情况

单位：万元

地 区	管理费用	#税金	#差旅费	#工会经费	财务费用	#利息收入	#利息支出
全国总计	**33213449**	**1722465**	**1836196**	**443341**	**7082747**	**1011981**	**6181669**
北 京	1643641	29739	72481	11844	241537	137523	341680
天 津	655048	20251	14841	5139	122325	23238	133384
河 北	934682	44294	39002	10255	181782	25669	128016
山 西	723108	23957	39501	7894	122592	5222	60943
内蒙古	488373	27653	17394	3747	128210	1851	87661
辽 宁	2477312	156234	122629	31499	298025	33462	235872
吉 林	529236	36293	31691	8560	67881	4503	32131
黑龙江	643347	33644	22651	4694	55044	7404	32806
上 海	1545275	30385	63605	7703	188469	50318	225479
江 苏	4580336	249540	263582	70251	1200305	113370	1228811
浙 江	2861019	145722	187481	45627	1104516	139166	1082998
安 徽	939618	55429	53375	11879	245768	20902	209048
福 建	1008868	68230	80455	11840	128356	29754	109352
江 西	639312	36511	56214	12503	98766	8898	62359
山 东	1998767	137893	103833	30723	471240	43885	377605
河 南	1422709	114683	109803	29216	274046	15634	154609
湖 北	1534532	78888	69001	22830	241369	9221	144614
湖 南	944319	59678	64484	19878	176156	18892	122249
广 东	2133327	77205	87452	17513	489996	34801	369982
广 西	455667	17483	24954	9326	95548	19654	62195
海 南	54846	2121	3794	786	1445	409	1531
重 庆	979264	50078	52539	8079	278912	36797	198264
四 川	1366430	82969	95442	20408	359484	150973	376783
贵 州	233434	9337	16050	3509	49154	7732	41410
云 南	670489	28915	48602	7732	184017	25592	158471
西 藏	50306	1486	2660	78	3834	1652	2807
陕 西	698551	45003	42577	18355	109389	13355	74208
甘 肃	438798	33866	25792	5998	86663	14768	47156
青 海	79915	5916	3409	498	7286	825	5535
宁 夏	144655	5843	6088	1652	34696	599	29496
新 疆	338266	13218	14815	3325	35933	15911	44216

3-34 各地区地方建筑业企业利润及税金情况

单位：万元

地区	利润总额	#应交所得税	税金总额	主营业务税金及附加	管理费用中的税金
全国总计	**40426276**	**9322393**	**36418883**	**34696418**	**1722465**
北京	631306	163771	1032274	1002535	29739
天津	504670	152129	486513	466262	20251
河北	1310099	299238	1248501	1204207	44294
山西	439751	107655	534212	510255	23957
内蒙古	850775	162929	501477	473824	27653
辽宁	2413546	655454	2196839	2040605	156234
吉林	732623	213427	628802	592509	36293
黑龙江	553833	134310	647296	613652	33644
上海	1102963	252894	1077184	1046799	30385
江苏	7051615	1535835	5352547	5103007	249540
浙江	4516668	1052796	4843822	4698100	145722
安徽	1329368	259621	1051577	996148	55429
福建	1476545	477903	1489989	1421759	68230
江西	927492	213620	880690	844179	36511
山东	2901499	584580	1995419	1857526	137893
河南	1963426	439130	1561973	1447290	114683
湖北	1941029	392748	1544016	1465128	78888
湖南	1161000	238215	1350159	1290481	59678
广东	2377057	598293	1899248	1822042	77205
广西	342257	101349	541585	524101	17483
海南	103349	41488	86445	84324	2121
重庆	1537231	300872	1182988	1132910	50078
四川	1662985	370485	1528766	1445797	82969
贵州	103788	32825	267176	257839	9337
云南	781561	154894	691303	662388	28915
西藏	39714	5814	32069	30583	1486
陕西	740278	129237	699321	654317	45003
甘肃	466913	118533	428425	394559	33866
青海	66794	9466	70917	65001	5916
宁夏	129366	39399	147705	141862	5843
新疆	266777	83486	419649	406431	13218

3-35 各地区地方建筑业企业应收工程款及企业亏损情况

地区	应收工程款(万元)	#竣工工程	企业个数(个)	#亏损企业个数	亏损企业的比重(%)
全国总计	**173298346**	**74013005**	**74003**	**9090**	**12.3**
北京	6414150	2616195	2990	641	21.4
天津	4346897	1376589	1479	278	18.8
河北	6690509	3203160	2301	241	10.5
山西	5716400	2041323	1964	387	19.7
内蒙古	3076826	1252077	819	82	10.0
辽宁	9010655	3715638	5437	583	10.7
吉林	6290980	1903944	1622	226	13.9
黑龙江	3108689	1031421	2010	390	19.4
上海	8365889	2140838	2902	544	18.7
江苏	28779279	13490302	8712	433	5.0
浙江	14361540	7207042	5531	555	10.0
安徽	5494614	2451065	2514	233	9.3
福建	3380655	1566649	2363	276	11.7
江西	2096913	775459	1488	133	8.9
山东	14405853	6907979	5598	577	10.3
河南	3988202	1664274	4263	339	8.0
湖北	5641746	3132318	2720	252	9.3
湖南	3737421	2083067	1873	172	9.2
广东	8679903	3889302	4067	699	17.2
广西	1686131	741134	1042	216	20.7
海南	228794	87937	119	15	12.6
重庆	6293366	2230879	2311	328	14.2
四川	6319400	2211573	3141	327	10.4
贵州	1193865	281638	538	112	20.8
云南	3857234	1806441	2070	308	14.9
西藏	233437	61662	175	37	21.1
陕西	3570759	1220563	1189	170	14.3
甘肃	2542484	1099958	1085	155	14.3
青海	483345	168736	358	106	29.6
宁夏	1177691	556309	502	90	17.9
新疆	2124720	1097532	820	185	22.6

3-36 各地区地方建筑业企业主要经济效益指标

地 区	产值利润率 (%)	产值利税率 (%)	资本利润率 (%)	资本利税率 (%)	人均利润 (元/人)	人均利税 (元/人)	资产负债率 (%)
全国总计	**3.6**	**6.8**	**21.7**	**41.2**	**9607**	**18262**	**63.7**
北 京	2.0	5.3	9.9	26.0	12305	32424	76.2
天 津	3.0	5.9	10.2	20.0	12488	24526	71.0
河 北	3.2	6.2	24.0	46.8	10133	19789	62.9
山 西	2.6	5.8	12.2	27.1	6301	13955	70.8
内蒙古	6.3	10.0	36.0	57.3	15952	25354	62.7
辽 宁	3.6	7.0	24.0	45.9	10462	19984	62.6
吉 林	4.2	7.8	11.2	20.8	12890	23954	56.0
黑龙江	2.7	5.9	15.1	32.8	6078	13182	62.3
上 海	3.4	6.7	17.0	33.7	11978	23677	73.8
江 苏	4.0	7.0	33.1	58.1	10213	17965	60.2
浙 江	2.6	5.5	26.2	54.3	7181	14882	61.8
安 徽	3.7	6.6	24.7	44.2	8881	15906	62.5
福 建	3.5	7.1	20.3	40.8	7558	15184	56.1
江 西	3.6	7.0	18.8	36.6	9532	18582	53.3
山 东	4.6	7.8	18.9	31.9	10117	17075	66.4
河 南	4.4	8.0	23.3	41.9	10861	19500	53.7
湖 北	4.6	8.2	28.4	51.0	14454	25951	54.9
湖 南	3.4	7.2	23.4	50.6	8604	18610	52.2
广 东	4.6	8.3	18.4	33.1	14592	26250	62.9
广 西	2.0	5.1	13.4	34.7	5469	14124	65.6
海 南	3.7	6.7	29.9	55.0	16214	29775	65.6
重 庆	4.3	7.5	25.3	44.7	10945	19368	68.8
四 川	3.4	6.5	22.1	42.4	7950	15259	67.3
贵 州	1.4	4.9	6.5	23.1	3775	13494	77.1
云 南	3.6	6.7	17.8	33.5	9037	17030	64.0
西 藏	4.6	8.3	11.2	20.2	12066	21809	51.1
陕 西	3.1	6.0	18.1	35.2	9824	19105	62.9
甘 肃	3.8	7.3	21.6	41.4	9190	17623	60.0
青 海	3.5	7.1	9.8	20.1	6289	12966	63.0
宁 夏	3.0	6.4	15.3	32.8	7299	15633	68.0
新 疆	2.4	6.1	16.0	41.1	6483	16681	71.2

四、按资质等级分组的建筑业企业

4-1 各地区总承包建筑业企业签订合同情况

单位：万元

地 区	合同总额	上年结转合同额	本年新签合同额
全国总计	**2274733220**	**953028442**	**1321704778**
北 京	148411750	74660428	73751322
天 津	58555202	28029497	30525704
河 北	78673483	29996500	48676983
山 西	48746807	22336599	26410208
内蒙古	23264889	10443475	12821415
辽 宁	92061481	32050374	60011107
吉 林	28993569	12081357	16912212
黑龙江	31040632	13369899	17670734
上 海	101049301	46852143	54197158
江 苏	255781244	95231999	160549245
浙 江	281504956	116801140	164703816
安 徽	65381141	27511618	37869523
福 建	75010246	32748721	42261525
江 西	44259806	15508837	28750969
山 东	109047381	41337869	67709512
河 南	90916285	34579437	56336849
湖 北	122432875	44469113	77963762
湖 南	88302738	40077687	48225050
广 东	136632280	69810401	66821879
广 西	36558573	14641473	21917101
海 南	5034287	2725704	2308582
重 庆	64592512	25671160	38921352
四 川	103878994	47272245	56606749
贵 州	22762016	9962495	12799521
云 南	37812190	14228773	23583417
西 藏	1115246	601427	513819
陕 西	62421178	27259561	35161617
甘 肃	22294997	7704176	14590821
青 海	6275197	3528944	2746253
宁 夏	6724029	2049736	4674293
新 疆	25197938	9485654	15712284

4-2 各地区总承包建筑业企业承包工程完成情况

单位：万元

地区	直接从建设单位承揽工程完成的产值	自行完成施工产值	分包出去工程的产值	从建设单位以外承揽工程完成的产值
全国总计	**1217743862**	**1185497996**	**32245866**	**39237712**
北京	56156070	49101646	7054424	6283061
天津	28589310	26905159	1684151	1435899
河北	44906511	44719281	187230	914078
山西	23797983	23708655	89327	193687
内蒙古	13512588	13498780	13808	190227
辽宁	61494579	61165967	328611	651479
吉林	17826626	17728844	97782	167562
黑龙江	20601785	20364624	237161	25062
上海	43706584	36929972	6776612	3300199
江苏	157075085	156362987	712098	8569360
浙江	157932149	156134888	1797261	3320219
安徽	37442317	37128484	313833	952859
福建	39248979	38978192	270786	828505
江西	25530274	25253232	277042	574578
山东	65536350	64805612	730738	871153
河南	53996781	53719674	277107	589357
湖北	64236319	63624988	611331	1341345
湖南	40306884	40169036	137847	1161804
广东	52822511	47263004	5559507	2002768
广西	17479626	17320893	158732	621927
海南	2598460	2594823	3637	14518
重庆	36338306	35142643	1195662	1275232
四川	54934211	54116168	818043	1820114
贵州	9950991	9917733	33258	64978
云南	21501828	21402233	99595	305340
西藏	841909	831922	9988	11130
陕西	34244783	32024423	2220360	1166008
甘肃	12839477	12717745	121732	185776
青海	3030290	2965935	64355	75701
宁夏	4207998	4197951	10048	50767
新疆	15056300	14702501	353799	273024

4-3 各地区总承包建筑业总产值和竣工产值

单位：万元

地　区	建筑业总产值	#装饰装修产值	#在外省完成的产值	按构成分组 建筑工程产值	安装工程产值	其他产值	竣工产值
全国总计	**1224735708**	**35203301**	**392988828**	**1118966065**	**74889876**	**30879767**	**706846788**
北　京	55384707	4950602	35588877	53386116	1649793	348798	27322031
天　津	28341058	200893	10117922	25682137	1986268	672653	12322182
河　北	45633359	1145635	14925400	39625305	3537087	2470967	23554056
山　西	23902342	432930	6690027	21529955	1817316	555072	10020083
内蒙古	13689007	309478	616540	12393647	647336	648024	8567156
辽　宁	61817446	2943589	6084720	55711673	4345774	1759999	36310816
吉　林	17896406	410443	1569066	16251821	1156773	487813	11288576
黑龙江	20389686	248713	1540294	17508836	2388627	492223	10927669
上　海	40230171	1637582	20291409	34646348	4604858	978965	21214374
江　苏	164932347	1812428	67931857	157658493	6194259	1079595	124154145
浙　江	159455107	6091828	82245526	147341420	8353589	3760098	95259442
安　徽	38081342	794418	7797583	34416710	2146280	1518353	20847994
福　建	39806697	589334	15458637	37719387	1657329	429982	23274744
江　西	25827810	883346	7954995	22799122	1722513	1306175	15230191
山　东	65676765	2331623	11554741	57364389	6960887	1351490	36281391
河　南	54309031	1172188	14123221	49555285	3746827	1006920	30442112
湖　北	64966333	1590559	25113955	59259919	4285427	1420987	34019311
湖　南	41330840	993300	13751027	36832633	2025357	2472850	27955277
广　东	49265772	1914135	9226168	45059014	2885851	1320906	26667079
广　西	17942820	667362	2815314	15398963	1442194	1101664	9821288
海　南	2609341	90224	96473	2366410	78375	164556	1747701
重　庆	36417875	823396	7680452	34110254	1308243	999379	20239136
四　川	55936282	1366464	12373517	50746586	3603065	1586631	29959212
贵　州	9982711	115221	1997067	8825460	807256	349995	3348992
云　南	21707572	338792	1465171	20165048	899592	642933	12158252
西　藏	843052	24963	105593	800171	24985	17896	397316
陕　西	33190430	745737	10229341	29946740	2249148	994542	12892118
甘　肃	12903521	324972	1726857	11518864	1067845	316812	7119991
青　海	3041636	26722	748280	2535859	249394	256383	1182977
宁　夏	4248718	45029	196412	4039145	138802	70770	3256257
新　疆	14975525	181397	972388	13770358	908827	296340	9064920

4-4 各地区总承包建筑业企业房屋建筑面积

地 区	房屋建筑施工面积(万平方米)	#本年新开工	#实行投标承包面积	#本年新开工	房屋建筑竣工面积(万平方米)	房屋建筑面积竣工率(%)
全国总计	**970138.4**	**438211.5**	**781247.4**	**365741.4**	**350210.6**	**36.1**
北 京	41566.7	13706.5	37271.3	12608.4	8362.4	20.1
天 津	12419.0	5373.6	11552.7	5011.0	2812.5	22.6
河 北	34880.1	15957.9	29894.8	14034.4	12228.5	35.1
山 西	10883.9	4591.0	9096.2	3810.2	3098.1	28.5
内蒙古	10501.7	4281.2	7213.3	3761.1	3633.7	34.6
辽 宁	39234.6	22526.4	28403.2	16998.2	16941.5	43.2
吉 林	12601.4	6603.0	7587.9	5221.3	5705.2	45.3
黑龙江	8485.7	4509.6	6408.4	3553.2	4304.8	50.7
上 海	27672.7	8673.2	24416.8	7635.1	6397.5	23.1
江 苏	165862.1	74539.0	148694.8	66878.8	60861.5	36.7
浙 江	162340.2	69458.1	134559.3	59999.6	52606.9	32.4
安 徽	32928.3	15461.8	25134.7	12930.7	13077.7	39.7
福 建	41349.6	16193.5	31021.9	12465.3	12065.5	29.2
江 西	18636.3	10706.5	13752.9	8396.3	9951.6	53.4
山 东	55530.2	26980.4	45039.5	23116.2	20804.7	37.5
河 南	37758.2	20154.0	30856.9	17295.9	16065.6	42.5
湖 北	38053.2	21717.2	27390.1	17084.3	19667.0	51.7
湖 南	36223.0	15091.1	28735.5	12063.9	13325.6	36.8
广 东	40984.5	15495.8	24872.3	10081.3	13259.0	32.4
广 西	14992.2	6591.9	12163.7	5616.7	4999.9	33.4
海 南	2138.8	702.4	1718.4	572.4	804.6	37.6
重 庆	26062.7	12487.5	18192.8	9362.9	11491.1	44.1
四 川	37663.1	16640.5	26768.5	12377.6	15191.1	40.3
贵 州	8254.0	3100.1	6612.6	2352.5	1860.8	22.5
云 南	13171.8	7293.1	9679.4	5426.8	5804.2	44.1
西 藏	194.7	137.9	147.8	106.2	134.9	69.3
陕 西	16682.3	6917.2	14540.0	6035.7	5268.7	31.6
甘 肃	8058.9	4014.4	6432.7	3379.2	3179.3	39.5
青 海	760.9	373.2	555.4	308.5	338.4	44.5
宁 夏	3718.8	1866.7	3447.1	1748.0	1516.8	40.8
新 疆	10528.7	6067.0	9086.2	5509.6	4451.5	42.3

4-5 各地区按主要用途分的总承包建筑业企业房屋建筑竣工面积

单位：万平方米

地 区	总计	住宅房屋	商业及服务用房屋			
				商厦房屋（批发和零售用房）	宾馆用房屋（住宿用房）	餐饮用房屋（餐饮用房）
全国总计	**350210.6**	**231745.7**	**21349.7**	**9033.1**	**3099.5**	**919.5**
北 京	8362.4	5614.0	557.0	255.0	140.3	18.8
天 津	2812.5	1499.0	169.4	87.8	33.2	2.2
河 北	12228.5	8733.0	598.2	191.2	75.8	27.3
山 西	3098.1	2094.8	175.8	35.4	45.8	6.0
内蒙古	3633.7	2538.7	287.6	56.4	37.1	5.2
辽 宁	16941.5	12250.6	745.4	338.2	68.3	35.1
吉 林	5705.2	4157.2	200.0	44.5	10.9	2.6
黑龙江	4304.8	3528.9	208.2	47.4	20.3	7.1
上 海	6397.5	3358.6	637.6	249.1	90.7	22.4
江 苏	60861.5	42899.8	2727.4	1351.0	718.8	75.9
浙 江	52606.9	28287.3	4147.0	2148.9	586.4	223.1
安 徽	13077.7	8299.9	628.4	285.6	69.7	18.6
福 建	12065.5	7372.4	1003.7	516.5	109.9	39.0
江 西	9951.6	6038.0	727.3	328.1	77.7	27.6
山 东	20804.7	14865.6	1191.6	418.8	114.2	52.2
河 南	16065.6	11114.2	909.8	187.9	116.7	53.5
湖 北	19667.0	13124.6	1196.5	531.2	182.8	59.9
湖 南	13325.6	9047.0	919.9	460.0	102.1	22.7
广 东	13259.0	8103.5	825.4	291.7	80.5	63.5
广 西	4999.9	3146.1	236.6	98.2	37.1	5.9
海 南	804.6	488.0	105.7	63.3	10.4	7.0
重 庆	11491.1	8692.0	527.8	187.6	33.4	25.2
四 川	15191.1	11224.5	906.8	351.9	136.5	43.3
贵 州	1860.8	1128.8	168.4	54.0	15.7	9.1
云 南	5804.2	3800.4	529.0	194.2	63.1	4.2
西 藏	134.9	50.2	18.7	3.1	4.8	0.2
陕 西	5268.7	3682.3	372.7	85.9	52.9	22.9
甘 肃	3179.3	2125.3	232.2	68.1	20.3	25.8
青 海	338.4	200.7	16.1	3.6	6.2	0.2
宁 夏	1516.8	1003.3	141.4	36.1	13.7	4.4
新 疆	4451.5	3277.4	238.1	62.4	24.4	8.6

4-5 续表1

单位：万平方米

地 区	商务会展用房屋	其他商业及服务用房屋(居民服务业用房)	办公用房屋	科研、教育和医疗用房屋	科学研究用房屋	教育用房屋
全国总计	**1312.4**	**6985.3**	**21266.8**	**15310.0**	**1541.7**	**10200.2**
北 京	12.1	130.8	637.1	424.6	62.1	211.9
天 津	7.5	38.6	144.7	99.6	32.2	51.5
河 北	81.9	221.9	611.6	554.3	52.3	381.8
山 西	24.6	64.1	155.0	231.0	9.7	191.9
内蒙古	6.2	182.7	281.1	262.0	18.9	231.9
辽 宁	18.2	285.7	817.6	362.4	36.2	279.7
吉 林	17.4	124.7	289.5	115.3	12.1	76.9
黑龙江	6.9	126.5	136.6	130.2	12.0	70.1
上 海	50.8	224.6	415.7	271.0	59.8	101.4
江 苏	73.6	508.1	3188.7	1622.9	175.0	1055.6
浙 江	318.5	870.1	4185.0	1806.0	319.3	1077.7
安 徽	8.9	245.6	929.5	716.8	42.1	575.6
福 建	49.2	289.2	722.1	523.8	44.3	383.5
江 西	16.3	277.5	779.7	548.0	58.2	375.7
山 东	77.2	529.2	1050.3	781.2	87.1	473.3
河 南	168.0	383.7	1277.9	909.4	46.4	693.2
湖 北	61.6	360.9	1286.1	1058.1	133.7	511.5
湖 南	60.4	274.7	853.5	883.6	61.9	581.8
广 东	35.0	354.8	732.3	646.8	61.4	466.8
广 西	9.5	85.8	391.6	553.8	16.5	401.3
海 南	1.7	23.3	36.3	114.6	13.9	79.1
重 庆	60.7	220.9	390.1	324.9	24.0	227.3
四 川	41.5	333.9	602.5	617.0	54.4	390.9
贵 州	47.2	42.4	122.8	220.2	14.5	166.0
云 南	7.4	260.1	330.2	525.8	15.1	422.9
西 藏	5.4	5.3	38.2	16.6	3.3	7.0
陕 西	3.5	207.4	323.2	305.2	42.5	199.6
甘 肃	21.0	97.0	193.3	257.0	17.1	181.2
青 海	1.2	4.9	39.7	48.3	2.9	41.3
宁 夏	18.2	69.0	64.5	112.0	3.0	95.2
新 疆	0.6	142.0	240.3	267.5	9.9	196.9

4-5 续表2

单位：万平方米

地　区	医疗用房屋（卫生医疗用房）	文化、体育和娱乐用房屋	厂房及建筑物	#厂房	仓　库	其他未列明的房屋建筑物
全国总计	**3568.1**	**3076.0**	**46938.6**	**32915.7**	**2316.8**	**8207.0**
北　京	150.6	98.6	684.4	607.4	33.3	313.4
天　津	15.9	30.6	578.5	457.4	29.3	261.4
河　北	120.2	99.8	1126.0	750.3	49.6	455.9
山　西	29.4	30.0	300.8	204.9	18.3	92.4
内蒙古	11.2	41.1	120.7	101.4	7.2	95.4
辽　宁	46.5	79.8	2137.3	1384.0	146.5	402.0
吉　林	26.4	48.5	672.0	265.6	18.5	204.3
黑龙江	48.1	28.6	193.5	124.2	8.9	69.8
上　海	109.8	72.4	1428.7	1123.2	72.2	141.3
江　苏	392.3	393.0	8757.5	7770.7	185.8	1086.3
浙　江	409.1	570.3	12169.3	8410.2	498.3	943.7
安　徽	99.1	100.2	1975.8	1107.6	133.7	293.4
福　建	96.0	97.8	2144.1	1292.8	114.8	86.8
江　西	114.1	169.0	1230.7	701.7	106.7	352.3
山　东	220.9	134.7	2246.9	1469.4	153.4	380.9
河　南	169.8	115.5	1290.5	676.7	129.3	318.9
湖　北	412.9	304.0	2247.8	1380.4	101.6	348.3
湖　南	239.9	89.7	1125.6	688.8	65.3	341.1
广　东	118.7	100.2	2390.3	1592.1	97.6	362.8
广　西	136.1	84.2	379.9	282.7	36.3	171.4
海　南	21.7	8.9	17.1	12.0	1.3	32.7
重　庆	73.5	71.2	1107.5	681.6	35.9	341.7
四　川	171.6	108.3	1266.3	860.1	142.8	322.8
贵　州	39.8	13.4	120.0	95.2	11.9	75.2
云　南	87.8	35.3	400.0	290.3	40.1	143.5
西　藏	6.3	5.8	0.7		0.7	4.1
陕　西	63.1	61.0	313.5	206.3	21.9	189.0
甘　肃	58.7	28.7	244.8	160.4	18.2	79.9
青　海	4.1	3.6	15.1	7.6	0.9	14.0
宁　夏	13.8	17.7	74.3	61.5	14.7	88.9
新　疆	60.8	34.0	179.0	149.2	21.8	193.4

4-6 各地区按主要用途分的总承包建筑业企业房屋建筑竣工价值

单位：万元

地 区	总计	住宅房屋	商业及服务用房屋	商厦房屋(批发和零售用房)	宾馆用房屋(住宿用房)	餐饮用房屋(餐饮用房)
全国总计	**476536341**	**306234890**	**32591583**	**13450775**	**5287942**	**1361267**
北 京	17459052	9408697	1293090	532961	289980	37562
天 津	5577236	2750316	389597	226473	75428	2187
河 北	15747755	10356418	1026179	447289	112111	49206
山 西	4460447	2778308	276340	47081	70774	11950
内蒙古	4976342	3098048	457759	86311	71799	8776
辽 宁	23278440	16340065	1095686	480952	79508	50526
吉 林	7614668	5505493	331922	92414	21110	5615
黑龙江	6178203	4851028	356813	85490	30103	17157
上 海	11867045	5715494	1435566	471957	315636	46129
江 苏	89710172	62032202	4779654	2169315	1404519	110869
浙 江	72409331	40772381	6488642	3267367	1083881	339943
安 徽	14571645	9144783	728880	323278	108154	19024
福 建	16667806	10645375	1546985	811999	189120	52060
江 西	10193834	6029276	755549	315655	107938	36641
山 东	25494871	17227272	1652088	489579	141353	67404
河 南	17443866	11597314	961882	212951	123631	53047
湖 北	23950126	15434142	1617205	709234	229229	87390
湖 南	15891717	10539366	1178046	567869	125983	33761
广 东	19035434	11620623	1277993	458362	103677	60670
广 西	6026257	3534968	288826	134059	42152	9373
海 南	1331295	841484	166458	108285	14144	11370
重 庆	14511517	10762980	714450	267300	45719	30234
四 川	20389306	14878557	1303432	469422	191162	74700
贵 州	2382022	1319290	228889	78077	24706	13786
云 南	7648032	4920462	647034	235359	87953	6287
西 藏	249468	83604	38683	7680	12068	359
陕 西	7889752	5174823	593134	119081	91109	57875
甘 肃	5398840	3335508	409143	111450	34972	41408
青 海	536603	302140	28172	3896	7040	307
宁 夏	2045105	1285896	184903	47780	16897	8595
新 疆	5600154	3948579	338584	71851	36085	17059

4-6 续表1

单位：万元

地区	商务会展用房屋	其他商业及服务用房屋(居民服务业用房)	办公用房屋	科研、教育和医疗用房屋	科学研究用房屋	教育用房屋
全国总计	**2274014**	**10217698**	**31976337**	**23504757**	**2763454**	**14658789**
北京	36333	396253	1764625	1234701	206758	538786
天津	11651	73859	282911	310026	117445	148419
河北	113196	304377	849679	748933	117728	473265
山西	60548	85987	266190	377932	15843	305203
内蒙古	11872	279002	515749	406936	31619	352573
辽宁	33266	451435	1175133	515064	60830	378360
吉林	38869	173914	358625	177195	21612	119205
黑龙江	12353	211709	242964	217787	14215	112540
上海	108745	493100	975023	756344	175205	219022
江苏	123273	971677	5460486	2912871	298914	1838171
浙江	491524	1305928	6256899	2780871	481263	1637330
安徽	9470	268954	980782	753381	47592	581322
福建	71265	422542	938802	733893	66778	531024
江西	24210	271105	832833	633096	75677	398756
山东	252113	701640	1621102	1331830	179176	674027
河南	262362	309891	1422019	1097907	48927	826275
湖北	132477	458875	1632036	1435954	217214	684530
湖南	85949	364483	1110497	1180059	99141	748027
广东	45640	609644	1230376	1040535	136188	720009
广西	15504	87738	521471	671420	20057	469705
海南	2367	30293	57650	176342	20436	109142
重庆	111897	259300	544978	436736	38551	288048
四川	72031	496230	822013	889242	85602	539675
贵州	54119	58202	138289	379388	38234	292332
云南	13251	304185	457002	755581	21201	605457
西藏	3169	15408	67195	37657	8773	11751
陕西	6465	318604	512046	431384	56937	275184
甘肃	43668	177646	380025	451631	34967	310382
青海	6006	10923	68236	76078	5084	63176
宁夏	19374	92258	113103	168715	5821	140030
新疆	1050	212539	377601	385271	15667	267064

4-6 续表2

单位：万元

地　区	医疗用房屋(卫生医疗用房)	文化、体育和娱乐用房屋	厂房及建筑物	#厂房	仓　库	其他未列明的房屋建筑物
全国总计	**6082514**	**6146912**	**59189058**	**42180176**	**2892808**	**13999995**
北　京	489157	505211	1566150	1392856	74134	1612443
天　津	44162	117010	974475	790242	47324	705576
河　北	157940	149073	1756602	1231106	78824	782048
山　西	56886	93311	469938	321505	21771	176657
内蒙古	22744	79733	197582	163731	12651	207884
辽　宁	75873	163872	3145445	2076553	254229	588948
吉　林	36378	145554	803893	356020	28582	263406
黑龙江	91031	37743	345107	220676	12907	113855
上　海	362117	243084	2380941	1753580	117417	243176
江　苏	775786	893841	11722422	10303557	252390	1656306
浙　江	662278	1009406	13163497	9335609	531247	1406389
安　徽	124468	102114	2160216	1314610	122948	578541
福　建	136092	188896	2336153	1433393	129923	147780
江　西	158663	157513	1275257	684938	93866	416444
山　东	478627	389565	2623767	1703269	159218	490030
河　南	222705	158107	1636600	800102	139747	430290
湖　北	534209	444002	2719557	1756885	118720	548512
湖　南	332891	136177	1253681	790646	99968	393925
广　东	184337	208090	2834362	1620477	111025	712431
广　西	181658	140945	482936	370914	56853	328839
海　南	46765	14713	26766	16970	2071	45810
重　庆	110137	134624	1349105	953179	45678	522968
四　川	263966	173454	1667055	1123130	210358	445195
贵　州	48822	17775	182503	153203	16419	99469
云　南	128923	61638	564398	429393	44786	197132
西　藏	17133	13522	1266		1341	6201
陕　西	99263	163558	540624	363637	29162	445021
甘　肃	106283	73709	608144	384114	24531	116149
青　海	7818	7456	27478	14912	1186	25857
宁　夏	22864	64121	101029	82621	20887	106452
新　疆	102540	59100	272109	238349	32648	186263

4-7 各地区总承包建筑业企业施工机械设备情况

地 区	年末自有施工机械设备总台数(台)	年末自有施工机械设备总功率(千瓦)	年末自有施工机械设备净值(万元)	技术装备率(元/人)	动力装备率(千瓦/人)
全国总计	**8700084**	**210091729**	**51033290**	**13332**	**5.5**
北 京	85694	2984368	840334	24677	8.8
天 津	74152	3029064	1726052	72953	12.8
河 北	516189	13647825	1715277	13774	11.0
山 西	172972	5872500	1040670	18578	10.5
内蒙古	105839	2353622	576187	16893	6.9
辽 宁	306763	10797929	1861600	11588	6.7
吉 林	65929	4625343	644832	14266	10.2
黑龙江	122749	2937309	754662	17478	6.8
上 海	117532	3095304	1319991	17900	4.2
江 苏	1344485	32766576	14531907	21697	4.9
浙 江	847614	16600770	3846891	6455	2.8
安 徽	387415	8216100	1521764	10035	5.4
福 建	245501	5751324	1208182	7198	3.4
江 西	149184	3576909	687936	6774	3.5
山 东	646742	14395019	2757145	10867	5.7
河 南	710050	15174183	2418612	12124	7.6
湖 北	516687	13715565	3198671	20499	8.8
湖 南	397004	8963275	1316956	12032	8.2
广 东	504605	8811177	2566714	17353	6.0
广 西	143185	2417272	437380	6787	3.8
海 南	6172	142158	31391	5528	2.5
重 庆	159091	4089128	843069	6443	3.1
四 川	283833	7072782	1606651	8058	3.5
贵 州	66033	1383687	240452	7016	4.0
云 南	169376	6844522	1017912	15050	10.1
西 藏	3364	447745	37047	10689	12.9
陕 西	212332	4444947	1032555	13687	5.9
甘 肃	201128	2285736	557018	10597	4.3
青 海	22822	729625	182724	17434	7.0
宁 夏	29850	637717	110526	14632	8.4
新 疆	85792	2282248	402184	14619	8.3

4-8 各地区总承包建筑业企业主要生产效益指标

地　区	建筑业企业个数（个）	计算建筑业劳动生产率的平均人数（人）	按总产值计算的劳动生产率（元/人）	人均竣工产值（元/人）	人均施工面积（平方米/人）	人均竣工面积（平方米/人）
全国总计	**43031**	**41389608**	**295904**	**170779**	**234.4**	**84.6**
北　京	875	685319	808160	398676	606.5	122.0
天　津	424	494879	572687	248994	250.9	56.8
河　北	1617	1294046	352641	182019	269.5	94.5
山　西	947	826678	289137	121209	131.7	37.5
内蒙古	667	497919	274924	172059	210.9	73.0
辽　宁	2231	2070134	298616	175403	189.5	81.8
吉　林	900	571662	313059	197469	220.4	99.8
黑龙江	1314	842824	241921	129655	100.7	51.1
上　海	1355	966354	416309	219530	286.4	66.2
江　苏	4538	6105817	270123	203337	271.6	99.7
浙　江	3343	5868923	271694	162312	276.6	89.6
安　徽	1574	1448192	262958	143959	227.4	90.3
福　建	1372	1810798	219830	128533	228.4	66.6
江　西	1174	933113	276792	163219	199.7	106.6
山　东	3743	2839662	231284	127767	195.6	73.3
河　南	2178	1859696	292032	163694	203.0	86.4
湖　北	1669	1575306	412405	215954	241.6	124.8
湖　南	1395	1467652	281612	190476	246.8	90.8
广　东	2321	1406915	350169	189543	291.3	94.2
广　西	771	641353	279765	153134	233.8	78.0
海　南	87	62217	419393	280904	343.8	129.3
重　庆	1454	1414625	257438	143071	184.2	81.2
四　川	2157	2204958	253684	135872	170.8	68.9
贵　州	421	314317	317600	106548	262.6	59.2
云　南	1369	833517	260433	145867	158.0	69.6
西　藏	157	31544	267262	125956	61.7	42.8
陕　西	1052	946639	350613	136188	176.2	55.7
甘　肃	734	498231	258987	142905	161.8	63.8
青　海	245	118423	256845	99894	64.2	28.6
宁　夏	326	167866	253102	193980	221.5	90.4
新　疆	621	590029	253810	153635	178.4	75.4

4-9 各地区总承包建筑业企业营业额

单位：万元

地 区	企业营业额	在境外完成的营业额	企业总产值	#建筑业总产值
全国总计	**1389991138**	**30139782**	**1359851356**	**1224735708**
北 京	65325854	7379584	57946270	55384707
天 津	30610204	847712	29762492	28341058
河 北	48386494	269974	48116520	45633359
山 西	25120680	233111	24887568	23902342
内蒙古	14439201	95108	14344094	13689007
辽 宁	63355760	775312	62580449	61817446
吉 林	18487737	193401	18294336	17896406
黑龙江	21980918	717000	21263918	20389686
上 海	49158272	1095816	48062456	40230171
江 苏	198538938	3594740	194944198	164932347
浙 江	163178319	734049	162444270	159455107
安 徽	40226349	1009868	39216481	38081342
福 建	40450663	248195	40202468	39806697
江 西	27013384	452906	26560479	25827810
山 东	75658355	2439664	73218690	65676765
河 南	57242086	1049048	56193038	54309031
湖 北	72862052	2592738	70269314	64966333
湖 南	42962981	992055	41970926	41330840
广 东	52064140	758250	51305890	49265772
广 西	18663726	138410	18525316	17942820
海 南	2626563		2626563	2609341
重 庆	37843968	433765	37410204	36417875
四 川	59920013	1597598	58322415	55936282
贵 州	10132013	46271	10085742	9982711
云 南	22966236	731261	22234975	21707572
西 藏	903214	5200	898014	843052
陕 西	35734527	895944	34838584	33190430
甘 肃	69726368	85488	69640880	12903521
青 海	3787280	202365	3584915	3041636
宁 夏	4320859		4320859	4248718
新 疆	16303988	524953	15779035	14975525

4-10 各地区总承包建筑业企业资产构成

单位：万元

地　区	资产合计	#流动资产合计	#存货	#非流动资产合计	#固定资产合计
全国总计	**969830504**	**755362877**	**175459504**	**214467627**	**100086587**
北　京	105871345	75431254	15094919	30440092	3163786
天　津	31302552	24831079	5099423	6471473	2813035
河　北	29309787	23051899	5121483	6257888	4170922
山　西	26510915	21251609	3712918	5259306	2157879
内蒙古	15255261	11440666	1595625	3814595	1864168
辽　宁	38142798	30936203	6131351	7206595	4393731
吉　林	14730415	12096604	1526482	2633810	1726908
黑龙江	14350603	11508586	2298711	2842017	2088007
上　海	57647197	46044010	10688528	11603187	3408981
江　苏	96757651	79065802	20207067	17691849	10467326
浙　江	73048397	59309912	15458438	13738485	7755329
安　徽	27913187	21517453	4687535	6395735	3614747
福　建	21510041	16982507	3932733	4527534	2776868
江　西	13682863	10281360	2173628	3401503	2141968
山　东	61814772	49680098	12634126	12134673	7585909
河　南	36285721	27943266	7313215	8342455	5440506
湖　北	53803624	39041598	13200139	14762026	7149117
湖　南	22864015	16969746	3851536	5894269	3381245
广　东	58134978	43581523	10185993	14553455	5263929
广　西	10397788	8025179	1641662	2372609	1396414
海　南	1507543	1166900	118622	340643	138442
重　庆	28591890	22675286	6269309	5916605	2904111
四　川	46313243	37498771	10007589	8814472	3789109
贵　州	9299335	7619612	1650939	1679723	665860
云　南	18515828	13767950	2472317	4747879	2584221
西　藏	1244673	807214	130160	437459	250681
陕　西	25543420	20186924	4018809	5356496	2831682
甘　肃	10379942	7680647	1474071	2699296	1832038
青　海	3310876	2332708	400114	978168	597048
宁　夏	3825130	3173144	629262	651986	397995
新　疆	11964715	9463371	1732805	2501344	1334626

4-11 各地区总承包建筑业企业固定资产情况

单位：万元

地区	固定资产合计	固定资产原价	固定资产折旧	#本年折旧	在建工程
全国总计	**100086587**	**131249327**	**49746055**	**9000671**	**10953334**
北京	3163786	5230158	2296872	450751	243211
天津	2813035	4165109	1589390	300001	163372
河北	4170922	5465081	1957052	358248	458767
山西	2157879	3176755	1373399	243094	177579
内蒙古	1864168	2499985	839758	218207	91953
辽宁	4393731	6269889	2502982	406781	358097
吉林	1726908	1961780	735581	109444	305336
黑龙江	2088007	2873672	1099504	158314	168524
上海	3408981	5467681	2549183	363068	411053
江苏	10467326	13555091	4841540	972127	1180944
浙江	7755329	10225671	3574167	645681	703717
安徽	3614747	4043300	1368775	249964	473339
福建	2776868	3584206	1100301	200550	193190
江西	2141968	2379526	732418	148942	296736
山东	7585909	9253528	3546512	594528	762177
河南	5440506	7217067	2661863	529340	530048
湖北	7149117	9879596	3649325	683363	650120
湖南	3381245	4361907	1692667	293920	337357
广东	5263929	6681267	2717561	473233	962727
广西	1396414	1609158	608494	85829	140473
海南	138442	93037	35903	11438	54134
重庆	2904111	2793923	1048914	185862	549404
四川	3789109	5032861	2087393	388166	529004
贵州	665860	936128	368568	62882	52151
云南	2584221	3106328	1167738	195081	425499
西藏	250681	356209	148829	16068	17319
陕西	2831682	3910277	1583709	322744	318766
甘肃	1832038	2090143	624738	102427	178463
青海	597048	632934	278294	56073	20926
宁夏	397995	565455	223436	39403	38529
新疆	1334626	1831606	741190	135145	160418

4-12 各地区总承包建筑业企业负债及所有者权益

单位：万元

地 区	负债合计	#流动负债	#非流动负债	所有者权益	#实收资本
全国总计	**667115415**	**604362627**	**43500793**	**302452531**	**173658408**
北 京	76111562	67158386	8864057	29758017	13801294
天 津	24737617	23237709	1185907	6564921	4824741
河 北	19958156	17874278	1171854	9344663	5535739
山 西	20993134	20031243	760159	5517601	3737794
内蒙古	9748068	8535824	535289	5501533	2269987
辽 宁	26550436	22871852	1461740	11591267	7080733
吉 林	8670324	7751904	520202	6057293	3738217
黑龙江	9994387	9360249	230013	4355811	3395857
上 海	44597084	41550112	2686039	13038723	6769525
江 苏	60538500	57052014	2183442	36197059	16566495
浙 江	44793919	42823278	1454099	28249851	14793302
安 徽	18979679	17171217	677491	8926507	4916002
福 建	12676767	11994368	395128	8832062	6217594
江 西	7647178	6672704	284088	6035685	3690077
山 东	43974457	39666105	1541881	17829257	12109902
河 南	24297126	22426561	950433	11988595	7545844
湖 北	38352663	31370373	6296461	15450961	7325637
湖 南	14025834	12083463	1106687	8834896	4947206
广 东	39154679	34081587	3765609	18976680	11828284
广 西	7087869	6124765	720589	3309919	2437855
海 南	994874	928957	6634	512619	299161
重 庆	20023705	17852644	1321192	8560011	5810313
四 川	33544488	30954622	1852191	12713001	7668421
贵 州	7436568	6895402	429409	1862767	1588484
云 南	12195911	11020284	878947	6319743	3911334
西 藏	643477	547561	48364	601196	331202
陕 西	18436055	17306076	844022	7105838	5124782
甘 肃	6896789	6320446	346714	3483153	2130848
青 海	2334257	2064666	207319	976619	697289
宁 夏	2721570	2608071	90320	1100833	691464
新 疆	8998286	8025909	684515	2855449	1873026

4-13 各地区总承包建筑业企业实收资本

单位：万元

地区	合计	国家资本	集体资本	法人资本	个人资本	港澳台资本	外商资本
全国总计	**173658408**	**24551767**	**10232562**	**63798019**	**74247067**	**394884**	**434109**
北京	13801294	3524665	295397	7951248	1936862	48469	44653
天津	4824741	1339680	201595	1843003	1440283	180	
河北	5535739	829295	307563	1791235	2607506	140	
山西	3737794	1140853	133847	1337554	1121782	3443	315
内蒙古	2269987	184161	108909	550754	1425944	218	
辽宁	7080733	1048578	964342	2422395	2614528	1507	29384
吉林	3738217	276143	125532	2152619	1173608	9955	360
黑龙江	3395857	508001	259832	1192462	1424279	1090	10193
上海	6769525	1057275	408022	2913938	2238197	78687	73406
江苏	16566495	980936	519646	4520812	10409877	41196	94029
浙江	14793302	446669	308583	3717699	10293982	25817	553
安徽	4916002	767741	216463	1428987	2501878	801	132
福建	6217594	429275	164797	1469818	4132134	14174	7396
江西	3690077	741037	392540	872460	1666077	7277	10685
山东	12109902	1379797	995306	5636060	4053801	39942	4996
河南	7545844	967740	575906	2639394	3359111	2600	1093
湖北	7325637	1041094	308122	2640574	3331111	3893	844
湖南	4947206	895455	509799	1491542	2043959	6450	
广东	11828284	1315650	1274573	6076715	3031657	39501	90188
广西	2437855	420740	217740	974658	820565	477	3675
海南	299161	97171	15155	115230	71458	147	
重庆	5810313	565217	199375	1596523	3387154	61814	230
四川	7668421	1077587	327000	2664817	3545304	3489	50224
贵州	1588484	758562	202839	371309	253707	2068	
云南	3911334	676065	336096	1264049	1633596	1265	263
西藏	331202	39742	25690	155635	110135		
陕西	5124782	997661	483579	2079468	1558818	21	5234
甘肃	2130848	363961	186007	825784	754575	265	256
青海	697289	142075	44257	325730	185226		
宁夏	691464	124835	29983	151396	379251		6000
新疆	1873026	414104	94067	624152	740703		

4-14 各地区总承包建筑业企业收入情况

单位：万元

地 区	主营业务收入	#主营业务成本	#主营业务税金及附加	#销售费用	其他业务收入	#其他业务利润
全国总计	**1140997014**	**1014502471**	**37416863**	**3676667**	**11449585**	**1493400**
北 京	68554451	63197078	1677502	55732	489197	143909
天 津	29027471	26305397	830417	23321	184589	41417
河 北	40131885	35766428	1308833	117304	656655	44416
山 西	22821799	20480384	713967	49157	478642	42052
内蒙古	13493893	10804363	475818	31001	61526	15364
辽 宁	55745773	48795376	1902830	126808	474053	50493
吉 林	16386337	14218142	567101	40701	262908	16872
黑龙江	18554551	16801049	609587	55582	117987	13026
上 海	49651584	45180986	1277783	60192	306994	63413
江 苏	133610652	117543992	4685802	471679	2286092	133333
浙 江	128108968	116185698	4395859	345956	647157	120216
安 徽	33592656	29421299	1061640	134232	460577	54306
福 建	36463935	32777508	1339110	102725	109681	20306
江 西	23341577	20670300	835214	105609	122087	21248
山 东	61105368	53447970	1965342	209966	1034605	67224
河 南	52797990	46657025	1732218	259236	378268	52489
湖 北	64393264	56323695	2252832	356945	517170	59067
湖 南	38162730	33363409	1415475	162802	203349	36355
广 东	55471154	49700425	1721437	129289	397100	99923
广 西	15741087	14038556	537057	35128	248125	23104
海 南	2488236	2211321	81527	5289	19827	403
重 庆	34941496	30865673	1153828	105569	172987	37078
四 川	50368770	43770168	1706847	310233	798341	147794
贵 州	9603331	8763323	332615	8898	96976	12394
云 南	18916715	16607675	647830	141486	324785	70888
西 藏	834813	701859	29937	11399	6697	1104
陕 西	31261458	28083293	996735	116198	122862	12173
甘 肃	12270877	10712775	414005	64823	176421	17639
青 海	3317117	2988132	101609	11600	52746	9753
宁 夏	4293770	3882824	138333	8571	24149	7802
新 疆	15543308	14236350	507776	19237	217033	57840

4-15 各地区总承包建筑业企业费用情况

单位：万元

地　区	管理费用	#税金	#差旅费	#工会经费	财务费用	#利息收入	#利息支出
全国总计	**33289183**	**1641074**	**1719959**	**452968**	**7591209**	**2282210**	**7684598**
北　京	2261401	31932	106868	19630	429868	689904	1022180
天　津	944305	18245	31882	6956	212692	52045	234749
河　北	1091612	44516	42552	11328	227451	29858	171129
山　西	994844	22363	41274	8819	138527	67306	141157
内蒙古	452296	26787	16881	3431	140150	3565	99290
辽　宁	1765937	122362	75821	25167	249174	57319	252855
吉　林	452936	26028	24742	7475	70392	5415	35886
黑龙江	579205	43883	21103	4826	55719	7786	35874
上　海	1557789	28853	67294	10907	276495	134131	379982
江　苏	3812067	207570	208980	62465	1100016	110756	892366
浙　江	2277676	116742	145063	40181	925863	159199	906415
安　徽	947568	47502	51576	11263	195328	55455	200759
福　建	789586	55317	65900	9819	121174	27368	105951
江　西	604444	34537	43268	11911	95352	11555	62256
山　东	1992674	128838	93957	30897	451070	114781	448484
河　南	1694468	98176	98026	26847	319062	83618	272517
湖　北	2295610	83458	100488	34927	548288	106030	528103
湖　南	1052561	55851	67232	19823	209470	61606	184990
广　东	1611545	61539	66882	18479	431292	49631	405483
广　西	453889	16965	24015	9432	113414	20961	73996
海　南	47890	1961	3389	769	582	456	707
重　庆	881225	45346	45317	7267	271943	38612	193468
四　川	1630026	174819	108352	22777	414287	203130	454936
贵　州	275307	12706	18538	4425	63838	4319	47871
云　南	596933	24709	43979	7312	172349	26339	155289
西　藏	48103	1407	2605	78	3779	1651	2805
陕　西	1031495	53357	56554	23947	160464	76345	176300
甘　肃	468725	31189	20894	5850	89570	46060	78240
青　海	134638	3842	5679	589	12149	4326	10727
宁　夏	122385	5546	4265	1300	28972	498	25012
新　疆	420047	14733	16586	4069	62479	32187	84822

4-16 各地区总承包建筑业企业利润及税金情况

单位：万元

地　区	利润总额	#应交所得税	税金总额	主营业务税金及附加	管理费用中的税金
全国总计	**40787599**	**9038644**	**39057937**	**37416863**	**1641074**
北　京	2128645	339245	1709433	1677502	31932
天　津	803819	200677	848662	830417	18245
河　北	1317368	314229	1353348	1308833	44516
山　西	604676	106640	736330	713967	22363
内蒙古	836283	160046	502605	475818	26787
辽　宁	1957401	526561	2025191	1902830	122362
吉　林	600249	187409	593129	567101	26028
黑龙江	503177	116634	653470	609587	43883
上　海	1283450	288509	1306635	1277783	28853
江　苏	6174982	1350653	4893372	4685802	207570
浙　江	3984822	937863	4512600	4395859	116742
安　徽	1265117	229507	1109141	1061640	47502
福　建	1289075	436990	1394427	1339110	55317
江　西	852362	194087	869751	835214	34537
山　东	2740989	583157	2094180	1965342	128838
河　南	1932572	424973	1830394	1732218	98176
湖　北	2580672	514411	2336289	2252832	83458
湖　南	1380937	271614	1471326	1415475	55851
广　东	1928590	484079	1782976	1721437	61539
广　西	324396	99316	554022	537057	16965
海　南	100329	39187	83488	81527	1961
重　庆	1511380	291035	1199174	1153828	45346
四　川	1870712	355333	1881667	1706847	174819
贵　州	140034	40274	345321	332615	12706
云　南	780085	147341	672538	647830	24709
西　藏	38420	5637	31344	29937	1407
陕　西	904089	146153	1050092	996735	53357
甘　肃	443142	113428	445194	414005	31189
青　海	91097	12408	105450	101609	3842
宁　夏	111589	31485	143879	138333	5546
新　疆	307142	89766	522509	507776	14733

4-17 各地区总承包建筑业企业应收工程款及企业亏损情况

地　区	应收工程款(万元)	#竣工工程	企业个数(个)	#亏损企业个数	亏损企业的比重(%)
全国总计	**192438453**	**68306825**	**43031**	**4253**	**9.9**
北　京	13673802	3066125	875	182	20.8
天　津	7247946	2045881	424	54	12.7
河　北	7399964	3222838	1617	145	9.0
山　西	7612779	1982039	947	160	16.9
内蒙古	3101768	1244535	667	55	8.2
辽　宁	8402510	2953004	2231	240	10.8
吉　林	6264996	1722681	900	113	12.6
黑龙江	3031198	1049351	1314	211	16.1
上　海	10672320	2468090	1355	210	15.5
江　苏	25395131	10927206	4538	137	3.0
浙　江	11704069	5609927	3343	235	7.0
安　徽	5885089	2139029	1574	118	7.5
福　建	3040267	1243787	1372	137	10.0
江　西	2032067	713769	1174	81	6.9
山　东	15203693	6425391	3743	365	9.8
河　南	5167382	1568167	2178	119	5.5
湖　北	9540187	3373356	1669	99	5.9
湖　南	4772030	2054885	1395	86	6.2
广　东	8271774	2695564	2321	324	14.0
广　西	1755606	727714	771	131	17.0
海　南	198396	71950	87	7	8.0
重　庆	6301542	2086458	1454	162	11.1
四　川	6826185	2248643	2157	188	8.7
贵　州	1647330	363777	421	85	20.2
云　南	3938362	1658071	1369	132	9.6
西　藏	221728	58667	157	34	21.7
陕　西	5643217	1378045	1052	131	12.5
甘　肃	2828285	1076560	734	69	9.4
青　海	688633	228769	245	77	31.4
宁　夏	1172583	567825	326	40	12.3
新　疆	2797613	1334723	621	126	20.3

4-18 各地区总承包建筑业企业主要经济效益指标

地　区	产值利润率(%)	产值利税率(%)	资本利润率(%)	资本利税率(%)	人均利润(元/人)	人均利税(元/人)	资产负债率(%)
全国总计	**3.3**	**6.5**	**23.5**	**46.0**	**9855**	**19291**	**68.8**
北　京	3.8	6.9	15.4	27.8	31061	56004	71.9
天　津	2.8	5.8	16.7	34.3	16243	33392	79.0
河　北	2.9	5.9	23.8	48.2	10180	20638	68.1
山　西	2.5	5.6	16.2	35.9	7315	16222	79.2
内蒙古	6.1	9.8	36.8	59.0	16796	26890	63.9
辽　宁	3.2	6.4	27.6	56.2	9455	19238	69.6
吉　林	3.4	6.7	16.1	31.9	10500	20876	58.9
黑龙江	2.5	5.7	14.8	34.1	5970	13723	69.6
上　海	3.2	6.4	19.0	38.3	13281	26803	77.4
江　苏	3.7	6.7	37.3	66.8	10113	18128	62.6
浙　江	2.5	5.3	26.9	57.4	6790	14479	61.3
安　徽	3.3	6.2	25.7	48.3	8736	16395	68.0
福　建	3.2	6.7	20.7	43.2	7119	14819	58.9
江　西	3.3	6.7	23.1	46.7	9135	18456	55.9
山　东	4.2	7.4	22.6	39.9	9653	17027	71.1
河　南	3.6	6.9	25.6	49.9	10392	20234	67.0
湖　北	4.0	7.6	35.2	67.1	16382	31213	71.3
湖　南	3.3	6.9	27.9	57.7	9409	19434	61.3
广　东	3.9	7.5	16.3	31.4	13708	26381	67.4
广　西	1.8	4.9	13.3	36.0	5058	13696	68.2
海　南	3.8	7.0	33.5	61.4	16126	29544	66.0
重　庆	4.2	7.4	26.0	46.7	10684	19161	70.0
四　川	3.3	6.7	24.4	48.9	8484	17018	72.4
贵　州	1.4	4.9	8.8	30.6	4455	15442	80.0
云　南	3.6	6.7	19.9	37.1	9359	17428	65.9
西　藏	4.6	8.3	11.6	21.1	12180	22116	51.7
陕　西	2.7	5.9	17.6	38.1	9551	20643	72.2
甘　肃	3.4	6.9	20.8	41.7	8894	17830	66.4
青　海	3.0	6.5	13.1	28.2	7693	16597	70.5
宁　夏	2.6	6.0	16.1	36.9	6648	15219	71.1
新　疆	2.1	5.5	16.4	44.3	5206	14061	75.2

4-19 各地区按资质等级划分的总承包建筑业企业单位数

单位：个

地 区	合计	特级	一级	二级	三级及以下
全国总计	**43031**	**318**	**4797**	**15490**	**22426**
北 京	875	36	246	256	337
天 津	424	8	111	131	174
河 北	1617	7	174	665	771
山 西	947	5	86	287	569
内蒙古	667	1	60	204	402
辽 宁	2231	35	209	572	1415
吉 林	900	3	57	275	565
黑龙江	1314	3	116	506	689
上 海	1355	14	153	489	699
江 苏	4538	32	457	1506	2543
浙 江	3343	40	625	1108	1570
安 徽	1574	3	142	588	841
福 建	1372	3	156	520	693
江 西	1174	2	108	444	620
山 东	3743	14	304	1335	2090
河 南	2178	17	235	832	1094
湖 北	1669	14	216	713	726
湖 南	1395	11	170	476	738
广 东	2321	34	359	574	1354
广 西	771	2	55	225	489
海 南	87	2	17	38	30
重 庆	1454	2	158	621	673
四 川	2157	10	183	1067	897
贵 州	421	1	43	132	245
云 南	1369	5	66	478	820
西 藏	157	1	3	104	49
陕 西	1052	6	147	584	315
甘 肃	734	5	55	284	390
青 海	245	1	11	103	130
宁 夏	326		14	103	209
新 疆	621	1	61	270	289

4-20 各地区按资质等级划分的总承包建筑业企业从业人员

单位：人

地区	合计	特级	一级	二级	三级及以下
全国总计	**38278197**	**4309790**	**14409259**	**11993554**	**7565594**
北京	340534	76253	202057	32691	29533
天津	236597	15015	113184	81008	27390
河北	1245261	171426	331236	510121	232478
山西	560167	52072	258156	136522	113417
内蒙古	341071	4921	100147	135677	100326
辽宁	1606427	124253	366745	497944	617485
吉林	452016	19433	66684	208138	157761
黑龙江	431776	44382	149212	122276	115906
上海	737445	145849	302731	208694	80171
江苏	6697610	1101869	2425860	1802484	1367397
浙江	5959991	1245911	2894114	1250097	569869
安徽	1516387	66249	583644	542358	324136
福建	1678470	55368	859932	523749	239421
江西	1015481	19747	421427	339800	234507
山东	2537227	216580	858481	851918	610248
河南	1994929	240957	573037	695632	485303
湖北	1560367	250052	515720	552612	241983
湖南	1094582	54785	308100	414508	317189
广东	1479135	118978	663198	381025	315934
广西	644456	73439	319313	146734	104970
海南	56785	1420	25665	22501	7199
重庆	1308487	10303	535062	495878	267244
四川	1993742	60319	582507	948401	402515
贵州	342741	33103	185303	75115	49220
云南	676371	25480	144581	302717	203593
西藏	34660	64	373	29294	4929
陕西	754382	25349	347421	291465	90147
甘肃	525634	36740	133323	201438	154133
青海	104811	17549	8570	49697	28995
宁夏	75535		13103	34409	28023
新疆	275120	1924	120373	108651	44172

4-21 各地区按资质等级划分的总承包建筑业总产值

单位：万元

地区	合计	特级	一级	二级	三级及以下
全国总计	**1224735708**	**228138267**	**556869587**	**279237492**	**160490361**
北京	55384707	21928726	28654249	3126822	1674910
天津	28341058	7775819	15433866	3690950	1440422
河北	45633359	8496958	20487072	11520463	5128866
山西	23902342	3615288	14452158	3668884	2166012
内蒙古	13689007	504781	6038529	4367123	2778575
辽宁	61817446	5627093	19416808	18456903	18316643
吉林	17896406	953686	4819370	6544504	5578847
黑龙江	20389686	2042819	8194737	6208992	3943138
上海	40230171	14285032	15942392	7407312	2595436
江苏	164932347	40265458	63585628	36685984	24395278
浙江	159455107	41508588	80389861	26207830	11348828
安徽	38081342	3164653	18989403	10400976	5526310
福建	39806697	1702574	22447421	11223139	4433564
江西	25827810	337237	14001170	7491127	3998276
山东	65676765	7187588	31964340	16072973	10451865
河南	54309031	13026138	20193900	12509895	8579098
湖北	64966333	21388596	25559726	13270501	4747510
湖南	41330840	9127804	17414754	8617613	6170670
广东	49265772	6994819	28500803	7649606	6120543
广西	17942820	2040926	9593343	3573447	2735105
海南	2609341	40118	1623532	673702	271988
重庆	36417875	1194742	18510466	11019250	5693418
四川	55936282	7456060	21297041	19043549	8139632
贵州	9982711	618769	7341029	1245999	776914
云南	21707572	2054617	7853802	7237796	4561358
西藏	843052	400	37278	711618	93756
陕西	33190430	2239612	20677140	8084545	2189133
甘肃	12903521	1295785	5231663	3711459	2664614
青海	3041636	1037180	478386	1145166	380904
宁夏	4248718		1277515	1653456	1317746
新疆	14975525	226404	6462209	6015910	2271002

4-22 各地区按资质等级划分的总承包建筑业企业签订的合同额

单位：万元

地区	合计	特级	一级	二级	三级及以下
全国总计	**2274733220**	**551699978**	**1099123874**	**417273503**	**206635866**
北京	148411750	80571048	59821451	5588751	2430500
天津	58555202	13358912	37359366	5650582	2186342
河北	78673483	16981564	40601896	14938857	6151165
山西	48746807	10224397	30966087	4974271	2582052
内蒙古	23264889	1570697	11599103	6307826	3787263
辽宁	92061481	12158208	33426448	24242566	22234259
吉林	28993569	1526009	9153686	11724935	6588939
黑龙江	31040632	3383303	11816437	11807502	4033391
上海	101049301	50721929	34796291	12274697	3256384
江苏	255781244	65671479	108075037	51788744	30245983
浙江	281504956	79451873	142514444	42638235	16900404
安徽	65381141	6665633	35441786	16124030	7149693
福建	75010246	2947967	48317487	17425706	6319087
江西	44259806	1014008	27096692	11044718	5104388
山东	109047381	15548175	58261536	22237429	13000241
河南	90916285	26082362	37994984	16757458	10081482
湖北	122432875	49053739	49687431	18142234	5549471
湖南	88302738	30111440	36268843	14008602	7913853
广东	136632280	28372781	83957950	14080048	10221501
广西	36558573	6525761	20980204	5517612	3534997
海南	5034287	41034	2814698	1832775	345779
重庆	64592512	4189712	36671082	16128242	7603476
四川	103878994	20705364	44930871	28263537	9979222
贵州	22762016	857933	17922762	2599567	1381754
云南	37812190	6394051	15142650	10347627	5927862
西藏	1115246	400	51404	951373	112069
陕西	62421178	11604645	37325724	10984473	2506336
甘肃	22294997	2582775	10300751	5622397	3789075
青海	6275197	2954012	1204045	1591094	526046
宁夏	6724029		2190004	2491032	2042993
新疆	25197938	428765	12432726	9186586	3149862

4-23 各地区按资质等级划分的总承包建筑业企业竣工产值

单位：万元

地　区	合计	特级	一级	二级	三级及以下
全国总计	**706846788**	**107230282**	**293493825**	**187823935**	**118298746**
北　京	27322031	9566147	14828193	1917387	1010305
天　津	12322182	3010434	6009089	2151659	1151000
河　北	23554056	2312941	10226569	7494865	3519680
山　西	10020083	676400	5847005	2014904	1481774
内蒙古	8567156	232391	3001545	3190723	2142498
辽　宁	36310816	2368240	9750353	11818227	12373997
吉　林	11288576	409975	2000832	4482549	4395221
黑龙江	10927669	211811	4379182	2884760	3451915
上　海	21214374	6977573	8242350	4399817	1594635
江　苏	124154145	27812365	46381540	29201597	20758643
浙　江	95259442	22755282	47087047	17518314	7898800
安　徽	20847994	164853	9947386	6534017	4201738
福　建	23274744	908729	12285597	7172334	2908085
江　西	15230191	179273	6310477	5620527	3119915
山　东	36281391	2895162	15402419	10821910	7161900
河　南	30442112	5574076	9563084	8839402	6465550
湖　北	34019311	6766136	13447971	10055920	3749284
湖　南	27955277	6462943	10174620	6481696	4836018
广　东	26667079	2864413	14266222	5057660	4478785
广　西	9821288	1142716	4617715	2383735	1677121
海　南	1747701	25318	1093319	409813	219251
重　庆	20239136	181021	9326783	6802113	3929219
四　川	29959212	1649204	10066755	12246117	5997137
贵　州	3348992		2063071	761406	524515
云　南	12158252	597533	3559044	4631947	3369729
西　藏	397316	400	3620	315693	77603
陕　西	12892118	556110	6945396	4224259	1166353
甘　肃	7119991	619555	2136079	2578449	1785909
青　海	1182977	199809	174656	571043	237469
宁　夏	3256257		1068686	1264693	922878
新　疆	9064920	109475	3287223	3976400	1691823

4-24 各地区按资质等级划分的总承包建筑业企业房屋施工面积

单位：万平方米

地　区	合计	特级	一级	二级	三级及以下
全国总计	**970138.4**	**193661.4**	**426192.6**	**225017.9**	**125266.5**
北　京	41566.7	18839.2	20509.6	1745.3	472.6
天　津	12419.0	2143.5	8483.0	1372.9	419.5
河　北	34880.1	6056.9	14535.8	9689.6	4597.8
山　西	10883.9	582.2	7151.4	1935.8	1214.5
内蒙古	10501.7	261.3	5330.9	2712.6	2196.8
辽　宁	39234.6	5336.2	9481.9	13098.9	11317.7
吉　林	12601.4	549.6	2793.2	5606.3	3652.4
黑龙江	8485.7	523.6	3297.3	2602.7	2062.1
上　海	27672.7	12605.7	9734.5	4203.7	1128.9
江　苏	165862.1	47599.2	62162.4	33594.7	22505.7
浙　江	162340.2	50934.5	77905.6	24490.5	9009.6
安　徽	32928.3	899.6	16579.9	9867.9	5580.8
福　建	41349.6	2228.3	24966.2	10669.0	3486.2
江　西	18636.3	570.8	7926.5	6305.7	3833.3
山　东	55530.2	6752.7	23313.1	15288.7	10175.6
河　南	37758.2	6285.4	15130.7	9733.2	6609.0
湖　北	38053.2	6259.3	16453.0	11292.6	4048.3
湖　南	36223.0	9899.3	12261.9	8440.2	5621.6
广　东	40984.5	7679.9	18956.5	8202.2	6145.9
广　西	14992.2	1719.1	8145.8	3140.9	1986.5
海　南	2138.8	22.0	1473.6	458.5	184.8
重　庆	26062.7	746.1	14718.0	6919.2	3679.4
四　川	37663.1	2974.0	14924.3	13982.4	5782.4
贵　州	8254.0		6201.8	1250.8	801.4
云　南	13171.8	588.4	5846.0	4095.8	2641.5
西　藏	194.7	0.0	2.7	161.9	30.1
陕　西	16682.3	540.5	9820.2	5157.8	1163.8
甘　肃	8058.9	700.6	3297.3	2442.0	1619.0
青　海	760.9	87.2	177.7	355.7	140.3
宁　夏	3718.8		1117.3	1437.3	1164.2
新　疆	10528.7	276.2	3494.6	4763.2	1994.7

4-25 各地区按资质等级划分的总承包建筑业企业房屋竣工面积

单位：万平方米

地 区	合计	特级	一级	二级	三级及以下
全国总计	**350210.6**	**46101.1**	**130542.6**	**103848.8**	**69718.0**
北 京	8362.4	3619.1	4213.3	374.4	155.6
天 津	2812.5	327.6	1482.5	680.6	321.9
河 北	12228.5	1153.5	3771.1	4855.3	2448.6
山 西	3098.1	107.2	1571.2	747.2	672.5
内蒙古	3633.7	48.9	1076.4	1267.0	1241.5
辽 宁	16941.5	1022.6	3417.1	5955.0	6546.9
吉 林	5705.2	184.0	825.1	2041.0	2655.2
黑龙江	4304.8	90.6	1115.0	1354.8	1744.4
上 海	6397.5	1917.6	2415.3	1568.8	495.8
江 苏	60861.5	13738.3	21652.9	14603.0	10867.3
浙 江	52606.9	12796.6	25513.1	10087.3	4209.9
安 徽	13077.7	202.4	5238.3	4674.6	2962.4
福 建	12065.5	554.4	6154.1	3998.5	1358.5
江 西	9951.6	78.4	3141.7	3930.1	2801.4
山 东	20804.7	1762.6	6889.5	6823.4	5329.1
河 南	16065.6	1868.8	4511.0	5395.0	4290.9
湖 北	19667.0	2226.1	7715.8	7068.6	2656.5
湖 南	13325.6	1544.2	4107.6	4102.8	3571.0
广 东	13259.0	1187.5	6192.1	2916.2	2963.1
广 西	4999.9	359.9	1972.9	1459.7	1207.4
海 南	804.6	15.9	457.0	214.2	117.6
重 庆	11491.1	46.4	5470.6	3706.4	2267.7
四 川	15191.1	721.0	4153.2	6664.9	3652.0
贵 州	1860.8		1035.2	411.9	413.8
云 南	5804.2	130.1	1654.4	2271.8	1748.0
西 藏	134.9	0.0	0.2	111.8	22.9
陕 西	5268.7	130.7	2327.5	2255.8	554.7
甘 肃	3179.3	208.7	873.5	1220.9	876.3
青 海	338.4		50.6	186.9	100.9
宁 夏	1516.8		428.9	635.8	452.1
新 疆	4451.5	58.2	1115.8	2265.3	1012.2

4-26 各地区按资质等级划分的总承包建筑业企业自有施工机械设备台数

单位：台

地 区	合计	特级	一级	二级	三级及以下
全国总计	**8700084**	**852167**	**3072424**	**2834102**	**1941391**
北 京	85694	7766	55930	12422	9576
天 津	74152	5759	43476	15836	9081
河 北	516189	102738	130440	201419	81592
山 西	172972	7072	59788	56452	49660
内蒙古	105839	3279	29903	50852	21805
辽 宁	306763	22913	101287	86390	96173
吉 林	65929	6179	25588	18667	15495
黑龙江	122749	18613	39015	38560	26561
上 海	117532	21817	45694	36840	13181
江 苏	1344485	180628	497043	398973	267841
浙 江	847614	98859	394692	240004	114059
安 徽	387415	16956	122525	156725	91209
福 建	245501	14378	76891	104051	50181
江 西	149184	43	52633	50548	45960
山 东	646742	25608	215539	224443	181152
河 南	710050	76843	229519	213416	190272
湖 北	516687	126064	133064	160395	97164
湖 南	397004	40538	89938	133119	133409
广 东	504605	10120	214964	129282	150239
广 西	143185	2747	45603	58324	36511
海 南	6172	117	3722	1273	1060
重 庆	159091	436	70298	59979	28378
四 川	283833	23669	101795	103513	54856
贵 州	66033	5300	37851	11954	10928
云 南	169376	11280	28098	71349	58649
西 藏	3364	3	30	2263	1068
陕 西	212332	10776	92088	88456	21012
甘 肃	201128	3080	92120	53977	51951
青 海	22822	7904	4128	7179	3611
宁 夏	29850		7475	10707	11668
新 疆	85792	682	31287	36734	17089

4-27 各地区按资质等级划分的总承包建筑业企业自有施工机械设备总功率

单位：万千瓦

地 区	合计	特级	一级	二级	三级及以下
全国总计	**21009.2**	**3190.5**	**8005.9**	**6006.6**	**3806.1**
北 京	298.4	47.5	196.2	26.0	28.8
天 津	302.9	47.6	192.7	39.9	22.7
河 北	1364.8	221.0	435.6	554.2	154.1
山 西	587.3	141.5	225.2	110.8	109.7
内蒙古	235.4	5.2	74.7	109.0	46.5
辽 宁	1079.8	76.1	496.5	235.6	271.6
吉 林	462.5	29.3	341.0	46.6	45.7
黑龙江	293.7	43.1	112.0	82.3	56.3
上 海	309.5	74.7	148.7	68.2	17.9
江 苏	3276.7	567.2	985.2	1013.7	710.5
浙 江	1660.1	186.9	764.6	464.2	244.4
安 徽	821.6	77.6	212.3	375.0	156.8
福 建	575.1	10.6	224.2	222.8	117.5
江 西	357.7	0.1	187.0	102.9	67.7
山 东	1439.5	76.8	586.8	441.5	334.4
河 南	1517.4	383.2	598.1	359.0	177.2
湖 北	1371.6	641.9	265.2	308.7	155.7
湖 南	896.3	169.0	266.5	277.8	183.0
广 东	881.1	44.6	416.4	198.4	221.7
广 西	241.7	7.6	89.7	85.8	58.6
海 南	14.2	0.2	10.1	2.0	1.9
重 庆	408.9	4.2	186.2	163.7	54.8
四 川	707.3	130.3	311.3	183.3	82.4
贵 州	138.4	30.5	56.9	30.0	20.9
云 南	684.5	76.8	156.1	153.4	298.1
西 藏	44.8	0.0	0.3	10.3	34.1
陕 西	444.5	46.2	248.6	120.9	28.8
甘 肃	228.6	17.5	74.5	86.3	50.2
青 海	73.0	30.5	7.9	27.7	6.9
宁 夏	63.8		15.1	26.2	22.5
新 疆	228.2	2.8	120.5	80.2	24.7

4-28 各地区按资质等级划分的总承包建筑业企业实收资本

单位：万元

地区	合计	特级	一级	二级	三级及以下
全国总计	**173658408**	**22765799**	**57328527**	**52929270**	**40634812**
北京	13801294	8446024	3669111	1039177	646982
天津	4824741	923932	2162616	602324	1135869
河北	5535739	176711	2387811	1970036	1001182
山西	3737794	747135	1249998	982112	758548
内蒙古	2269987	68329	730131	864953	606573
辽宁	7080733	491666	2045259	1982006	2561804
吉林	3738217	91000	785181	957172	1904864
黑龙江	3395857	277114	900726	1370126	847891
上海	6769525	1292134	2634810	1968245	874336
江苏	16566495	1273761	4807983	5469010	5015742
浙江	14793302	1503416	6470552	4082551	2736783
安徽	4916002	324812	1343431	1944997	1302762
福建	6217594	121528	2510975	2262145	1322947
江西	3690077	57355	1276227	1427636	928859
山东	12109902	580636	3784720	3437527	4307020
河南	7545844	1087961	2311896	2539160	1606827
湖北	7325637	1416131	2074430	2666707	1168369
湖南	4947206	546591	1675536	1596285	1128793
广东	11828284	883063	4294590	2181145	4469487
广西	2437855	91300	935304	799045	612206
海南	299161	685	176169	93685	28623
重庆	5810313	200300	1828672	2920382	860959
四川	7668421	833050	2320447	3267533	1247391
贵州	1588484	90000	802724	363288	332473
云南	3911334	158332	887089	1538311	1327603
西藏	331202	1600	9884	257221	62497
陕西	5124782	695332	1934123	2028141	467185
甘肃	2130848	220734	454805	907675	547635
青海	697289	83420	87063	372145	154661
宁夏	691464		127249	292176	272040
新疆	1873026	81748	649018	746356	395904

4-29 各地区按资质等级划分的总承包建筑业企业资产

单位：万元

地区	合计	特级	一级	二级	三级及以下
全国总计	**969830504**	**231273200**	**408847108**	**206287771**	**123422426**
北京	105871345	62725716	35839558	4322480	2983592
天津	31302552	7601831	17070296	3971411	2659014
河北	29309787	2938354	16289054	6646282	3436097
山西	26510915	8182753	12660772	3421302	2246088
内蒙古	15255261	529120	5983312	5789389	2953441
辽宁	38142798	3936510	15311294	9726703	9168291
吉林	14730415	864362	3711067	4257583	5897402
黑龙江	14350603	2147923	4955506	4927019	2320156
上海	57647197	19648083	22911770	10894439	4192906
江苏	96757651	15427643	36629190	25905176	18795643
浙江	73048397	14599749	34668150	15090580	8689918
安徽	27913187	4571093	12234739	7278911	3828445
福建	21510041	592850	10941977	6939608	3035606
江西	13682863	378805	6734361	4355342	2214355
山东	61814772	7542615	29742720	15522587	9006850
河南	36285721	10083529	13950610	8041158	4210423
湖北	53803624	26592473	15695535	8411299	3104317
湖南	22864015	6352456	8560686	4934612	3016261
广东	58134978	8916769	30416903	8365131	10436175
广西	10397788	860594	4174224	3487367	1875603
海南	1507543	44786	944263	398026	120469
重庆	28591890	2639417	14343817	7638396	3970260
四川	46313243	13158473	16515869	12757732	3881169
贵州	9299335	420512	6427177	1414460	1037186
云南	18515828	1663709	7152702	5679379	4020038
西藏	1244673	1600	34900	999433	208740
陕西	25543420	5582264	13122547	5581685	1256925
甘肃	10379942	1842922	4180148	2657048	1699824
青海	3310876	967728	521679	1317951	503518
宁夏	3825130		1252693	1360887	1211550
新疆	11964715	458562	5869590	4194397	1442167

4-30 各地区按资质等级划分的总承包建筑业企业所有者权益

单位：万元

地　区	合计	特级	一级	二级	三级及以下
全国总计	**302452531**	**56891206**	**103810618**	**84213315**	**57537393**
北　京	29758017	21466082	6113202	1291241	887492
天　津	6564921	1278105	2964692	958892	1363233
河　北	9344663	531582	4051933	3145385	1615764
山　西	5517601	1274571	1847728	1397289	998014
内蒙古	5501533	85238	2144565	1941776	1329954
辽　宁	11591267	1252869	3860305	3231658	3246436
吉　林	6057293	232561	1098411	1480135	3246187
黑龙江	4355811	254848	1333551	1678081	1089332
上　海	13038723	3667482	4832698	3102798	1435745
江　苏	36197059	4712346	11299015	11270316	8915383
浙　江	28249851	4933558	12616988	6778317	3920988
安　徽	8926507	725040	3007397	3267516	1926554
福　建	8832062	224423	3700970	3191592	1715076
江　西	6035685	74656	2327452	2362050	1271527
山　东	17829257	1288927	6903762	5801764	3834805
河　南	11988595	2017497	3565125	3923909	2482065
湖　北	15450961	5226635	4376840	4111673	1735813
湖　南	8834896	1351934	3100022	2652761	1730180
广　东	18976680	1712020	8357788	3430582	5476292
广　西	3309919	195412	1023322	1197622	893564
海　南	512619	31419	247226	181998	51976
重　庆	8560011	301471	3348960	3157632	1751949
四　川	12713001	1978252	3962544	4921485	1850720
贵　州	1862767	97149	1076066	429294	260258
云　南	6319743	401592	1622878	2422929	1872344
西　藏	601196	1600	19451	495904	84241
陕　西	7105838	1038913	2529658	2912420	624848
甘　肃	3483153	236419	983889	1448220	814626
青　海	976619	210037	110734	463282	192566
宁　夏	1100833		242919	459071	398844
新　疆	2855449	88571	1140532	1105727	520619

4-31 各地区按资质等级划分的总承包建筑业企业负债

单位：万元

地区	合计	特级	一级	二级	三级及以下
全国总计	**667115415**	**174381993**	**305033800**	**121898746**	**65800876**
北京	76111562	41259634	29726041	3031239	2094649
天津	24737617	6323727	14105604	3012519	1295767
河北	19958156	2406772	12237122	3500454	1813809
山西	20993134	6908182	10813044	2024014	1247894
内蒙古	9748068	443882	3838747	3847613	1617827
辽宁	26550436	2683641	11450990	6495045	5920760
吉林	8670324	631802	2612656	2777449	2648418
黑龙江	9994387	1893075	3621955	3248733	1230624
上海	44597084	15980601	18079072	7785283	2752128
江苏	60538500	10715297	25330175	14634860	9858168
浙江	44793919	9666191	22051162	8309303	4767263
安徽	18979679	3846052	9227341	4004819	1901467
福建	12676767	368427	7241006	3748016	1319317
江西	7647178	304149	4406909	1993292	942828
山东	43974457	6253688	22838959	9717926	5163884
河南	24297126	8066033	10385485	4117249	1728358
湖北	38352663	21365838	11318695	4299626	1368504
湖南	14025834	5000522	5460664	2281852	1282797
广东	39154679	7204750	22059116	4934489	4956325
广西	7087869	665182	3150903	2289745	982039
海南	994874	13367	697037	216027	68442
重庆	20023705	2337946	10994858	4478205	2212696
四川	33544488	11180220	12550951	7795235	2018082
贵州	7436568	323363	5351111	985166	776928
云南	12195911	1262117	5529824	3256451	2147519
西藏	643477		15449	503529	124499
陕西	18436055	4543352	10592888	2667606	632209
甘肃	6896789	1606504	3196259	1208828	885198
青海	2334257	757691	410945	854669	310951
宁夏	2721570		1009774	901817	809979
新疆	8998286	369991	4729058	2977690	921548

4-32 各地区按资质等级划分的总承包建筑业企业营业收入

单位：万元

地区	合计	特级	一级	二级	三级及以下
全国总计	**1152446599**	**230729723**	**524087453**	**253747483**	**143881939**
北京	69043648	29592871	33733090	3602815	2114872
天津	29212060	7009481	16973264	3704109	1525206
河北	40788540	7500349	18903448	10054070	4330673
山西	23300441	3833408	13901369	3451816	2113848
内蒙古	13555419	606765	5898323	4320344	2729988
辽宁	56219825	4636052	19151242	16632613	15799918
吉林	16649245	970474	5022098	5440445	5216229
黑龙江	18672539	2739172	7052103	5302490	3578774
上海	49958578	19315241	18239753	9274467	3129118
江苏	135896744	31668956	53343318	30523924	20360546
浙江	128756125	32147338	63195217	22858037	10555532
安徽	34053233	2702910	17439021	9090915	4820387
福建	36573616	1384129	20587617	10466609	4135262
江西	23463664	333230	12741288	6822312	3566835
山东	62139973	7040767	30897103	14712655	9489448
河南	53176258	14394344	19798290	11600248	7383377
湖北	64910434	23784775	24678691	12148737	4298232
湖南	38366079	8727567	16109467	7947347	5581699
广东	55868254	8807306	32090016	8413320	6557612
广西	15989212	1901917	8238126	3617541	2231628
海南	2508062	25318	1676184	577163	229397
重庆	35114483	2001171	18054730	10096966	4961616
四川	51167111	9188047	19829868	15883565	6265631
贵州	9700307	565569	7014412	1318313	802012
云南	19241499	2091140	7461219	5937541	3751599
西藏	841510	400	37278	727820	76013
陕西	31384321	4810243	17992649	6758236	1823193
甘肃	12447298	1426612	5219331	3415173	2386181
青海	3369862	1285608	471488	1115490	497277
宁夏	4317918		1378624	1626115	1313180
新疆	15760341	238563	6958829	6306291	2256657

4-33 各地区按资质等级划分的总承包建筑业企业利税总额

单位：万元

地 区	合计	特级	一级	二级	三级及以下
全国总计	**79845536**	**14779747**	**31392399**	**20302336**	**13371055**
北 京	3838078	2042310	1534765	165122	95881
天 津	1652481	425395	826676	277271	123138
河 北	2670717	400172	1038328	823835	408383
山 西	1341005	333772	617025	238116	152092
内蒙古	1338889	23383	572245	421518	321743
辽 宁	3982592	350984	1131538	1242554	1257516
吉 林	1193378	71271	283005	448424	390678
黑龙江	1156646	94997	332042	312176	417431
上 海	2590086	871929	1016118	543026	159013
江 苏	11068354	2534451	4038833	2565175	1929895
浙 江	8497422	1970968	3995313	1678068	853074
安 徽	2374259	164686	1114976	681211	413386
福 建	2683501	80158	1352090	881792	369461
江 西	1722112	32438	747113	542553	400009
山 东	4835169	435995	1940784	1391225	1067165
河 南	3762966	727202	1134178	1013986	887601
湖 北	4916961	1564786	1755657	1139987	456532
湖 南	2852264	558259	1056989	700391	536625
广 东	3711566	499771	1958725	649351	603719
广 西	878418	79507	400091	217986	180835
海 南	183817	1190	108049	50501	24077
重 庆	2710553	59396	1147452	918367	585339
四 川	3752378	864329	1063938	1239170	584942
贵 州	485355	20500	353464	72419	38972
云 南	1452623	122837	392164	546286	391336
西 藏	69764	118	4975	54496	10175
陕 西	1954181	261151	836831	675773	180426
甘 肃	888336	87645	221987	289947	288757
青 海	196547	89112	23741	52670	31024
宁 夏	255468		62338	106204	86926
新 疆	829651	11038	330970	362739	124904

4-34 各地区按资质等级划分的总承包建筑业企业利润总额

单位：万元

地　区	合计	特级	一级	二级	三级及以下
全国总计	**40787599**	**7813643**	**14672279**	**10895250**	**7406428**
北　京	2128645	1361133	665968	70350	31194
天　津	803819	216595	349987	160805	76432
河　北	1317368	163705	472273	440573	240819
山　西	604676	225604	190037	113687	75348
内蒙古	836283	5340	359368	269892	201684
辽　宁	1957401	215852	495129	655696	590724
吉　林	600249	42902	126185	237601	193561
黑龙江	503177	31622	98106	144852	228596
上　海	1283450	392301	544026	278100	69023
江　苏	6174982	1394961	2268851	1419677	1091494
浙　江	3984822	848776	1822564	851534	461948
安　徽	1265117	88391	598531	349608	228588
福　建	1289075	37240	615202	448915	187718
江　西	852362	19915	337356	266549	228543
山　东	2740989	229626	959849	843794	707720
河　南	1932572	325765	489785	579098	537923
湖　北	2580672	775612	913256	627414	264391
湖　南	1380937	320895	459962	344135	255945
广　东	1928590	273037	983631	335826	336097
广　西	324396	15466	136968	84751	87211
海　南	100329	114	51645	34426	14144
重　庆	1511380	33398	571843	548896	357243
四　川	1870712	495337	417567	637672	320137
贵　州	140034	1584	117092	19698	1661
云　南	780085	74642	153132	320443	231868
西　藏	38420	100	3636	27958	6727
陕　西	904089	126223	259501	412765	105600
甘　肃	443142	43858	71479	150045	177760
青　海	91097	50856	4842	21749	13650
宁　夏	111589		16511	52414	42665
新　疆	307142	2794	118000	146332	40016

4-35 各地区按资质等级划分的总承包建筑业企业税金总额

单位：万元

地　区	合计	特级	一级	二级	三级及以下
全国总计	**39057937**	**6966104**	**16720120**	**9407086**	**5964627**
北　京	1709433	681177	868797	94773	64687
天　津	848662	208800	476689	116466	46706
河　北	1353348	236467	566055	383262	167564
山　西	736330	108168	426988	124429	76744
内蒙古	502605	18043	212878	151626	120059
辽　宁	2025191	135132	636409	586858	666792
吉　林	593129	28369	156820	210823	197117
黑龙江	653470	63375	233936	167324	188836
上　海	1306635	479628	472092	264926	89990
江　苏	4893372	1139491	1769982	1145499	838401
浙　江	4512600	1122192	2172749	826534	391125
安　徽	1109141	76296	516445	331603	184798
福　建	1394427	42918	736888	432877	181744
江　西	869751	12524	409757	276004	171466
山　东	2094180	206368	980935	547432	359445
河　南	1830394	401437	644392	434888	349678
湖　北	2336289	789174	842401	512573	192142
湖　南	1471326	237364	597027	356255	280680
广　东	1782976	226734	975095	313525	267622
广　西	554022	64041	263122	133234	93624
海　南	83488	1076	56405	16076	9933
重　庆	1199174	25997	575610	369471	228095
四　川	1881667	368993	646371	601498	264806
贵　州	345321	18916	236372	52721	37312
云　南	672538	48195	239032	225843	159468
西　藏	31344	19	1339	26538	3448
陕　西	1050092	134927	577330	263008	74826
甘　肃	445194	43787	150507	139902	110997
青　海	105450	38256	18899	30921	17375
宁　夏	143879		45828	53790	44261
新　疆	522509	8244	212970	216407	84888

4-36 各地区按资质等级划分的总承包建筑业企业主营业务收入

单位：万元

地 区	合计	特级	一级	二级	三级及以下
全国总计	**1140997014**	**228509437**	**518165900**	**251815302**	**142506375**
北 京	68554451	29354242	33526254	3580950	2093006
天 津	29027471	6983781	16858518	3673481	1511691
河 北	40131885	7068800	18749321	10021883	4291881
山 西	22821799	3828613	13492181	3412249	2088756
内蒙古	13493893	605950	5874984	4299549	2713410
辽 宁	55745773	4626064	19036023	16580967	15502719
吉 林	16386337	932535	4866444	5414952	5172406
黑龙江	18554551	2735168	7031343	5230134	3557906
上 海	49651584	19260852	18095799	9211353	3083580
江 苏	133610652	31444352	51561807	30390649	20213844
浙 江	128108968	32078264	62860691	22672022	10497991
安 徽	33592656	2640365	17107939	9059162	4785189
福 建	36463935	1384128	20497767	10452545	4129496
江 西	23341577	331651	12688040	6774708	3547178
山 东	61105368	6858916	30257710	14618111	9370632
河 南	52797990	14291821	19687045	11505738	7313387
湖 北	64393264	23590320	24597001	11961845	4244099
湖 南	38162730	8671782	16013398	7916110	5561441
广 东	55471154	8742724	31884860	8339526	6504044
广 西	15741087	1895061	8178163	3459713	2208150
海 南	2488236	25318	1674346	559318	229254
重 庆	34941496	1981283	18016153	10047151	4896910
四 川	50368770	8869637	19635625	15665359	6198149
贵 州	9603331	561926	6932593	1312492	796321
云 南	18916715	2085126	7274918	5866214	3690458
西 藏	834813	400	35328	723993	75093
陕 西	31261458	4786417	17937546	6716016	1821480
甘 肃	12270877	1386529	5116094	3396907	2371346
青 海	3317117	1250050	461804	1110719	494544
宁 夏	4293770		1372345	1616509	1304916
新 疆	15543308	237365	6843862	6224980	2237101

4-37 各地区按资质等级划分的总承包建筑业企业管理费用

单位：万元

地区	合计	特级	一级	二级	三级及以下
全国总计	**33289183**	**5923001**	**13169459**	**8261578**	**5935145**
北京	2261401	847196	1082273	166196	165737
天津	944305	239771	518856	120046	65632
河北	1091612	71347	602491	275434	142341
山西	994844	194237	528733	174017	97857
内蒙古	452296	19128	172636	137836	122697
辽宁	1765937	108257	537968	488763	630950
吉林	452936	24731	98514	145738	183953
黑龙江	579205	52425	199827	202484	124470
上海	1557789	551656	478564	342067	185503
江苏	3812067	677153	1264702	1000359	869853
浙江	2277676	289433	1015126	581712	391405
安徽	947568	139541	370384	239967	197676
福建	789586	22071	357695	257271	152549
江西	604444	4120	275134	199519	125671
山东	1992674	196004	919173	499311	378187
河南	1694468	444567	562838	403222	283841
湖北	2295610	944046	692503	472550	186510
湖南	1052561	213294	359680	274881	204706
广东	1611545	182592	809081	311448	308424
广西	453889	28630	202452	126316	96492
海南	47890	323	25147	14118	8302
重庆	881225	25694	349532	326351	179649
四川	1630026	350771	452105	554378	272771
贵州	275307	6347	147758	48954	72249
云南	596933	42937	200868	201616	151511
西藏	48103	2	3010	37985	7106
陕西	1031495	131522	532152	291760	76061
甘肃	468725	52114	162411	137665	116535
青海	134638	50993	18674	41038	23933
宁夏	122385		34557	40586	47242
新疆	420047	12104	194617	147992	65334

4-38 各地区按资质等级划分的总承包建筑业企业财务费用

单位：万元

地　区	合计	特级	一级	二级	三级及以下
全国总计	**7591209**	**1731647**	**3410240**	**1576693**	**872629**
北　京	429868	246168	178162	3923	1615
天　津	212692	45731	158620	7462	880
河　北	227451	18024	128402	53754	27271
山　西	138527	25937	86293	16319	9978
内蒙古	140150	12247	46226	57087	24590
辽　宁	249174	25404	104879	60957	57935
吉　林	70392	5486	25398	24418	15091
黑龙江	55719	2979	15511	22358	14872
上　海	276495	144329	89211	24815	18141
江　苏	1100016	231254	439581	260462	168720
浙　江	925863	202066	493022	169105	61670
安　徽	195328	-5709	108014	63604	29418
福　建	121174	2665	69558	37794	11157
江　西	95352	1579	45961	30282	17530
山　东	451070	67907	214475	104147	64541
河　南	319062	80854	113383	70525	54301
湖　北	548288	336125	112578	65754	33832
湖　南	209470	60630	76344	36231	36266
广　东	431292	95894	245698	49592	40108
广　西	113414	20384	45390	38012	9628
海　南	582	60	219	141	162
重　庆	271943	14810	157701	71896	27536
四　川	414287	78574	153986	131161	50566
贵　州	63838	5451	43732	11717	2938
云　南	172349	9871	75712	47237	39530
西　藏	3779		-7	3602	185
陕　西	160464	194	95926	54693	9652
甘　肃	89570	-785	32949	25983	31424
青　海	12149	4659	3687	3099	705
宁　夏	28972		7000	11951	10022
新　疆	62479	-1136	42633	18615	2367

4-39 各地区按资质等级划分的总承包建筑业企业应收工程款

单位：万元

地区	合计	特级	一级	二级	三级及以下
全国总计	**192438453**	**36384670**	**88832263**	**41166593**	**26054926**
北京	13673802	6424859	6376608	553874	318461
天津	7247946	1604657	4505416	850849	287024
河北	7399964	1384722	3844294	1533837	637112
山西	7612779	1446109	4713355	883726	569590
内蒙古	3101768	150718	1385576	1009860	555615
辽宁	8402510	1137927	3079069	2144652	2040862
吉林	6264996	298304	1435544	1214869	3316278
黑龙江	3031198	110461	1298178	1133988	488572
上海	10672320	4404086	4267720	1311077	689437
江苏	25395131	3612635	10272898	6698565	4811033
浙江	11704069	2700957	4901132	2585166	1516814
安徽	5885089	622945	3011855	1491655	758634
福建	3040267	37209	1580208	900610	522240
江西	2032067	93536	1180659	477716	280157
山东	15203693	1829290	7911748	3477251	1985405
河南	5167382	1455528	1970255	1139012	602587
湖北	9540187	3440533	3736157	1825465	538033
湖南	4772030	993673	2005738	1023873	748746
广东	8271774	1121814	4920743	1142045	1087174
广西	1755606	190073	796444	490387	278702
海南	198396	8078	65562	101170	23587
重庆	6301542	524101	3256078	1703803	817561
四川	6826185	803292	2989821	2293847	739225
贵州	1647330	61856	1135839	286261	163375
云南	3938362	399790	1589137	1209707	739728
西藏	221728	400		203242	18087
陕西	5643217	800496	3662412	956216	224093
甘肃	2828285	443220	1144542	712246	528277
青海	688633	207583	86931	302670	91449
宁夏	1172583		402405	499484	270694
新疆	2797613	75824	1305941	1009473	406376

4-40 各地区专业承包建筑业企业签订合同情况

单位：万元

地 区	合同总额	上年结转合同额	本年新签合同额
全国总计	**198661941**	**52518033**	**146143908**
北 京	13573704	4125913	9447790
天 津	6935927	2224774	4711153
河 北	3352559	680087	2672473
山 西	3659472	1163137	2496335
内蒙古	973469	328907	644562
辽 宁	16780012	3549418	13230594
吉 林	2254759	370106	1884652
黑龙江	3422300	532607	2889693
上 海	10732148	3278454	7453694
江 苏	22345935	4422813	17923122
浙 江	20285430	5945354	14340077
安 徽	4941045	1130927	3810118
福 建	5792889	1301889	4491001
江 西	3151495	1183447	1968048
山 东	9075632	1969770	7105862
河 南	6967032	1445264	5521768
湖 北	10808903	2554646	8254258
湖 南	3612491	973735	2638756
广 东	24238814	6764306	17474508
广 西	1358028	341055	1016973
海 南	280726	70111	210616
重 庆	4579739	1723477	2856262
四 川	9670465	3933682	5736783
贵 州	512544	236329	276215
云 南	2638556	579958	2058598
西 藏	33195	10621	22574
陕 西	2838241	805563	2032678
甘 肃	945611	198838	746773
青 海	268548	67933	200615
宁 夏	563468	124862	438606
新 疆	2068804	480051	1588753

4-41 各地区专业承包建筑业企业承包工程完成情况

单位：万元

地区	直接从建设单位承揽工程完成的产值	自行完成施工产值	分包出去工程的产值	从建设单位以外承揽工程完成的产值
全国总计	**139523396**	**135957196**	**3566199**	**11485676**
北京	8700871	8261571	439299	2236675
天津	4561270	3869431	691839	375213
河北	2891194	2883526	7669	134023
山西	2745063	2725900	19162	53436
内蒙古	708548	708378	170	12584
辽宁	13726144	13468839	257305	187614
吉林	1974894	1960320	14574	47525
黑龙江	3332771	3331489	1282	18431
上海	7401858	6966457	435400	1237768
江苏	16875248	16786876	88372	2516289
浙江	12724014	12435984	288031	1436359
安徽	4192746	4093875	98871	129194
福建	4062235	4004208	58027	434534
江西	2061185	2035644	25541	32254
山东	6837541	6720420	117122	416136
河南	5506824	5474272	32552	307462
湖北	5404094	5269869	134225	198017
湖南	2679546	2651610	27936	96747
广东	15558754	14986564	572190	891957
广西	662735	644267	18469	83493
海南	221288	221143	145	604
重庆	3254970	3194824	60146	143998
四川	6266184	6202315	63869	264701
贵州	400760	398475	2285	10989
云南	2088789	2063095	25695	65939
西藏	21254	20782	472	210
陕西	2084115	2036485	47630	66971
甘肃	713761	689496	24265	53267
青海	210376	209272	1104	6669
宁夏	409511	409424	87	11385
新疆	1244852	1232386	12466	15234

4-42 各地区专业承包建筑业总产值和竣工产值

单位：万元

地区	建筑业总产值	#装饰装修产值	#在外省完成的产值	按构成分组			竣工产值
				建筑工程产值	安装工程产值	其他产值	
全国总计	**147442872**	**46303254**	**37383276**	**98233149**	**38276070**	**10933653**	**89037958**
北京	10498246	5093344	4277214	9583361	805552	109334	5504370
天津	4244644	639931	206759	2006905	1508250	729489	2390898
河北	3017548	622822	473835	1390041	1077550	549958	1916275
山西	2779337	321523	509603	1820049	706959	252329	1270153
内蒙古	720962	24669	12137	297255	286062	137645	411179
辽宁	13656452	3846857	1418273	7519665	5025737	1111050	9358143
吉林	2007845	341877	75737	995112	778148	234584	1556766
黑龙江	3349920	483498	288637	1945762	1061901	342257	1332695
上海	8204225	3507251	2445981	5566082	2202140	436003	4242263
江苏	19303165	8076017	5872963	15329664	3637398	336103	14417047
浙江	13872342	4603731	4822071	9767925	3452656	651762	8544943
安徽	4223070	880014	1008034	1963231	1172826	1087012	2728176
福建	4438742	1268081	1596643	3110015	1236140	92587	2696072
江西	2067898	608439	736651	1514618	410456	142824	1286925
山东	7136556	2004028	917255	4172268	2208970	755318	4112164
河南	5781734	1126691	985417	3137979	1931288	712467	3749979
湖北	5467886	1052093	1183081	3387826	1215910	864151	3604953
湖南	2748357	514522	851249	1469356	867329	411672	1706222
广东	15878521	8782402	6875989	11794243	3472083	612196	8706654
广西	727760	125738	8344	377658	251761	98341	411527
海南	221747	32980	17174	140650	70827	10270	64350
重庆	3338821	821176	647862	1793593	1239567	305662	1585720
四川	6467016	797477	1509418	4705492	1335497	426026	3355811
贵州	409464	48488	2950	277808	99152	32503	149938
云南	2129034	272225	97859	1196625	750162	182247	1450648
西藏	20993	1300		14673	6319		12699
陕西	2103455	145504	408475	1360889	614990	127577	797728
甘肃	742763	105541	46340	508326	176193	58245	496333
青海	215941	15024	35299	88229	78604	49108	107740
宁夏	420809	64409	23620	330866	83841	6102	339455
新疆	1247620	75605	28407	666986	511801	68833	730134

4-43 各地区专业承包建筑业企业房屋建筑面积

地 区	房屋建筑施工面积(万平方米)	#本年新开工	#实行投标承包面积	#本年新开工	房屋建筑竣工面积(万平方米)	房屋建筑面积竣工率(%)
全国总计	**16289.1**	**9613.0**	**7944.4**	**5366.0**	**8525.6**	**52.3**
北 京	93.7	42.8	60.4	23.2	43.8	46.8
天 津	65.9	22.0	1.8	0.5	64.2	97.3
河 北	390.4	259.4	248.9	138.0	191.4	49.0
山 西	107.1	74.7	46.0	37.5	63.7	59.4
内蒙古	49.0	17.9	41.0	11.4	25.3	51.5
辽 宁	815.2	589.6	377.2	296.6	523.9	64.3
吉 林	531.7	305.2	247.6	151.1	321.4	60.4
黑龙江	77.8	30.8	20.6	20.6	36.1	46.3
上 海	288.8	169.7	85.1	33.2	78.6	27.2
江 苏	917.1	581.9	602.2	411.1	380.2	41.5
浙 江	4629.0	2881.4	2022.9	1518.7	2860.9	61.8
安 徽	407.3	278.6	244.3	176.7	268.5	65.9
福 建	472.1	282.9	108.0	73.0	278.3	58.9
江 西	253.1	150.7	75.2	72.7	197.2	77.9
山 东	1372.0	859.6	653.9	450.5	722.3	52.6
河 南	570.5	345.2	280.1	233.9	332.0	58.2
湖 北	1060.7	672.7	582.4	460.2	730.2	68.8
湖 南	189.1	84.9	100.6	54.6	73.1	38.7
广 东	1447.2	622.5	651.1	389.9	226.4	15.6
广 西	84.4	38.5	27.8	2.9	28.8	34.1
海 南	142.4	138.2	137.6	133.7	7.2	5.1
重 庆	207.0	129.0	79.4	38.7	110.7	53.5
四 川	887.8	453.6	406.0	241.5	558.9	63.0
贵 州	3.7	3.6	0.8	0.8	2.4	66.7
云 南	202.3	101.7	107.6	53.7	115.2	56.9
西 藏	4.1	3.5	2.2	1.5	3.3	80.5
陕 西	383.4	185.9	218.8	139.3	118.0	30.8
甘 肃	107.0	81.4	24.4	20.5	48.1	44.9
青 海	13.6	11.3	3.6	3.6	5.7	42.0
宁 夏	18.0	13.4	9.3	7.7	7.4	40.9
新 疆	497.8	180.3	477.5	168.6	102.5	20.6

4-44 各地区按主要用途分的专业承包建筑业企业房屋建筑竣工面积

单位：万平方米

地 区	总计	住宅房屋	商业及服务用房屋			
				商厦房屋(批发和零售用房)	宾馆用房屋(住宿用房)	餐饮用房屋(餐饮用房)
全国总计	**8525.6**	**2476.4**	**469.3**	**136.3**	**92.6**	**52.6**
北 京	43.8	15.4	2.4	0.9	0.2	0.2
天 津	64.2	27.1	4.5	0.6	0.3	1.5
河 北	191.4	105.6	0.0			
山 西	63.7	10.7	5.0	0.8	0.6	
内蒙古	25.3	22.3	0.6		0.6	
辽 宁	523.9	172.0	30.6	11.4	11.0	0.1
吉 林	321.4	193.9	46.3	13.2	7.1	3.1
黑龙江	36.1	26.1	0.5	0.3		
上 海	78.6	13.1	11.6	4.9		
江 苏	380.2	135.0	44.0	6.9	22.8	4.9
浙 江	2860.9	65.8	67.2	4.2	2.2	21.6
安 徽	268.5	80.6	11.5	2.7	1.4	1.8
福 建	278.3	34.7	6.7	1.2	0.4	1.1
江 西	197.2	120.0	0.2			0.2
山 东	722.3	172.8	13.8	11.8	0.7	0.1
河 南	332.0	98.5	31.4	13.6	1.1	1.5
湖 北	730.2	416.0	13.6	5.9	4.4	1.7
湖 南	73.1	33.2	4.1			0.7
广 东	226.4	91.4	69.7	7.6	34.9	4.5
广 西	28.8	8.5	2.3	2.3		
海 南	7.2	2.3	2.4		1.4	0.6
重 庆	110.7	70.2	7.0		0.7	0.1
四 川	558.9	311.5	56.8	27.5	1.2	1.3
贵 州	2.4	1.4	0.2		0.2	
云 南	115.2	42.4	20.4	11.9	0.3	6.9
西 藏	3.3	1.9				
陕 西	118.0	102.9	0.3			0.1
甘 肃	48.1	24.0	6.1	1.1	0.6	0.5
青 海	5.7	1.8	0.0			0.0
宁 夏	7.4	0.8				
新 疆	102.5	74.3	9.8	7.6	0.5	

4-44 续表1

单位：万平方米

地　区	商务会展用房屋	其他商业及服务用房屋(居民服务业用房)	办公用房　屋	科研、教育和医疗用房屋	科学研究用房屋	教育用房　屋
全国总计	**30.6**	**157.2**	**337.4**	**102.1**	**16.0**	**77.3**
北　京	0.6	0.5	3.0	0.4		0.4
天　津	0.3	1.9	7.3			
河　北		0.0	16.7	5.9		5.9
山　西		3.6	0.3	0.3		0.3
内蒙古			0.2	0.5		0.5
辽　宁	0.9	7.2	8.2	11.8	2.1	9.7
吉　林	2.8	20.2	27.7	2.2		1.9
黑龙江		0.2	0.7			
上　海	1.8	4.9	3.7	0.2		0.2
江　苏	1.1	8.3	8.9	20.4	3.6	14.7
浙　江	0.8	38.4	34.4	0.4		0.4
安　徽	0.5	5.2	23.0	6.4	1.3	5.0
福　建	0.4	3.7	0.8	0.3		0.2
江　西			2.1	1.6		1.6
山　东		1.3	19.4	2.8	0.4	1.9
河　南	12.2	2.9	1.5	7.5	5.9	1.6
湖　北	0.7	0.9	102.2	16.4	1.1	13.2
湖　南		3.4	6.6	0.7		0.5
广　东	4.2	18.6	13.9	2.4		2.0
广　西			1.0			
海　南	0.3	0.1	1.7			
重　庆	0.2	6.0	3.9			
四　川	3.2	23.6	25.0	7.6	0.9	5.4
贵　州			0.5			
云　南	0.7	0.6	1.8	4.9	0.1	4.2
西　藏			0.7	0.4		0.4
陕　西		0.2	10.3	1.5	0.5	0.9
甘　肃		3.9	7.2	4.2	0.1	3.1
青　海			3.4			
宁　夏			0.1			
新　疆		1.7	1.1	3.5		3.5

4-44 续表2

单位：万平方米

地 区	医疗用房屋（卫生医疗用房）	文化、体育和娱乐用房屋	厂房及建筑物	#厂房	仓 库	其他未列明的房屋建筑物
全国总计	**8.7**	**169.4**	**4410.7**	**2738.0**	**170.7**	**389.8**
北 京		0.3	11.2	10.3	0.2	11.0
天 津		0.1	22.5	4.9	1.0	1.8
河 北		1.1	51.3	20.2	4.4	6.5
山 西			46.8	34.3	0.0	0.5
内蒙古			1.6	1.6		
辽 宁	0.1	9.6	257.6	175.8	0.2	33.9
吉 林	0.3	19.7	7.7	7.7	2.7	21.2
黑龙江		1.4	7.4	5.9	0.0	
上 海			40.0	20.4	6.5	3.5
江 苏	2.1	3.5	147.6	123.5	3.3	17.4
浙 江	0.0	100.1	2380.0	1554.0	60.2	152.9
安 徽	0.1	0.5	122.3	56.4	16.8	7.3
福 建	0.0	3.9	222.8	201.6	8.2	0.9
江 西		1.3	61.9	44.4	0.8	9.4
山 东	0.4	2.6	485.9	226.7	20.8	4.2
河 南		12.9	161.3	95.0	5.1	13.8
湖 北	2.0	3.4	115.0	24.5	17.2	46.3
湖 南	0.2		11.2	4.2	16.4	1.0
广 东	0.4	1.6	38.1	16.1		9.4
广 西			8.9	4.3		8.1
海 南			0.8	0.8		
重 庆		0.1	26.7	16.9	0.2	2.6
四 川	1.3	2.5	138.4	53.2	2.3	14.8
贵 州			0.2			0.0
云 南	0.6	3.6	24.6	16.9	2.3	15.1
西 藏						0.3
陕 西	0.1		0.0			3.1
甘 肃	1.0	0.7	4.5	4.5	0.1	1.2
青 海			0.2			0.2
宁 夏		0.5	5.7	5.7	0.2	
新 疆			8.5	8.2	1.8	3.5

4-45 各地区按主要用途分的专业承包建筑业企业房屋建筑竣工价值

单位：万元

地区	总计	住宅房屋	商业及服务用房屋	商厦房屋(批发和零售用房)	宾馆用房屋(住宿用房)	餐饮用房屋(餐饮用房)
全国总计	**7692684**	**2756577**	**600330**	**122485**	**182647**	**56471**
北京	68803	39318	3349	887	406	181
天津	45975	13578	2821	116	503	1253
河北	189066	111199	25			
山西	49982	5898	8382	608	576	
内蒙古	38523	32281	780		780	
辽宁	575543	196814	36302	16725	11166	50
吉林	241553	148732	26915	3420	8178	1832
黑龙江	43678	27277	914	615		
上海	87467	17210	14486	3992		
江苏	342235	133857	43816	7506	27125	1368
浙江	2125982	66329	78731	2768	1697	16049
安徽	224617	81255	9037	978	1833	2450
福建	184370	39478	6972	1688	293	986
江西	149917	101108	440			440
山东	508031	169513	16772	13763	1005	154
河南	227661	94928	19191	7005	1055	1731
湖北	755327	413767	5930	2720	2006	494
湖南	64722	37319	3698			287
广东	374608	115534	203928	5479	118947	9704
广西	20663	8671	2823	2823		
海南	1720	720	800		400	280
重庆	100607	67009	6680		180	80
四川	700609	445597	54454	20439	4346	4634
贵州	2258	1104	120		120	
云南	165018	85027	36190	20970	380	13692
西藏	4654	2100				
陕西	193688	178127	376			50
甘肃	50579	19261	4305	1129	880	703
青海	7795	3143	55			55
宁夏	14369	2369				
新疆	132665	98056	12041	8854	773	

4-45 续表1

单位：万元

地区	商务会展用房屋	其他商业及服务用房屋(居民服务业用房)	办公用房屋	科研、教育和医疗用房屋	科学研究用房屋	教育用房屋
全国总计	**28900**	**209827**	**296475**	**102139**	**11465**	**82987**
北京	597	1278	1773	954		954
天津	483	467	1752			
河北		25	17024	8581		8581
山西		7198	228	483		483
内蒙古			323	767		767
辽宁	402	7959	5223	13771	1750	11971
吉林	2780	10704	27858	3717		3177
黑龙江		298	1259			
上海	1922	8573	7698	219		219
江苏	373	7445	11092	14298	3554	8408
浙江	1055	57162	23396	289		287
安徽	151	3626	25356	7180	2246	4811
福建	291	3714	1024	304		283
江西			2348	1081		1081
山东		1849	15047	2123	365	1418
河南	7125	2275	971	4032	1208	2824
湖北	198	512	73039	14195	1024	12721
湖南		3411	6079	725		432
广东	8498	61301	12670	1439		999
广西			615			
海南	60	60	120			
重庆	420	6000	3036			
四川	4202	20833	25373	8000	266	7470
贵州			600			
云南	343	804	2657	5843	209	4646
西藏			1304	900		900
陕西		326	11486	1664	679	837
甘肃		1594	12067	6350	164	4493
青海			3351			
宁夏			65			
新疆		2414	1642	5227		5227

4-45 续表2

单位：万元

地区	医疗用房屋（卫生医疗用房）	文化、体育和娱乐用房屋	厂房及建筑物	#厂房	仓库	其他未列明的房屋建筑物
全国总计	**7688**	**184313**	**3056360**	**1777627**	**115139**	**581352**
北京		1484	8411	5791	488	13027
天津		14	26374	2691	200	1237
河北		755	31144	15645	2750	17588
山西			33447	24649	4	1540
内蒙古			4372	4372		
辽宁	50	14283	237095	120904	287	71769
吉林	540	22709	6060	6049	1520	4042
黑龙江		3250	10909	8263	69	
上海			40284	21251	6260	1311
江苏	2336	5874	98984	85721	3501	30813
浙江	2	97427	1582666	1016403	45395	231750
安徽	123	2796	76639	27590	5894	16459
福建	21	5110	126759	116339	3737	986
江西		967	39247	28485	225	4502
山东	340	2540	278240	130077	14139	9658
河南		13006	86285	42165	3196	6052
湖北	450	7695	115829	28544	19013	105860
湖南	294		9503	3248	5425	1972
广东	440	2164	25215	11581		13659
广西			5715	1785		2839
海南			80	80		
重庆		47	17156	12657	92	6588
四川	264	781	149489	28632	740	16175
贵州			404			30
云南	988	1955	25050	14334	885	7412
西藏						350
陕西	148		70			1965
甘肃	1693	1120	6020	6020	100	1356
青海			346			900
宁夏		336	11409	11409	190	
新疆			3157	2942	1029	11514

4-46 各地区专业承包建筑业企业施工机械设备情况

地　区	年末自有施工机械设备总台数(台)	年末自有施工机械设备总功率(千瓦)	年末自有施工机械设备净值(万元)	技术装备率(元/人)	动力装备率(千瓦/人)
全国总计	**1457196**	**32661348**	**6037513**	**13740**	**7.4**
北　京	37575	752747	172726	11978	5.2
天　津	36378	1985553	1215688	141604	23.1
河　北	29368	1060453	156782	15660	10.6
山　西	35521	706775	170459	16619	6.9
内蒙古	4110	87641	31113	12179	3.4
辽　宁	129361	2361967	463066	11947	6.1
吉　林	9315	257369	54311	6846	3.2
黑龙江	11830	187890	50054	8252	3.1
上　海	42350	613975	211130	15098	4.4
江　苏	318541	7297571	997588	14337	10.5
浙　江	122080	1758395	488487	10912	3.9
安　徽	59305	915462	154601	8609	5.1
福　建	48088	614086	137567	7858	3.5
江　西	12669	404096	78048	13637	7.1
山　东	87578	2116205	374794	15818	8.9
河　南	108801	1425699	253103	9287	5.2
湖　北	40291	856297	168174	11675	5.9
湖　南	52675	1034478	85394	9219	11.2
广　东	162320	5255592	246138	5780	12.3
广　西	8379	141452	18772	7274	5.5
海　南	893	8568	3075	14137	3.9
重　庆	23440	520879	108691	10832	5.2
四　川	26295	671349	146109	7489	3.4
贵　州	1599	50334	5480	4413	4.1
云　南	13121	397369	89801	12440	5.5
西　藏	243	4491	4665	38904	3.7
陕　西	8680	476081	58748	14021	11.4
甘　肃	14466	414639	32837	9286	11.7
青　海	1720	14023	6615	5255	1.1
宁　夏	4300	131541	25334	17871	9.3
新　疆	5904	138371	28168	10095	5.0

4-47 各地区专业承包建筑业企业主要生产效益指标

地　区	建筑业企业个数（个）	计算建筑业劳动生产率的平均人数（人）	按总产值计算的劳动生产率（元/人）	人均竣工产值（元/人）	人均施工面积（平方米/人）	人均竣工面积（平方米/人）
全国总计	**32249**	**4901401**	**300818**	**181658**	**33.2**	**17.4**
北　京	2303	204572	513181	269068	4.6	2.1
天　津	1111	95137	446161	251311	6.9	6.7
河　北	730	91190	330908	210141	42.8	21.0
山　西	1069	118983	233591	106751	9.0	5.4
内蒙古	161	49565	145458	82958	9.9	5.1
辽　宁	3316	443821	307702	210854	18.4	11.8
吉　林	753	70414	285148	221088	75.5	45.6
黑龙江	724	160649	208524	82957	4.8	2.2
上　海	1608	172702	475051	245641	16.7	4.6
江　苏	4205	903770	213585	159521	10.1	4.2
浙　江	2207	442841	313258	192957	104.5	64.6
安　徽	965	155331	271876	175636	26.2	17.3
福　建	1015	189640	234061	142168	24.9	14.7
江　西	333	59906	345190	214824	42.2	32.9
山　东	1918	245255	290985	167669	55.9	29.4
河　南	2154	228703	252805	163967	24.9	14.5
湖　北	1105	140773	388419	256083	75.3	51.9
湖　南	511	105729	259944	161377	17.9	6.9
广　东	1823	419438	378567	207579	34.5	5.4
广　西	282	22802	319165	180479	37.0	12.6
海　南	33	1714	1293737	375436	830.7	42.0
重　庆	880	102983	324211	153979	20.1	10.8
四　川	1036	224019	288682	149800	39.6	24.9
贵　州	137	11207	365364	133790	3.3	2.2
云　南	711	79179	268889	183211	25.5	14.5
西　藏	18	1370	153231	92694	29.9	24.1
陕　西	197	45069	466719	177001	85.1	26.2
甘　肃	374	26569	279560	186809	40.3	18.1
青　海	122	10437	206899	103229	13.0	5.5
宁　夏	182	18102	232466	187523	10.0	4.1
新　疆	266	59531	209575	122648	83.6	17.2

4-48 各地区专业承包建筑业企业营业额

单位：万元

地区	企业营业额	在境外完成的营业额	企业总产值	#建筑业总产值
全国总计	**155179486**	**1131210**	**154048276**	**147442872**
北京	11888842	55115	11833728	10498246
天津	4682996	177615	4505381	4244644
河北	3095542	19695	3075848	3017548
山西	2837357	11479	2825878	2779337
内蒙古	738637	1523	737114	720962
辽宁	13912950	99583	13813366	13656452
吉林	2075481	19902	2055580	2007845
黑龙江	3278647	37194	3241453	3349920
上海	8681755	79780	8601974	8204225
江苏	20353274	91934	20261340	19303165
浙江	14284530	28108	14256422	13872342
安徽	4344302	30896	4313406	4223070
福建	4544632	60	4544572	4438742
江西	2230982	18138	2212845	2067898
山东	7548038	8913	7539125	7136556
河南	6113493	111244	6002248	5781734
湖北	5698985	99962	5599023	5467886
湖南	2826673	24220	2802453	2748357
广东	16655685	155207	16500477	15878521
广西	762945	1551	761394	727760
海南	251697		251697	221747
重庆	3608556	5999	3602557	3338821
四川	6765001	32319	6732682	6467016
贵州	422823	4	422819	409464
云南	2454424	13500	2440923	2129034
西藏	22445		22445	20993
陕西	2329132		2329132	2103455
甘肃	777314	185	777129	742763
青海	223906	4851	219054	215941
宁夏	439637		439637	420809
新疆	1328807	2232	1326575	1247620

4-49 各地区专业承包建筑业企业资产构成

单位：万元

地区	资产合计	#流动资产合计	#存货	#非流动资产合计	#固定资产合计
全国总计	**147091016**	**114229974**	**23530619**	**32861042**	**17765591**
北京	11729007	9655482	1992088	2073526	1002773
天津	7946050	4733214	1081512	3212836	1515601
河北	3126219	2328111	459861	798108	484916
山西	3250722	2529307	509285	721415	519990
内蒙古	920321	731620	161431	188700	127702
辽宁	12903096	9180718	1634531	3722378	1817152
吉林	2049159	1464043	179028	585116	267020
黑龙江	2047726	1714874	354329	332852	252507
上海	7886429	6698196	1632893	1188233	700426
江苏	18803523	14434040	2915860	4369483	2078975
浙江	13555344	10900944	2479638	2654400	1556302
安徽	3782955	2881771	575963	901184	508333
福建	3970186	3210868	577824	759319	493282
江西	1786885	1421549	272027	365336	255162
山东	7668380	5651947	1159947	2016433	1202128
河南	5154413	3788234	792113	1366179	878366
湖北	4721719	3799075	769958	922644	642730
湖南	2315100	1793928	358969	521172	313729
广东	14810347	12497500	2396467	2312847	1043937
广西	843608	674976	122312	168633	83078
海南	179229	144579	37070	34650	12999
重庆	3341257	2716084	532132	625174	363788
四川	6090850	5026806	1295954	1064044	590374
贵州	902195	518716	34061	383480	59473
云南	2450596	1853771	270863	596825	402564
西藏	38217	25408	3663	12809	8627
陕西	1942911	1589651	560569	353260	181778
甘肃	939098	724348	120075	214750	159959
青海	320896	247403	24690	73492	52420
宁夏	583459	468891	99006	114569	72928
新疆	1031121	823923	126501	207198	116575

4-50 各地区专业承包建筑业企业固定资产情况

单位：万元

地　区	固定资产合计	固定资产原价	固定资产折旧	#本年折旧	在建工程
全国总计	**17765591**	**23520011**	**9197527**	**1654048**	**2197273**
北　京	1002773	1268255	574251	88555	281747
天　津	1515601	1672156	627471	111107	426707
河　北	484916	648803	245451	41794	33784
山　西	519990	717550	275446	47661	49185
内蒙古	127702	192240	71681	10343	4136
辽　宁	1817152	2497918	976925	189560	131548
吉　林	267020	357545	149836	25510	27017
黑龙江	252507	344003	122820	19044	12298
上　海	700426	1075351	430564	92099	45971
江　苏	2078975	2717952	1024228	181467	204945
浙　江	1556302	2166126	844362	169806	145173
安　徽	508333	629414	207004	36627	54527
福　建	493282	673782	256087	49046	48629
江　西	255162	333538	112537	19316	16648
山　东	1202128	1541521	546681	99814	121959
河　南	878366	1062151	344853	67354	69492
湖　北	642730	888195	371979	48892	89504
湖　南	313729	422055	177073	28014	39612
广　东	1043937	1487487	668264	104872	153910
广　西	83078	129531	58646	12167	3758
海　南	12999	20451	9688	1862	1503
重　庆	363788	504966	182541	50631	22783
四　川	590374	831303	375956	62988	70390
贵　州	59473	55927	21027	4527	21924
云　南	402564	472004	192294	32667	52796
西　藏	8627	9261	2123	389	1241
陕　西	181778	225970	97639	16090	31783
甘　肃	159959	198530	63468	12843	18200
青　海	52420	77157	32517	5285	2126
宁　夏	72928	113981	47141	8712	3203
新　疆	116575	184891	86976	15006	10775

4-51 各地区专业承包建筑业企业负债及所有者权益

单位：万元

地　区	负债合计	#流动负债	#非流动负债	所有者权益	#实收资本
全国总计	**88181754**	**81027936**	**3147596**	**58781989**	**44343665**
北　京	8111210	7798650	224558	3617797	2739414
天　津	4465136	3895645	483905	3478980	2603586
河　北	1707061	1575007	67738	1418991	844175
山　西	1962716	1872309	50131	1287342	1056521
内蒙古	593011	568724	4726	327310	197340
辽　宁	7014237	6098359	144468	5886939	3943979
吉　林	1043548	844131	23114	1005611	3169100
黑龙江	1085214	1048594	8967	938153	614934
上　海	4906577	4594676	104081	2968716	1732456
江　苏	10496423	9781236	385719	8300324	5356589
浙　江	8925175	8547931	267561	4623542	2728168
安　徽	2273175	2100955	43446	1509778	1014253
福　建	2134489	2010534	24015	1831393	1287298
江　西	1126229	956251	19924	660650	1391712
山　东	4371507	3970219	95922	3280013	4304160
河　南	2286645	2048239	47221	2867768	2301902
湖　北	2718726	2515334	110590	1996369	1484487
湖　南	1403810	1236012	55684	909508	606155
广　东	9330461	8622497	463040	5479886	2845278
广　西	523517	435249	39045	320092	269757
海　南	109475	106570	2085	69753	48989
重　庆	2351290	2196530	71363	988036	664456
四　川	3952931	3687723	104073	2105383	1058773
贵　州	531158	362795	114792	371037	211718
云　南	1570669	1437812	104899	878984	627708
西　藏	11884	11215	189	26333	23908
陕　西	1399385	1099124	35185	535944	386617
甘　肃	534069	416355	18041	403907	297323
青　海	166103	152277	4337	154792	109831
宁　夏	341209	325227	6963	242250	176450
新　疆	734714	711756	21813	296407	246629

4-52 各地区专业承包建筑业企业实收资本

单位：万元

地区	合计	国家资本	集体资本	法人资本	个人资本	港澳台资本	外商资本
全国总计	**44343665**	**2572964**	**1764109**	**14175874**	**25063055**	**502829**	**264834**
北京	2739414	266611	78158	1006996	1316197	38864	32588
天津	2603586	48176	84438	569288	1876961	7467	17256
河北	844175	73738	56534	252411	452973	8480	40
山西	1056521	81524	53333	339035	580314	2316	
内蒙古	197340	17093	25208	53492	101547		
辽宁	3943979	199925	149418	745150	2594510	231647	23330
吉林	3169100	29273	38279	295328	2805379	741	100
黑龙江	614934	53597	89852	197186	271217	996	2086
上海	1732456	209962	60282	503714	878498	42560	37441
江苏	5356589	170617	131723	1283874	3639937	54847	75590
浙江	2728168	45731	114890	888198	1648415	23455	7477
安徽	1014253	91119	66132	380017	473230	681	3075
福建	1287298	55315	80240	315489	818977	15234	2043
江西	1391712	74159	42670	835168	438011	1514	190
山东	4304160	99056	121340	2301817	1768986	4259	8702
河南	2301902	62940	97605	597613	1539859	1137	2748
湖北	1484487	161011	85924	722243	505732	6771	2808
湖南	606155	91649	45064	193127	263267	6694	6354
广东	2845278	267933	89598	1221544	1179472	50704	36028
广西	269757	16539	12851	117475	122647	245	
海南	48989	83	2258	32717	13931		
重庆	664456	43007	30635	234001	354928	5	1881
四川	1058773	114295	88971	334366	518642	1722	778
贵州	211718	114357	6823	34799	55738		
云南	627708	35813	33755	246429	308705	30	2976
西藏	23908	7291	2809	9239	4569		
陕西	386617	20671	14434	214040	135092	1882	498
甘肃	297323	43562	26231	111225	115956	116	233
青海	109831	13112	19437	41832	34644	403	403
宁夏	176450	27328	2626	23479	122866		150
新疆	246629	37479	12590	74584	121857	60	59

4-53 各地区专业承包建筑业企业收入情况

单位：万元

地 区	主营业务收入	#主营业务成本	#主营业务税金及附加	#销售费用	其他业务收入	#其他业务利润
全国总计	**146620061**	**123017326**	**4487933**	**1705107**	**2762653**	**427902**
北 京	11959993	10362667	362629	269139	191390	50878
天 津	5027754	4276243	127966	50040	72456	16398
河 北	2945629	2500931	92848	22675	27113	3936
山 西	2603027	2170520	73829	39295	49762	6954
内蒙古	730933	606213	24516	3292	22109	2556
辽 宁	12796099	10457008	409396	119706	130078	30347
吉 林	1987763	1543366	65460	21835	20180	4283
黑龙江	2444835	2067293	63888	14379	19850	4840
上 海	9139510	7801420	244463	87340	185150	30381
江 苏	18540919	15434630	620536	224703	367231	45991
浙 江	13124125	11192838	351661	113455	299317	44620
安 徽	3825286	3175812	118089	51580	85441	10120
福 建	4361360	3578402	153000	67495	65358	10725
江 西	2013617	1672935	66009	13755	21140	2355
山 东	6851544	5615065	186680	89975	89962	14286
河 南	5593708	4469163	193073	79163	71660	16054
湖 北	5722552	4753745	193021	66252	195369	10249
湖 南	2606030	2189219	97939	27857	16870	5836
广 东	16561864	13921016	513880	183327	292396	61090
广 西	716908	585013	23711	9707	37521	2273
海 南	176463	156884	3275	698	696	147
重 庆	3365243	2863324	97793	27803	24787	7491
四 川	5808433	4998602	184933	56739	333956	25402
贵 州	426054	347922	13608	1667	4117	536
云 南	1970979	1670261	59390	27552	41707	5118
西 藏	20628	11044	646	202	1147	94
陕 西	2289816	2017192	50987	10000	7446	1467
甘 肃	793134	657092	25069	9657	9288	1870
青 海	335585	280742	11310	7286	11200	288
宁 夏	477482	400867	15148	2891	17814	4801
新 疆	1402790	1239898	43184	5641	50142	6513

4-54 各地区专业承包建筑业企业费用情况

单位：万元

地 区	管理费用	#税金	#差旅费	#工会经费	财务费用	#利息收入	#利息支出
全国总计	**9118541**	**342971**	**521178**	**83049**	**1043792**	**96743**	**1092728**
北 京	742642	13599	38001	4543	26255	17416	39584
天 津	317203	10899	6544	1825	37288	12497	42955
河 北	164794	6287	7924	1596	17776	2148	22749
山 西	211728	5297	12019	2236	13544	925	11974
内蒙古	67426	2008	2055	582	3913	-1420	3832
辽 宁	1063821	46275	59465	10183	84213	2398	54439
吉 林	141979	11507	9548	1560	7317	474	4725
黑龙江	183916	3636	4668	935	4642	2352	4852
上 海	573916	10542	30816	1821	37268	7154	39638
江 苏	1030305	45145	69671	10877	130611	16267	373272
浙 江	708849	30662	45753	6697	183381	-17338	181991
安 徽	228516	11336	14450	3005	26305	4644	19775
福 建	289039	14361	18833	2695	20456	3716	13932
江 西	103349	3681	15388	1408	8318	1000	6898
山 东	410586	21300	25597	3896	47411	1839	30548
河 南	363951	24526	35314	6302	36668	2473	21652
湖 北	458799	11073	13383	3063	44306	2822	22381
湖 南	172646	6574	11748	2588	9107	2229	7236
广 东	860255	21861	39043	5424	184044	17975	94897
广 西	64183	2201	3530	464	4698	199	3408
海 南	8273	166	587	16	857	-40	824
重 庆	203039	7483	12872	1991	23932	5180	20718
四 川	297105	12762	18663	4112	46396	2876	29453
贵 州	28694	752	928	218	2866	4939	6906
云 南	124659	5210	7585	1812	19425	1050	15504
西 藏	2203	79	55	0	55	1	1
陕 西	112374	2669	3028	967	6667	1230	4425
甘 肃	52526	4667	7622	1027	4418	393	3290
青 海	18480	3027	580	145	434	201	486
宁 夏	36342	915	2110	371	6121	199	4954
新 疆	76944	2472	3401	688	5105	944	5430

4-55 各地区专业承包建筑业企业利润及税金情况

单位：万元

地区	利润总额	#应交所得税	税金总额	主营业务税金及附加	管理费用中的税金
全国总计	**6973817**	**1545681**	**4830904**	**4487933**	**342971**
北京	305368	70643	376228	362629	13599
天津	155544	43322	138864	127966	10899
河北	154377	32268	99135	92848	6287
山西	88643	18888	79126	73829	5297
内蒙古	25907	7078	26524	24516	2008
辽宁	603376	157623	455671	409396	46275
吉林	144416	34420	76967	65460	11507
黑龙江	114653	22999	67524	63888	3636
上海	343415	81002	255005	244463	10542
江苏	1098797	231008	665681	620536	45145
浙江	611997	133470	382323	351661	30662
安徽	243750	49050	129425	118089	11336
福建	223052	50574	167361	153000	14361
江西	95680	24346	69690	66009	3681
山东	445866	90238	207980	186680	21300
河南	396434	85336	217599	193073	24526
湖北	204846	40593	204094	193021	11073
湖南	115549	22735	104513	97939	6574
广东	905998	194611	535740	513880	21861
广西	18278	7449	25912	23711	2201
海南	4000	2552	3440	3275	166
重庆	115897	25970	105275	97793	7483
四川	230639	51532	197695	184933	12762
贵州	24690	6664	14360	13608	752
云南	69256	16676	64600	59390	5210
西藏	1293	177	725	646	79
陕西	98806	12657	53656	50987	2669
甘肃	41814	8992	29735	25069	4667
青海	21627	1624	14337	11310	3027
宁夏	19546	8239	16063	15148	915
新疆	50305	12949	45655	43184	2472

4-56 各地区专业承包建筑业企业应收工程款及企业亏损情况

地　区	应收工程款(万元)	#竣工工程	企业个数(个)	#亏损企业个数	亏损企业的比重(%)
全国总计	**31069142**	**15788903**	**32249**	**4957**	**15.4**
北　京	2000637	847157	2303	481	20.9
天　津	1219319	434560	1111	229	20.6
河　北	662218	428108	730	101	13.8
山　西	703058	421522	1069	232	21.7
内蒙古	192050	67786	161	27	16.8
辽　宁	2738655	1264178	3316	353	10.6
吉　林	519990	280078	753	119	15.8
黑龙江	418861	151305	724	188	26.0
上　海	1635173	559522	1608	342	21.3
江　苏	5013130	2963558	4205	297	7.1
浙　江	2948432	1702159	2207	320	14.5
安　徽	821305	459425	965	116	12.0
福　建	703521	410484	1015	140	13.8
江　西	289993	131513	333	52	15.6
山　东	1714225	1000217	1918	220	11.5
河　南	987283	499984	2154	222	10.3
湖　北	1053785	693769	1105	159	14.4
湖　南	497315	270165	511	88	17.2
广　东	3416461	1643458	1823	377	20.7
广　西	134504	62116	282	88	31.2
海　南	30398	15986	33	8	24.2
重　庆	609667	225650	880	166	18.9
四　川	1140386	514688	1036	145	14.0
贵　州	157039	27634	137	30	21.9
云　南	378149	187651	711	177	24.9
西　藏	11709	2995	18	3	16.7
陕　西	361073	168933	197	41	20.8
甘　肃	211873	104809	374	91	24.3
青　海	59541	29779	122	31	25.4
宁　夏	129699	90664	182	50	27.5
新　疆	309693	129052	266	64	24.1

4-57 各地区专业承包建筑业企业主要经济效益指标

地　区	产值利润率 (%)	产值利税率 (%)	资本利润率 (%)	资本利税率 (%)	人均利润 (元/人)	人均利税 (元/人)	资产负债率 (%)
全国总计	**4.7**	**8.0**	**15.7**	**26.6**	**14228**	**24084**	**60.0**
北　京	2.9	6.5	11.1	24.9	14927	33318	69.2
天　津	3.7	6.9	6.0	11.3	16350	30946	56.2
河　北	5.1	8.4	18.3	30.0	16929	27800	54.6
山　西	3.2	6.0	8.4	15.9	7450	14100	60.4
内蒙古	3.6	7.3	13.1	26.6	5227	10578	64.4
辽　宁	4.4	7.8	15.3	26.9	13595	23862	54.4
吉　林	7.2	11.0	4.6	7.0	20510	31440	50.9
黑龙江	3.4	5.4	18.6	29.6	7137	11340	53.0
上　海	4.2	7.3	19.8	34.5	19885	34650	62.2
江　苏	5.7	9.1	20.5	32.9	12158	19524	55.8
浙　江	4.4	7.2	22.4	36.4	13820	22453	65.8
安　徽	5.8	8.8	24.0	36.8	15692	24025	60.1
福　建	5.0	8.8	17.3	30.3	11762	20587	53.8
江　西	4.6	8.0	6.9	11.9	15972	27605	63.0
山　东	6.2	9.2	10.4	15.2	18180	26660	57.0
河　南	6.9	10.6	17.2	26.7	17334	26849	44.4
湖　北	3.7	7.5	13.8	27.5	14552	29050	57.6
湖　南	4.2	8.0	19.1	36.3	10929	20814	60.6
广　东	5.7	9.1	31.8	50.7	21600	34373	63.0
广　西	2.5	6.1	6.8	16.4	8016	19380	62.1
海　南	1.8	3.4	8.2	15.2	23338	43410	61.1
重　庆	3.5	6.6	17.4	33.3	11254	21477	70.4
四　川	3.6	6.6	21.8	40.5	10295	19120	64.9
贵　州	6.0	9.5	11.7	18.4	22031	34844	58.9
云　南	3.3	6.3	11.0	21.3	8747	16905	64.1
西　藏	6.2	9.6	5.4	8.4	9440	14734	31.1
陕　西	4.7	7.2	25.6	39.4	21923	33828	72.0
甘　肃	5.6	9.6	14.1	24.1	15738	26930	56.9
青　海	10.0	16.7	19.7	32.7	20721	34459	51.8
宁　夏	4.6	8.5	11.1	20.2	10797	19671	58.5
新　疆	4.0	7.7	20.4	38.9	8450	16119	71.3

4-58 各地区按资质等级划分的专业承包建筑业企业单位数

单位：个

地　区	合计	一级	二级	三级及以下
全国总计	**32249**	**3352**	**9058**	**19839**
北　京	2303	351	573	1379
天　津	1111	101	254	756
河　北	730	83	220	427
山　西	1069	47	351	671
内蒙古	161	11	53	97
辽　宁	3316	197	607	2512
吉　林	753	56	179	518
黑龙江	724	76	270	378
上　海	1608	213	395	1000
江　苏	4205	358	927	2920
浙　江	2207	311	543	1353
安　徽	965	80	266	619
福　建	1015	138	407	470
江　西	333	37	113	183
山　东	1918	138	593	1187
河　南	2154	188	846	1120
湖　北	1105	145	460	500
湖　南	511	51	105	355
广　东	1823	325	455	1043
广　西	282	29	70	183
海　南	33	13	8	12
重　庆	880	121	280	479
四　川	1036	96	357	583
贵　州	137	11	61	65
云　南	711	63	244	404
西　藏	18	1	9	8
陕　西	197	47	69	81
甘　肃	374	33	156	185
青　海	122	3	44	75
宁　夏	182	9	66	107
新　疆	266	20	77	169

4-59 各地区按资质等级划分的专业承包建筑业企业从业人员

单位：人

地　区	合计	一级	二级	三级及以下
全国总计	**4394225**	**1490352**	**1356034**	**1547839**
北　京	144207	60028	34789	49390
天　津	85851	18173	22133	45545
河　北	100116	25867	33348	40901
山　西	102568	14933	43845	43790
内蒙古	25547	4830	9993	10724
辽　宁	387591	81073	96196	210322
吉　林	79327	10740	29382	39205
黑龙江	60653	9205	29211	22237
上　海	139843	52634	36917	50292
江　苏	695828	248345	176930	270553
浙　江	447662	237445	103141	107076
安　徽	179579	62735	69315	47529
福　建	175062	64756	59494	50812
江　西	57233	18465	19616	19152
山　东	236948	51773	85793	99382
河　南	272533	78917	101440	92176
湖　北	144044	47021	58200	38823
湖　南	92625	13929	31106	47590
广　东	425849	235260	104336	86253
广　西	25805	5717	8360	11728
海　南	2175	1340	499	336
重　庆	100345	36993	31072	32280
四　川	195102	55474	84217	55411
贵　州	12418	1373	6134	4911
云　南	72185	15955	27614	28616
西　藏	1199	8	842	349
陕　西	41899	15252	19989	6658
甘　肃	35362	10245	10706	14411
青　海	12589	1952	4832	5805
宁　夏	14176	2631	6576	4969
新　疆	27904	7283	10008	10613

4-60　各地区按资质等级划分的专业承包建筑业总产值

单位：万元

地　区	合计	一级	二级	三级及以下
全国总计	**147442872**	**70964520**	**36237152**	**40241200**
北　京	10498246	6540643	1880002	2077602
天　津	4244644	1756632	953615	1534396
河　北	3017548	1184319	944727	888502
山　西	2779337	581200	1160105	1038032
内蒙古	720962	151809	253250	315903
辽　宁	13656452	3904439	3440033	6311980
吉　林	2007845	438186	514458	1055201
黑龙江	3349920	523561	1254975	1571384
上　海	8204225	4902811	1520933	1780481
江　苏	19303165	9635434	4327075	5340656
浙　江	13872342	8840930	2295804	2735608
安　徽	4223070	1952758	1206030	1064282
福　建	4438742	2116236	1184334	1138172
江　西	2067898	1006702	666507	394689
山　东	7136556	2576664	2115486	2444405
河　南	5781734	1932882	2020117	1828735
湖　北	5467886	2673814	1855095	938977
湖　南	2748357	816186	901559	1030612
广　东	15878521	11780535	1828187	2269800
广　西	727760	217131	268676	241953
海　南	221747	175530	33231	12986
重　庆	3338821	1689384	872189	777249
四　川	6467016	2818912	2211852	1436253
贵　州	409464	209812	109299	90353
云　南	2129034	815786	621648	691600
西　藏	20993	175	16639	4179
陕　西	2103455	999556	775854	328045
甘　肃	742763	277411	187846	277506
青　海	215941	53943	71276	90722
宁　夏	420809	109754	167206	143849
新　疆	1247620	281384	579147	387089

4-61 各地区按资质等级划分的专业承包建筑业企业签订的合同额

单位：万元

地　区	合计	一级	二级	三级及以下
全国总计	**198661941**	**105292536**	**44981198**	**48388208**
北　京	13573704	8915577	2182017	2476110
天　津	6935927	3487900	1257892	2190135
河　北	3352559	1378086	1031158	943315
山　西	3659472	1061020	1435561	1162891
内蒙古	973469	308877	352418	312174
辽　宁	16780012	5844264	4180153	6755595
吉　林	2254759	475912	588605	1190242
黑龙江	3422300	598016	1392175	1432110
上　海	10732148	6654060	1918761	2159327
江　苏	22345935	11846077	4516614	5983244
浙　江	20285430	13285974	3137526	3861930
安　徽	4941045	2173824	1448617	1318604
福　建	5792889	2747164	1443151	1602575
江　西	3151495	1531393	1160204	459898
山　东	9075632	3848541	2584699	2642392
河　南	6967032	2640064	2329859	1997109
湖　北	10808903	6967568	2379506	1461829
湖　南	3612491	1426744	1015526	1170222
广　东	24238814	18234955	2415133	3588727
广　西	1358028	418290	403927	535812
海　南	280726	195012	60334	25380
重　庆	4579739	2641260	981390	957090
四　川	9670465	4890085	3105294	1675086
贵　州	512544	251002	149056	112486
云　南	2638556	1022249	793174	823133
西　藏	33195	563	28081	4551
陕　西	2838241	1467904	961559	408778
甘　肃	945611	331465	262652	351494
青　海	268548	58051	105418	105080
宁　夏	563468	165708	192436	205324
新　疆	2068804	424934	1168303	475567

4-62 各地区按资质等级划分的专业承包建筑业企业竣工产值

单位：万元

地　区	合计	一级	二级	三级及以下
全国总计	**89037958**	**39169621**	**23563642**	**26304695**
北　京	5504370	2880284	1253914	1370172
天　津	2390898	977595	553747	859556
河　北	1916275	748162	627804	540308
山　西	1270153	208011	581572	480570
内蒙古	411179	25543	195527	190110
辽　宁	9358143	2378832	2502131	4477180
吉　林	1556766	349020	386949	820796
黑龙江	1332695	188625	483927	660143
上　海	4242263	2482637	812691	946935
江　苏	14417047	6982468	3276581	4157999
浙　江	8544943	4980461	1639051	1925431
安　徽	2728176	1133477	867637	727061
福　建	2696072	1204907	795674	695491
江　西	1286925	653525	368529	264871
山　东	4112164	990797	1470632	1650735
河　南	3749979	1160460	1313667	1275853
湖　北	3604953	1577146	1395542	632265
湖　南	1706222	359731	621729	724763
广　东	8706654	6482108	967683	1256863
广　西	411527	97406	180995	133126
海　南	64350	48401	11267	4681
重　庆	1585720	671137	431176	483407
四　川	3355811	1090942	1410279	854590
贵　州	149938	33667	75476	40795
云　南	1450648	493616	468651	488381
西　藏	12699	175	9074	3450
陕　西	797728	445681	256386	95661
甘　肃	496333	230884	124381	141068
青　海	107740	28881	32352	46507
宁　夏	339455	92015	158477	88963
新　疆	730134	173027	290140	266967

4-63 各地区按资质等级划分的专业承包建筑业企业房屋施工面积

单位：万平方米

地　区	合计	一级	二级	三级及以下
全国总计	**16289.1**	**6649.8**	**5052.1**	**4587.3**
北　京	93.7	40.5	11.8	41.3
天　津	65.9	1.7	18.7	45.5
河　北	390.4	99.7	181.3	109.3
山　西	107.1	25.8	41.7	39.6
内蒙古	49.0		45.6	3.4
辽　宁	815.2	140.4	171.0	503.8
吉　林	531.7	34.9	91.5	405.3
黑龙江	77.8	8.6	49.2	20.0
上　海	288.8	158.3	69.0	61.5
江　苏	917.1	249.8	110.7	556.6
浙　江	4629.0	3261.0	919.5	448.5
安　徽	407.3	75.9	248.7	82.7
福　建	472.1	352.5	101.8	17.9
江　西	253.1		187.0	66.1
山　东	1372.0	422.1	506.5	443.4
河　南	570.5	105.6	205.0	259.9
湖　北	1060.7	229.6	530.8	300.3
湖　南	189.1	96.6	37.6	54.9
广　东	1447.2	729.6	165.9	551.7
广　西	84.4	19.3	51.8	13.2
海　南	142.4	142.4		
重　庆	207.0	83.0	50.7	73.4
四　川	887.8	105.5	519.0	263.2
贵　州	3.7			3.7
云　南	202.3	90.9	34.1	77.3
西　藏	4.1		3.8	0.3
陕　西	383.4	126.8	232.0	24.6
甘　肃	107.0	30.6	27.2	49.2
青　海	13.6		9.6	4.0
宁　夏	18.0		4.7	13.4
新　疆	497.8	18.5	425.7	53.6

4-64 各地区按资质等级划分的专业承包建筑业企业房屋竣工面积

单位：万平方米

地　区	合计	一级	二级	三级及以下
全国总计	**8525.6**	**3233.6**	**2961.3**	**2330.7**
北　京	43.8	15.6	8.9	19.3
天　津	64.2	0.2	29.8	34.2
河　北	191.4	39.6	82.6	69.3
山　西	63.7	2.1	33.7	27.9
内蒙古	25.3		25.1	0.2
辽　宁	523.9	117.5	112.4	294.0
吉　林	321.4	38.5	52.5	230.3
黑龙江	36.1	4.6	11.6	19.9
上　海	78.6	27.7	34.5	16.3
江　苏	380.2	69.8	68.5	241.9
浙　江	2860.9	1947.9	639.9	273.0
安　徽	268.5	29.8	169.7	69.0
福　建	278.3	198.4	66.0	14.0
江　西	197.2		118.1	79.1
山　东	722.3	202.5	292.1	227.6
河　南	332.0	83.9	130.6	117.5
湖　北	730.2	162.2	312.3	255.7
湖　南	73.1	26.0	18.3	28.8
广　东	226.4	108.4	68.0	50.0
广　西	28.8	5.2	10.8	12.8
海　南	7.2	7.2		
重　庆	110.7	25.1	68.5	17.1
四　川	558.9	44.5	399.8	114.7
贵　州	2.4			2.4
云　南	115.2	44.9	30.1	40.2
西　藏	3.3		3.0	0.3
陕　西	118.0	15.4	95.6	7.0
甘　肃	48.1	5.6	8.6	33.9
青　海	5.7		5.5	0.3
宁　夏	7.4		3.7	3.7
新　疆	102.5	10.9	61.3	30.3

4-65 各地区按资质等级划分的专业承包建筑业企业自有施工机械设备台数

单位：台

地　区	合计	一级	二级	三级及以下
全国总计	**1457196**	**573806**	**375933**	**507457**
北　京	37575	18735	6596	12244
天　津	36378	12310	13585	10483
河　北	29368	10352	11723	7293
山　西	35521	7309	16040	12172
内蒙古	4110	1366	1984	760
辽　宁	129361	32257	25107	71997
吉　林	9315	3447	2655	3213
黑龙江	11830	5119	4143	2568
上　海	42350	21627	6988	13735
江　苏	318541	79559	72863	166119
浙　江	122080	61915	28602	31563
安　徽	59305	20495	26019	12791
福　建	48088	19608	17413	11067
江　西	12669	7147	3652	1870
山　东	87578	22564	29689	35325
河　南	108801	54625	30298	23878
湖　北	40291	14666	14913	10712
湖　南	52675	6145	13720	32810
广　东	162320	122791	18249	21280
广　西	8379	2390	4196	1793
海　南	893	858	35	
重　庆	23440	11801	7794	3845
四　川	26295	16040	5977	4278
贵　州	1599	424	465	710
云　南	13121	5207	3505	4409
西　藏	243	5	176	62
陕　西	8680	4422	3049	1209
甘　肃	14466	6520	2961	4985
青　海	1720	908	401	411
宁　夏	4300	707	2143	1450
新　疆	5904	2487	992	2425

4-66 各地区按资质等级划分的专业承包建筑业企业自有施工机械设备总功率

单位：万千瓦

地区	合计	一级	二级	三级及以下
全国总计	**3266.1**	**1584.5**	**732.1**	**949.5**
北京	75.3	39.4	13.8	22.2
天津	198.6	136.1	31.2	31.3
河北	106.0	33.1	15.9	57.1
山西	70.7	13.7	25.7	31.3
内蒙古	8.8	4.4	1.8	2.6
辽宁	236.2	41.5	47.8	147.0
吉林	25.7	8.9	9.9	6.9
黑龙江	18.8	8.6	5.2	5.0
上海	61.4	20.6	16.2	24.6
江苏	729.8	293.3	152.4	284.0
浙江	175.8	79.5	42.5	53.8
安徽	91.5	40.2	28.4	23.0
福建	61.4	24.5	18.8	18.1
江西	40.4	20.1	16.5	3.9
山东	211.6	53.5	73.2	85.0
河南	142.6	74.7	34.7	33.2
湖北	85.6	35.0	36.2	14.5
湖南	103.4	12.0	69.8	21.7
广东	525.6	470.2	21.0	34.4
广西	14.1	4.3	4.7	5.2
海南	0.9	0.6	0.2	
重庆	52.1	32.9	13.5	5.7
四川	67.1	52.2	8.2	6.8
贵州	5.0	2.5	0.6	2.0
云南	39.7	16.0	11.1	12.6
西藏	0.4	0.0	0.4	0.1
陕西	47.6	25.2	20.7	1.7
甘肃	41.5	31.9	2.6	6.9
青海	1.4	0.6	0.4	0.4
宁夏	13.2	2.1	6.3	4.7
新疆	13.8	6.9	2.8	4.1

4-67 各地区按资质等级划分的专业承包建筑业企业实收资本

单位：万元

地 区	合计	一级	二级	三级及以下
全国总计	**44343665**	**11220125**	**12846440**	**20277100**
北 京	2739414	1185754	637369	916292
天 津	2603586	644708	358596	1600282
河 北	844175	225967	294262	323947
山 西	1056521	102980	399503	554038
内蒙古	197340	46596	59581	91164
辽 宁	3943979	614424	629392	2700163
吉 林	3169100	92954	206702	2869445
黑龙江	614934	114147	282740	218046
上 海	1732456	620113	399564	712779
江 苏	5356589	1059764	2234475	2062350
浙 江	2728168	1197690	642444	888034
安 徽	1014253	231379	305140	477734
福 建	1287298	330314	460637	496347
江 西	1391712	99305	163427	1128979
山 东	4304160	1312779	1734414	1256967
河 南	2301902	523894	828231	949777
湖 北	1484487	297683	872151	314653
湖 南	606155	112616	194177	299362
广 东	2845278	1262240	575400	1007638
广 西	269757	54008	106579	109170
海 南	48989	28805	8861	11323
重 庆	664456	218599	246752	199104
四 川	1058773	287492	474416	296865
贵 州	211718	101091	43096	67530
云 南	627708	124597	213301	289809
西 藏	23908	50	19109	4749
陕 西	386617	186948	136775	62894
甘 肃	297323	74149	110352	112823
青 海	109831	6378	48992	54462
宁 夏	176450	32290	72782	71378
新 疆	246629	30411	87221	128997

4-68 各地区按资质等级划分的专业承包建筑业企业资产

单位：万元

地　区	合计	一级	二级	三级及以下
全国总计	**147091016**	**60158837**	**37945278**	**48986901**
北　京	11729007	6548679	2291613	2888715
天　津	7946050	3061672	1243410	3640968
河　北	3126219	1098106	1067761	960352
山　西	3250722	576345	1281319	1393058
内蒙古	920321	130841	304481	484999
辽　宁	12903096	3571223	2802525	6529348
吉　林	2049159	421075	589990	1038094
黑龙江	2047726	320508	967111	760108
上　海	7886429	3856214	1594285	2435930
江　苏	18803523	7839839	4608491	6355193
浙　江	13555344	7552308	2467633	3535402
安　徽	3782955	1268932	1216669	1297354
福　建	3970186	1221118	1414838	1334231
江　西	1786885	666443	634694	485748
山　东	7668380	2325362	2617412	2725607
河　南	5154413	1693681	1978917	1481816
湖　北	4721719	1895283	1985676	840760
湖　南	2315100	606235	745468	963397
广　东	14810347	8724239	2051598	4034510
广　西	843608	188170	282982	372456
海　南	179229	110070	35984	33174
重　庆	3341257	1661079	916696	763483
四　川	6090850	2485918	1910303	1694629
贵　州	902195	306176	153310	442709
云　南	2450596	584851	918605	947140
西　藏	38217	253	25082	12882
陕　西	1942911	840852	685090	416970
甘　肃	939098	299472	291532	348094
青　海	320896	43784	126117	150995
宁　夏	583459	100157	271078	212224
新　疆	1031121	159954	464610	406557

4-69 各地区按资质等级划分的专业承包建筑业企业所有者权益

单位：万元

地　区	合计	一级	二级	三级及以下
全国总计	**58781989**	**20195566**	**15710613**	**22875810**
北　京	3617797	1691147	776927	1149724
天　津	3478980	1208580	491346	1779054
河　北	1418991	404894	540526	473572
山　西	1287342	126725	524831	635786
内蒙古	327310	53905	117504	155902
辽　宁	5886939	1273376	1112874	3500689
吉　林	1005611	202958	293908	508745
黑龙江	938153	157181	358839	422133
上　海	2968716	1145182	663907	1159627
江　苏	8300324	3225602	1946772	3127951
浙　江	4623542	2408218	972469	1242855
安　徽	1509778	481646	478767	549365
福　建	1831393	551947	622458	656987
江　西	660650	157424	242219	261007
山　东	3280013	952931	1191486	1135596
河　南	2867768	766673	1166483	934613
湖　北	1996369	526550	1064238	405582
湖　南	909508	135500	281345	492663
广　东	5479886	3095260	763243	1621383
广　西	320092	66154	116181	137757
海　南	69753	41020	15609	13124
重　庆	988036	354079	343610	290347
四　川	2105383	443610	651553	1010220
贵　州	371037	116885	57289	196864
云　南	878984	182720	276285	419980
西　藏	26333	143	20550	5640
陕　西	535944	230277	217058	88609
甘　肃	403907	99699	141673	162535
青　海	154792	11552	60504	82736
宁　夏	242250	38242	118681	85327
新　疆	296407	45489	81479	169438

4-70 各地区按资质等级划分的专业承包建筑业企业负债

单位：万元

地　区	合计	一级	二级	三级及以下
全国总计	**88181754**	**39958694**	**22206783**	**26016277**
北　京	8111210	4857532	1514687	1738992
天　津	4465136	1853092	752063	1859981
河　北	1707061	693212	527185	486664
山　西	1962716	449620	756488	756607
内蒙古	593011	76936	186977	329097
辽　宁	7014237	2297847	1689651	3026738
吉　林	1043548	218118	296082	529349
黑龙江	1085214	162180	608272	314762
上　海	4906577	2708143	928724	1269710
江　苏	10496423	4614238	2660396	3221789
浙　江	8925175	5144091	1495165	2285920
安　徽	2273175	787285	737902	747988
福　建	2134489	669171	792379	672940
江　西	1126229	509018	392476	224735
山　东	4371507	1372430	1422748	1576329
河　南	2286645	927008	812434	547203
湖　北	2718726	1368192	921170	429364
湖　南	1403810	470735	464123	468952
广　东	9330461	5628979	1288355	2413127
广　西	523517	122016	166801	234699
海　南	109475	69050	20375	20050
重　庆	2351290	1307000	572694	471597
四　川	3952931	2042309	1238677	671946
贵　州	531158	189292	96021	245846
云　南	1570669	402131	641377	527160
西　藏	11884	110	4532	7243
陕　西	1399385	610575	468031	320780
甘　肃	534069	199773	149858	184437
青　海	166103	32233	65612	68258
宁　夏	341209	61915	152398	126897
新　疆	734714	114465	383131	237118

4-71 各地区按资质等级划分的专业承包建筑业企业营业收入

单位：万元

地区	合计	一级	二级	三级及以下
全国总计	**149382714**	**70585966**	**37415555**	**41381193**
北京	12151383	7359752	2278472	2513159
天津	5100210	2323811	1097770	1678630
河北	2972741	1254442	870512	847787
山西	2652789	590489	1071151	991150
内蒙古	753042	148206	263057	341779
辽宁	12926177	3618704	3250893	6056580
吉林	2007943	455089	534596	1018258
黑龙江	2464685	329438	995966	1139282
上海	9324660	5270501	1758736	2295423
江苏	18908150	8956402	4330743	5621005
浙江	13423442	8096310	2309464	3017668
安徽	3910727	1604479	1191650	1114598
福建	4426718	2045146	1326791	1054780
江西	2034757	1018997	667977	347784
山东	6941506	2465649	2126186	2349671
河南	5665369	2014016	1984900	1666452
湖北	5917921	2314488	2663764	939669
湖南	2622900	823932	823608	975361
广东	16854260	12159374	1994085	2700801
广西	754429	209553	309900	234976
海南	177159	138479	23520	15160
重庆	3390030	1664588	905839	819604
四川	6142389	2771023	1907467	1463899
贵州	430171	178398	127320	124453
云南	2012686	748499	590204	673983
西藏	21775	175	17388	4212
陕西	2297262	1250239	714897	332127
甘肃	802421	304965	219141	278316
青海	346785	53943	165227	127615
宁夏	495296	101411	223532	170353
新疆	1452932	315471	670801	466660

4-72 各地区按资质等级划分的专业承包建筑业企业利税总额

单位：万元

地 区	合计	一级	二级	三级及以下
全国总计	**11804721**	**5161388**	**2995129**	**3648204**
北 京	681596	426653	121831	133111
天 津	294409	107340	70854	116214
河 北	253511	95001	82832	75678
山 西	167769	33729	68332	65708
内蒙古	52430	10572	13380	28479
辽 宁	1059047	288015	287925	483107
吉 林	221383	67675	52442	101267
黑龙江	182177	22958	62287	96932
上 海	598420	317259	109791	171370
江 苏	1764478	815426	425205	523847
浙 江	994319	548542	158138	287639
安 徽	373175	139616	118832	114727
福 建	390413	173124	120182	97107
江 西	165370	68512	56093	40766
山 东	653846	181253	223381	249213
河 南	614033	183282	225442	205309
湖 北	408940	153439	170625	84875
湖 南	220062	54786	72663	92614
广 东	1441738	1024820	134890	282029
广 西	44190	14417	19155	10618
海 南	7441	5317	654	1469
重 庆	221172	109752	65191	46229
四 川	428334	134314	134913	159107
贵 州	39050	22042	7849	9160
云 南	133856	44124	35166	54567
西 藏	2019	119	1387	512
陕 西	152461	63657	62252	26552
甘 肃	71549	27083	16935	27531
青 海	35964	5837	9930	20197
宁 夏	35609	7440	18254	9915
新 疆	95960	15287	48319	32355

4-73 各地区按资质等级划分的专业承包建筑业企业利润总额

单位：万元

地区	合计	一级	二级	三级及以下
全国总计	**6973817**	**2967069**	**1767226**	**2239522**
北京	305368	204642	49547	51180
天津	155544	48427	41344	65773
河北	154377	57654	55195	41528
山西	88643	17005	36743	34895
内蒙古	25907	5011	4287	16608
辽宁	603376	158320	179017	266039
吉林	144416	52080	36190	56146
黑龙江	114653	12001	33205	69447
上海	343415	170145	58043	115228
江苏	1098797	501320	275736	321741
浙江	611997	333039	89142	189815
安徽	243750	90707	77258	75786
福建	223052	91423	73356	58273
江西	95680	35474	33610	26595
山东	445866	121935	154609	169322
河南	396434	118136	147175	131123
湖北	204846	81253	73905	49688
湖南	115549	18178	42987	54384
广东	905998	635581	75020	195397
广西	18278	6779	8559	2940
海南	4000	3297	-195	898
重庆	115897	60368	36574	18955
四川	230639	43852	71164	115622
贵州	24690	15538	3988	5165
云南	69256	20053	15872	33331
西藏	1293	112	836	345
陕西	98806	36179	43025	19602
甘肃	41814	14619	10361	16833
青海	21627	3927	2511	15189
宁夏	19546	3674	11390	4481
新疆	50305	6339	26773	17193

4-74 各地区按资质等级划分的专业承包建筑业企业税金总额

单位：万元

地　区	合计	一级	二级	三级及以下
全国总计	**4830904**	**2194320**	**1227903**	**1408681**
北　京	376228	222012	72284	81932
天　津	138864	58913	29510	50441
河　北	99135	37347	27638	34150
山　西	79126	16724	31589	30813
内蒙古	26524	5561	9093	11870
辽　宁	455671	129695	108909	217068
吉　林	76967	15595	16252	45120
黑龙江	67524	10958	29082	27484
上　海	255005	147114	51748	56143
江　苏	665681	314106	149469	202106
浙　江	382323	215503	68995	97824
安　徽	129425	48909	41575	38942
福　建	167361	81701	46826	38835
江　西	69690	33037	22483	14171
山　东	207980	59317	68772	79890
河　南	217599	65147	78266	74186
湖　北	204094	72186	96720	35187
湖　南	104513	36608	29675	38230
广　东	535740	389238	59870	86632
广　西	25912	7638	10596	7678
海　南	3440	2020	849	571
重　庆	105275	49383	28618	27274
四　川	197695	90462	63749	43484
贵　州	14360	6504	3861	3995
云　南	64600	24071	19293	21236
西　藏	725	7	551	168
陕　西	53656	27478	19228	6950
甘　肃	29735	12464	6574	10697
青　海	14337	1910	7420	5008
宁　夏	16063	3766	6864	5433
新　疆	45655	8949	21546	15161

4-75 各地区按资质等级划分的专业承包建筑业企业主营业务收入

单位：万元

地区	合计	一级	二级	三级及以下
全国总计	**146620061**	**69568483**	**36829952**	**40221626**
北京	11959993	7251347	2250050	2458596
天津	5027754	2308709	1081449	1637596
河北	2945629	1250664	861749	833215
山西	2603027	588250	1052244	962533
内蒙古	730933	147847	258551	324534
辽宁	12796099	3597699	3225953	5972447
吉林	1987763	452550	521810	1013403
黑龙江	2444835	328037	989737	1127060
上海	9139510	5140006	1741796	2257708
江苏	18540919	8850254	4280224	5410440
浙江	13124125	7937140	2258066	2928918
安徽	3825286	1565308	1165141	1094837
福建	4361360	2029675	1304304	1027382
江西	2013617	1017985	650112	345521
山东	6851544	2455289	2093281	2302974
河南	5593708	2004313	1937930	1651466
湖北	5722552	2148470	2646671	927411
湖南	2606030	819076	819371	967583
广东	16561864	11995275	1931698	2634892
广西	716908	208088	291158	217663
海南	176463	138313	23498	14653
重庆	3365243	1652794	901720	810729
四川	5808433	2751336	1882447	1174650
贵州	426054	178337	126009	121709
云南	1970979	733970	579724	657285
西藏	20628	175	16282	4171
陕西	2289816	1246505	711812	331500
甘肃	793134	303029	216150	273954
青海	335585	53943	159665	121977
宁夏	477482	101300	212519	163663
新疆	1402790	312799	638834	451158

4-76 各地区按资质等级划分的专业承包建筑业企业管理费用

单位：万元

地区	合计	一级	二级	三级及以下
全国总计	**9118541**	**3077754**	**2663511**	**3377276**
北京	742642	315618	171217	255807
天津	317203	117349	72226	127627
河北	164794	63995	56968	43831
山西	211728	43391	89209	79129
内蒙古	67426	5490	33089	28847
辽宁	1063821	337145	206688	519988
吉林	141979	31514	38175	72289
黑龙江	183916	16423	83377	84115
上海	573916	207548	148484	217884
江苏	1030305	325380	271957	432967
浙江	708849	314866	136152	257832
安徽	228516	80767	75947	71802
福建	289039	85515	106870	96654
江西	103349	39906	35727	27716
山东	410586	116096	126915	167576
河南	363951	105861	142914	115177
湖北	458799	113228	281705	63866
湖南	172646	38733	64447	69466
广东	860255	431921	141895	286440
广西	64183	12346	24227	27610
海南	8273	5552	1498	1223
重庆	203039	73032	61292	68715
四川	297105	79647	116113	101345
贵州	28694	4564	11606	12524
云南	124659	30436	40482	53742
西藏	2203	26	1830	348
陕西	112374	46079	44400	21895
甘肃	52526	16917	16522	19087
青海	18480	2119	7651	8711
宁夏	36342	3714	20937	11691
新疆	76944	12578	32993	31373

4-77 各地区按资质等级划分的专业承包建筑业企业财务费用

单位：万元

地　区	合计	一级	二级	三级及以下
全国总计	**1043792**	**526925**	**264273**	**252595**
北　京	26255	17547	3762	4946
天　津	37288	14557	6595	16136
河　北	17776	4533	5767	7476
山　西	13544	1183	4549	7812
内蒙古	3913	2053	1156	705
辽　宁	84213	31509	24186	28518
吉　林	7317	308	3372	3637
黑龙江	4642	1015	471	3156
上　海	37268	20848	6258	10162
江　苏	130611	54047	38957	37606
浙　江	183381	113521	36469	33391
安　徽	26305	10353	7501	8451
福　建	20456	8630	5509	6317
江　西	8318	3589	3201	1528
山　东	47411	13255	15381	18775
河　南	36668	12350	12815	11503
湖　北	44306	15729	24291	4286
湖　南	9107	1485	3756	3866
广　东	184044	147662	18224	18158
广　西	4698	1094	1415	2189
海　南	857	674	158	25
重　庆	23932	15826	5115	2991
四　川	46396	22329	16510	7557
贵　州	2866	1231	916	719
云　南	19425	5158	9626	4640
西　藏	55		53	2
陕　西	6667	3423	2009	1235
甘　肃	4418	1679	1006	1733
青　海	434	46	325	63
宁　夏	6121	1054	2897	2169
新　疆	5105	238	2024	2843

4-78 各地区按资质等级划分的专业承包建筑业企业应收工程款

单位：万元

地区	合计	一级	二级	三级及以下
全国总计	**31069142**	**14555987**	**7635200**	**8877956**
北京	2000637	1323913	322830	353894
天津	1219319	481657	261569	476094
河北	662218	274113	193542	194563
山西	703058	117795	276317	308946
内蒙古	192050	43059	62077	86915
辽宁	2738655	824968	554804	1358884
吉林	519990	132327	148489	239174
黑龙江	418861	91224	188790	138847
上海	1635173	898418	310664	426091
江苏	5013130	2262915	1203002	1547213
浙江	2948432	1841522	481451	625459
安徽	821305	323147	263616	234543
福建	703521	261988	230464	211068
江西	289993	115150	91205	83638
山东	1714225	538669	611483	564074
河南	987283	304354	403949	278980
湖北	1053785	569375	343440	140970
湖南	497315	183125	162616	151575
广东	3416461	2494057	329347	593057
广西	134504	37343	42169	54991
海南	30398	14212	10724	5462
重庆	609667	275068	170391	164209
四川	1140386	532092	384299	223995
贵州	157039	85945	32141	38953
云南	378149	161969	111890	104290
西藏	11709	175	10170	1364
陕西	361073	207028	121064	32981
甘肃	211873	58340	78085	75448
青海	59541	7864	18112	33565
宁夏	129699	29336	67148	33216
新疆	309693	64842	149353	95498

4-79 各地区劳务分包建筑业企业生产经营情况

单位：万元

地　区	建筑业总产值	营业收入	主营业务税金及附加	利润总额	从业人员劳动报酬
全国总计	**16450909**	**16376552**	**557462**	**318014**	**9278062**
北　京	257811	279388	6947	4202	119519
天　津	933769	1004487	38581	17185	482599
河　北	153211	149521	5657	4088	106804
山　西	99808	98009	1609	232	66434
内蒙古	62177	45049	7881	4772	12034
辽　宁	205946	206770	5967	-20996	82620
吉　林	49442	44576	1513	860	18509
黑龙江	41688	58471	1431	1857	18853
上　海	929375	935262	20127	15855	292119
江　苏	1955911	1804119	60755	67531	1087838
浙　江	3233928	3615265	125053	24200	1785230
安　徽	803731	709169	18864	26426	532451
福　建	2888350	2887601	98844	17224	2347158
江　西	41522	15236	657	2089	7132
山　东	287406	275407	9457	11354	99227
河　南	760543	807735	26079	40612	415858
湖　北	586526	442811	16771	25547	259786
湖　南	647753	518622	22711	24871	206106
广　东	497777	493468	17570	8124	231249
广　西	341962	346097	11323	507	141445
海　南					
重　庆	849970	828780	32100	9625	577766
四　川	518583	489548	17595	13740	299767
贵　州	17089	17387	676	261	2703
云　南	29751	32477	731	3538	4733
西　藏	8659	8659	404	1784	1857
陕　西	113623	108604	3408	11782	18269
甘　肃	10310	11573	515	221	16584
青　海	5512	3381	87	261	2934
宁　夏	10863	13110	143	22	9509
新　疆	107916	125971	4008	242	30969

4-80 各地区劳务分包建筑业企业个数和人员情况

地　区	企业个数（个）	从业人员平均人数（人）	年末从业人数（人）	#工程技术人员	#现场施工工人
全国总计	**6606**	**2597339**	**2680307**	**172306**	**2174684**
北　京	121	31505	25873	1856	23454
天　津	341	128547	125093	5107	112667
河　北	170	37355	39092	3843	33157
山　西	98	15573	15538	1361	13053
内蒙古	71	4491	3636	876	2790
辽　宁	241	22952	22575	1796	15320
吉　林	52	7978	7859	536	6017
黑龙江	98	7276	6131	591	4483
上　海	298	80235	82572	4551	70463
江　苏	1119	307257	316023	18893	259502
浙　江	481	451650	479863	38599	427318
安　徽	336	139174	150240	12870	122618
福　建	431	627505	642540	17249	545008
江　西	24	2269	2548	266	1814
山　东	241	28130	28850	2819	21206
河　南	929	158584	169337	17590	131667
湖　北	264	84358	83593	10300	64629
湖　南	320	74795	78168	11385	52104
广　东	116	72445	73129	3756	46181
广　西	58	37348	40739	476	36755
海　南					
重　庆	261	149842	165548	7090	101583
四　川	319	104567	102629	8443	70934
贵　州	15	720	715	64	415
云　南	47	1772	1808	380	1223
西　藏	4	541	219	41	30
陕　西	16	6517	6734	686	3108
甘　肃	32	4959	1622	167	981
青　海	15	835	815	128	473
宁　夏	23	2542	1042	100	820
新　疆	65	5617	5776	487	4911

五、各行业建筑业企业

5-1 各行业建筑业企业签订合同情况

单位：万元

行　　业	合同总额		
		上年结转合同额	本年新签合同额
总　　计	**2473395161**	**1005546475**	**1467848686**
房屋建筑业	1543404285	601749933	941654352
土木工程建筑业	706263406	339066122	367197284
铁路、道路、隧道和桥梁工程建筑	467105736	242851441	224254296
水利和内河港口工程建筑	108431409	46945496	61485913
海洋工程建筑	405673	149056	256617
工矿工程建筑	63597274	27880529	35716745
架线和管道工程建筑	38430208	11926758	26503450
其他土木工程建筑	28293107	9312843	18980263
建筑安装业	121521251	39248562	82272690
建筑装饰和其他建筑业	102206219	25481858	76724361

5-2 各行业建筑业企业承包工程完成情况

单位：万元

行　　业	直接从建设单位承揽工程完成的产值			从建设单位以外承揽工程完成的产值
		自行完成施工产值	分包出去工程的产值	
总　　计	**1357267258**	**1321455192**	**35812066**	**50723388**
房屋建筑业	866568736	848866706	17702030	22471680
土木工程建筑业	344262259	330687029	13575229	17153736
铁路、道路、隧道和桥梁工程建筑	216019366	210024631	5994735	11313283
水利和内河港口工程建筑	51297709	48260975	3036734	2144144
海洋工程建筑	329541	190829	138712	
工矿工程建筑	33983407	31033885	2949522	1773358
架线和管道工程建筑	26464013	25253618	1210395	925033
其他土木工程建筑	16168222	15923092	245131	997918
建筑安装业	77455113	74122504	3332609	6505172
建筑装饰和其他建筑业	68981150	67778952	1202198	4592800

5-3 各行业建筑业总产值和竣工产值

单位：万元

行业	建筑业总产值	#装饰装修产值	#在外省完成的产值
总计	**1372178580**	**81506555**	**430372104**
房屋建筑业	871338386	32750611	255624178
土木工程建筑业	347840766	2414462	134208367
铁路、道路、隧道和桥梁工程建筑	221337914	1105171	93136805
水利和内河港口工程建筑	50405119	164725	16579229
海洋工程建筑	190829	23402	19250
工矿工程建筑	32807242	490775	15547251
架线和管道工程建筑	26178651	248805	5706517
其他土木工程建筑	16921010	381584	3219315
建筑安装业	80627676	1955708	21041022
建筑装饰和其他建筑业	72371753	44385774	19498537

5-3 续表

单位：万元

行业	按构成分组			竣工产值
	建筑工程产值	安装工程产值	其他产值	
总计	**1217199214**	**113165946**	**41813420**	**795884746**
房屋建筑业	817114588	34354140	19869658	543191596
土木工程建筑业	308794938	27990938	11054889	161053569
铁路、道路、隧道和桥梁工程建筑	213070461	2860744	5406708	95434309
水利和内河港口工程建筑	47880401	1229483	1295235	19952510
海洋工程建筑	186089	3049	1691	41219
工矿工程建筑	21430036	9530039	1847167	16378578
架线和管道工程建筑	11389421	13527338	1261892	17131903
其他土木工程建筑	14838530	840284	1242196	12115050
建筑安装业	33728737	43010277	3888662	47806102
建筑装饰和其他建筑业	57560951	7810591	7000211	43833480

5-4 各行业建筑业企业房屋建筑面积

行业	房屋建筑施工面积（万平方米）	#本年新开工	#实行投标承包面积	#本年新开工	房屋建筑竣工面积（万平方米）	房屋建筑面积竣工率（%）
总计	**986427**	**447824**	**789192**	**371107**	**358736**	**36.4**
房屋建筑业	935535	425129	753784	354412	338840	36.2
土木工程建筑业	31045	13715	23732	10600	12361	39.8
铁路、道路、隧道和桥梁工程建筑	14322	6831	10596	5100	5461	38.1
水利和内河港口工程建筑	2445	1252	2047	1051	749	30.6
海洋工程建筑	6	6			4	61.4
工矿工程建筑	6840	2172	6162	1961	2018	29.5
架线和管道工程建筑	811	439	565	354	358	44.1
其他土木工程建筑	6621	3015	4361	2134	3772	57
建筑安装业	16167	6957	9447	4804	6162	38.1
建筑装饰和其他建筑业	3680	2023	2230	1291	1372	37.3

5-5 各行业建筑业企业施工机械设备情况

行业	年末自有施工机械设备总台数（台）	年末自有施工机械设备总功率（千瓦）	年末自有施工机械设备净值（万元）	技术装备率（元/人）	动力装备率（千瓦/人）
总计	**10157280**	**242753077**	**57070804**	**13374**	**5.7**
房屋建筑业	6585435	127869755	22374440	7248	4.1
土木工程建筑业	2016198	85383589	29264773	39514	11.5
铁路、道路、隧道和桥梁工程建筑	856621	50810363	11847171	27390	11.7
水利和内河港口工程建筑	388872	15722795	13860040	135150	15.3
海洋工程建筑	85	35848	23094	139707	21.7
工矿工程建筑	370058	9966802	1846913	22102	11.9
架线和管道工程建筑	269386	5082334	910703	13274	7.4
其他土木工程建筑	131176	3765447	776854	14604	7.1
建筑安装业	891487	12836554	2316816	9956	5.5
建筑装饰和其他建筑业	664160	16663179	3114774	15049	8.1

5-6 按主要用途分的各行业建筑业企业房屋建筑竣工面积

单位：万平方米

行　　业	合计	住宅房屋	商业及服务用房屋			
				商厦房屋(批发和零售用房)	宾馆用房屋(住宿用房)	餐饮用房屋(餐饮用房)
总　　计	**358736**	**234222**	**21819**	**9169**	**3192**	**972**
房屋建筑业	338840	223379	20634	8764	3020	894
土木工程建筑业	12361	6871	752	276	92	46
铁路、道路、隧道和桥梁工程建筑	5461	2891	321	125	49	20
水利和内河港口工程建筑	749	475	29	7	5	9
海洋工程建筑	4					
工矿工程建筑	2018	797	98	33	26	7
架线和管道工程建筑	358	148	29	19	1	
其他土木工程建筑	3772	2560	275	93	10	10
建筑安装业	6162	3287	302	110	32	25
建筑装饰和其他建筑业	1372	685	130	19	48	8

5-6 续表1

单位：万平方米

行　　业	商务会展用房屋	其他商业及服务用房屋(居民服务业用房)	办公用房屋	科研、教育和医疗用房屋		
					科学研究用房屋	教育用房屋
总　　计	**1343**	**7143**	**21604**	**15412**	**1558**	**10278**
房屋建筑业	1240	6716	20467	14799	1496	9876
土木工程建筑业	62	276	697	461	40	293
铁路、道路、隧道和桥梁工程建筑	8	118	390	280	31	180
水利和内河港口工程建筑		8	49	23		21
海洋工程建筑						
工矿工程建筑	6	27	83	49	9	23
架线和管道工程建筑	2	7	15	9		7
其他土木工程建筑	46	116	161	100		62
建筑安装业	22	113	319	125	16	97
建筑装饰和其他建筑业	18	38	121	27	6	11

5-6 续表 2

单位：万平方米

行　　业	医疗用房屋(卫生医疗用房)	文化、体育和娱乐用房屋	厂房及建筑物	#厂房	仓　库	其他未列明的房屋建筑物
总　　计	**3577**	**3245**	**51349**	**35654**	**2487**	**8597**
房屋建筑业	3427	3056	46539	32626	2295	7670
土木工程建筑业	128	105	2722	1776	105	648
铁路、道路、隧道和桥梁工程建筑	69	37	1103	716	31	408
水利和内河港口工程建筑	2	1	123	69	15	34
海洋工程建筑			4	1		
工矿工程建筑	18	19	923	678	12	36
架线和管道工程建筑	2	1	118	76	4	35
其他土木工程建筑	37	47	452	236	43	135
建筑安装业	12	50	1811	1061	73	194
建筑装饰和其他建筑业	10	33	276	191	15	85

5-7 按主要用途分的各行业建筑业企业房屋建筑竣工价值

单位：万元

行　　业	合计	住宅房屋	商业及服务用房屋	商厦房屋(批发和零售用房)	宾馆用房屋(住宿用房)	餐饮用房屋(餐饮用房)
总　　计	**484229025**	**308991467**	**33191913**	**13573260**	**5470589**	**1417738**
房屋建筑业	457392067	294494070	31518908	13016183	5158128	1317245
土木工程建筑业	17609267	9510764	1061965	389741	140501	62337
铁路、道路、隧道和桥梁工程建筑	7583763	3990157	473819	198332	76970	26208
水利和内河港口工程建筑	977532	587441	42847	7512	6331	14610
海洋工程建筑	10924					
工矿工程建筑	3173409	1148088	129322	35546	42740	8369
架线和管道工程建筑	528409	189391	55887	40131	1641	909
其他土木工程建筑	5335230	3595688	360089	108219	12820	12241
建筑安装业	7351656	4244338	354237	157704	35320	25592
建筑装饰和其他建筑业	1876035	742295	256803	9631	136640	12563

5-7　续表 1　　　　单位：万元

行　业	商务会展用房屋	其他商业及服务用房屋(居民服务业用房)	办公用房屋	科研、教育和医疗用房屋	科学研究用房屋	教育用房　屋
总　计	**2302913**	**10427525**	**32272812**	**23606897**	**2774919**	**14741776**
房屋建筑业	2150100	9877365	30694698	22597316	2691985	14162741
土木工程建筑业	111846	357540	993569	826473	60004	442162
铁路、道路、隧道和桥梁工程建筑	10066	162244	543198	427129	48512	259118
水利和内河港口工程建筑	80	14314	74093	35005	220	32332
海洋工程建筑			204			
工矿工程建筑	5600	37068	135429	74126	10902	42609
架线和管道工程建筑	645	12561	18870	13822		10262
其他土木工程建筑	95455	131354	221775	276391	369	97841
建筑安装业	23710	111910	432279	155849	21735	122322
建筑装饰和其他建筑业	17258	80710	152266	27259	1196	14551

5-7　续表 2　　　　单位：万元

行　业	医疗用房屋(卫生医疗用房)	文化、体育和娱乐用房屋	厂房及建筑物	#厂房	仓　库	其他未列明的房屋建筑物
总　计	**6090202**	**6331225**	**62245418**	**43957802**	**3007946**	**14581347**
房屋建筑业	5742591	6045632	56192748	40273970	2835735	13012958
土木工程建筑业	324307	198953	3642421	2458773	92803	1282319
铁路、道路、隧道和桥梁工程建筑	119499	54669	1184721	790853	26092	883979
水利和内河港口工程建筑	2453	6065	175398	102306	14500	42183
海洋工程建筑			10720	1247		
工矿工程建筑	20615	65802	1539376	1135894	12989	68277
架线和管道工程建筑	3560	3653	208108	158973	3323	35356
其他土木工程建筑	178180	68765	524098	269501	35899	252525
建筑安装业	11792	49744	1822591	1064483	64693	227926
建筑装饰和其他建筑业	11512	36897	587658	160577	14715	58143

5-8 各行业建筑业企业主要生产效益指标

行业	建筑业企业个数（个）	计算劳动生产率的平均人数（人）	按总产值计算的劳动生产率（元/人）	人均竣工产值（元/人）	人均施工面积（平方米/人）	人均竣工面积（平方米/人）
总　　计	**75280**	**46291009**	**296424**	**171931**	**213.1**	**77.5**
房屋建筑业	31631	32357609	269284	167871	289.1	104.7
土木工程建筑业	14744	9094330	382481	177092	34.1	13.6
铁路、道路、隧道和桥梁工程建筑	7137	5482972	403682	174056	26.1	10
水利和内河港口工程建筑	1959	1307348	385552	152618	18.7	5.7
海洋工程建筑	7	1616	1180874	255066	39.1	24
工矿工程建筑	939	929915	352798	176130	73.6	21.7
架线和管道工程建筑	2337	746760	350563	229416	10.9	4.8
其他土木工程建筑	2365	625719	270425	193618	105.8	60.3
建筑安装业	12022	2492243	323515	191820	64.9	24.7
建筑装饰和其他建筑业	16883	2346827	308381	186778	15.7	5.8

5-9 各行业建筑业企业营业额

单位：万元

行业	企业营业额	在境外完成的营业额	企业总产值	#建筑业总产值
总　　计	**1545170624**	**31270992**	**1513899632**	**1372178580**
房屋建筑业	994955587	12153658	982801929	871338386
土木工程建筑业	387267985	17094156	370173829	347840766
铁路、道路、隧道和桥梁工程建筑	234480454	5378631	229101823	221337914
水利和内河港口工程建筑	61509769	5430596	56079173	50405119
海洋工程建筑	192064	563	191501	190829
工矿工程建筑	43662115	5236082	38426033	32807242
架线和管道工程建筑	28573292	532787	28040505	26178651
其他土木工程建筑	18850291	515497	18334794	16921010
建筑安装业	86625192	1190967	85434225	80627676
建筑装饰和其他建筑业	76321861	832212	75489649	72371753

5-10 各行业建筑业企业资产构成

单位：万元

行业	资产合计	#流动资产合计	#存货	#非流动资产合计	#固定资产合计
总计	**1116921519**	**869592851**	**198990123**	**247328668**	**117852178**
房屋建筑业	556689436	441809548	102363744	114879888	56394058
土木工程建筑业	408082531	306990519	71528112	101092012	45669089
铁路、道路、隧道和桥梁工程建筑	255027750	194467323	43077969	60560427	24762984
水利和内河港口工程建筑	66361138	44981374	11990365	21379765	10124657
海洋工程建筑	522765	473794	121511	48972	37427
工矿工程建筑	37011834	28243862	6227779	8767973	4860617
架线和管道工程建筑	31850973	25434760	6825565	6416213	3699373
其他土木工程建筑	17308069	13389407	3284923	3918662	2184031
建筑安装业	86919806	68679742	15382876	18240064	8733895
建筑装饰和其他建筑业	65229746	52113042	9715391	13116704	7055135

5-11 各行业建筑业企业固定资产情况

单位：万元

行业	固定资产合计	固定资产原价	固定资产折旧	#本年折旧	在建工程
总计	**117852178**	**154769338**	**58943582**	**10654719**	**13150607**
房屋建筑业	56394058	66537062	21955453	3982237	7105273
土木工程建筑业	45669089	67516111	29064652	5282041	4092621
铁路、道路、隧道和桥梁工程建筑	24762984	37771105	16722507	3054826	1925568
水利和内河港口工程建筑	10124657	14570319	5772709	1078616	989398
海洋工程建筑	37427	68988	38974	3401	7371
工矿工程建筑	4860617	6999676	3163931	582297	614548
架线和管道工程建筑	3699373	5356725	2388696	368489	361489
其他土木工程建筑	2184031	2749299	977835	194412	194248
建筑安装业	8733895	11584059	4530145	778636	1139266
建筑装饰和其他建筑业	7055135	9132106	3393333	611805	813447

5-12 各行业建筑业企业负债及所有者权益

单位：万元

行业	负债合计	#流动负债	#非流动负债	所有者权益	#实收资本
总计	**755297170**	**685390563**	**46648389**	**361234520**	**218002073**
房屋建筑业	367746927	333979901	19641476	188806066	112121951
土木工程建筑业	294284245	265256669	23770287	113640985	64004283
铁路、道路、隧道和桥梁工程建筑	184792919	167854167	13537949	70207919	38543891
水利和内河港口工程建筑	48050901	40146856	7136792	18310183	10435053
海洋工程建筑	417113	383046	34067	105652	63624
工矿工程建筑	27791587	25818070	1784756	9219537	5597089
架线和管道工程建筑	22950645	21658057	908623	8884608	5233826
其他土木工程建筑	10281081	9396475	368099	6913086	4130800
建筑安装业	55334486	51519721	1763695	31515276	20567033
建筑装饰和其他建筑业	37931511	34634271	1472932	27272194	21308806

5-13 各行业建筑业企业实收资本

单位：万元

行业	合计	国家资本	集体资本	法人资本	个人资本	港澳台资本	外商资本
总计	**218002073**	**27124731**	**11996671**	**77973893**	**99310123**	**897714**	**698943**
房屋建筑业	112121951	8464632	7134640	37639520	58411647	197702	273811
土木工程建筑业	64004283	16158618	2470297	25294782	19863538	74447	142602
铁路、道路、隧道和桥梁工程建筑	38543891	10160071	1051568	14425165	12788829	44100	74158
水利和内河港口工程建筑	10435053	3098828	255344	4828629	2234771	3856	13625
海洋工程建筑	63624	500		59324	3800		
工矿工程建筑	5597089	1528943	130445	2908509	1002330	2845	24018
架线和管道工程建筑	5233826	1002995	901479	1910056	1387396	10696	21204
其他土木工程建筑	4130800	367280	131461	1163098	2446412	12949	9599
建筑安装业	20567033	1610114	1896435	7167518	9557226	227820	107920
建筑装饰和其他建筑业	21308806	891367	495299	7872073	11477712	397745	174611

5-14 各行业建筑业企业收入情况

单位：万元

行业	主营业务收入	#主营业务成本	#主营业务税金及附加	销售费用	其他业务收入	#其他业务利润
总计	**1287617076**	**1137519798**	**41904796**	**5381774**	**14212238**	**1921302**
房屋建筑业	772011793	688648129	26299885	2735159	6411394	869013
土木工程建筑业	362623431	319107725	11021280	1113747	5008292	615100
铁路、道路、隧道和桥梁工程建筑	224701853	199133407	7050368	507590	1562424	309662
水利和内河港口工程建筑	54245509	47173070	1647113	203680	559570	66129
海洋工程建筑	325829	272788	10980	123	516	-35
工矿工程建筑	38876900	34814399	993013	86687	822211	84778
架线和管道工程建筑	28199876	23856659	774932	169331	645441	123197
其他土木工程建筑	16273464	13857401	544873	146336	1418130	31369
建筑安装业	81880045	70025942	2344515	710324	1544834	292096
建筑装饰和其他建筑业	71101808	59738003	2239117	822544	1247719	145093

5-15 各行业建筑业企业费用情况

单位：万元

行业	管理费用	#税金	#差旅费	#工会经费	财务费用	#利息收入	#利息支出
总计	**42407724**	**1984045**	**2241137**	**536017**	**8635001**	**2378953**	**8777326**
房屋建筑业	18325550	1064564	1065641	287110	4821605	1129538	4515929
土木工程建筑业	15038756	602294	657081	166979	2932483	1122108	3276094
铁路、道路、隧道和桥梁工程建筑	8164914	359604	352743	85282	1931201	849287	2141226
水利和内河港口工程建筑	2101005	72904	108419	28146	618102	104837	640874
海洋工程建筑	8614	172	272	115	5083	180	
工矿工程建筑	1720505	63874	78865	20646	171065	108825	242958
架线和管道工程建筑	2278881	62345	72082	24413	84714	43451	141419
其他土木工程建筑	764838	43395	44700	8377	122317	15528	109617
建筑安装业	5076241	164873	279706	49874	361251	106015	629885
建筑装饰和其他建筑业	3967177	152315	238710	32053	519662	21292	355418

5-16 各行业建筑业企业利润及税金情况

单位：万元

行业	利润总额	#应交所得税	税金总额	主营业务税金及附加	管理费用中的税金
总计	**47761416**	**10584325**	**43888841**	**41904796**	**1984045**
房屋建筑业	27625199	6459562	27364449	26299885	1064564
土木工程建筑业	12948323	2560248	11623574	11021280	602294
铁路、道路、隧道和桥梁工程建筑	7523217	1332486	7409971	7050368	359604
水利和内河港口工程建筑	2382282	504421	1720017	1647113	72904
海洋工程建筑	24736	6396	11153	10980	172
工矿工程建筑	1034075	256901	1056887	993013	63874
架线和管道工程建筑	1229309	286069	837277	774932	62345
其他土木工程建筑	754704	173975	588269	544873	43395
建筑安装业	3563706	784763	2509387	2344515	164873
建筑装饰和其他建筑业	3624187	779752	2391431	2239117	152315

5-17 各行业总承包和专业承包企业应收工程款及企业亏损情况

行业	应收工程款(万元)	#竣工工程	企业个数(个)	#亏损企业个数	亏损企业的比重(%)
总计	**223507595**	**84095729**	**75280**	**9210**	**12.2**
房屋建筑业	116900305	45163784	31631	2961	9.4
土木工程建筑业	73512044	23821216	14744	1762	12
铁路、道路、隧道和桥梁工程建筑	46311312	13958053	7137	769	10.8
水利和内河港口工程建筑	10213521	2900040	1959	230	11.7
海洋工程建筑	104048	33469	7	1	14.3
工矿工程建筑	8571271	3008314	939	122	13
架线和管道工程建筑	5051692	2467493	2337	305	13.1
其他土木工程建筑	3260200	1453847	2365	335	14.2
建筑安装业	17882112	7382785	12022	1792	14.9
建筑装饰和其他建筑业	15213134	7727944	16883	2695	16

5-18 各行业总承包和专业承包企业主要经济效益指标

行　业	产值利润率(%)	产值利税率(%)	资本利润率(%)	资本利税率(%)	人均利润(元/人)	人均利税(元/人)	资产负债率(%)
总　计	**3.5**	**6.7**	**21.9**	**42**	**10318**	**19799**	**67.6**
房屋建筑业	3.2	6.3	24.6	49	8537	16994	66.1
土木工程建筑业	3.7	7.1	20.2	38.4	14238	27019	72.1
铁路、道路、隧道和桥梁工程建筑	3.4	6.7	19.5	38.7	13721	27236	72.5
水利和内河港口工程建筑	4.7	8.1	22.8	39.3	18222	31379	72.4
海洋工程建筑	13	18.8	38.9	56.4	153069	222082	79.8
工矿工程建筑	3.2	6.4	18.5	37.4	11120	22486	75.1
架线和管道工程建筑	4.7	7.9	23.5	39.5	16462	27674	72.1
其他土木工程建筑	4.5	7.9	18.3	32.5	12061	21463	59.4
建筑安装业	4.4	7.5	17.3	29.5	14299	24368	63.7
建筑装饰和其他建筑业	5	8.3	17	28.2	15443	25633	58.2